湖南工业大学出版基金资助

A Study On The Obligation of
State Payment

国家给付义务研究

·社会权保障的反向视角·

刘耀辉 著

知识产权出版社
全国百佳图书出版单位
——北京——

图书在版编目（CIP）数据

国家给付义务研究：社会权保障的反向视角/刘耀辉著．—北京：知识产权出版社，2020.10
ISBN 978-7-5130-7199-4

Ⅰ.①国… Ⅱ.①刘… Ⅲ.①社会保障法—法的理论—研究—中国 Ⅳ.①D922.501

中国版本图书馆 CIP 数据核字（2020）第 184954 号

责任编辑：高志方　　　　　　　　　　　责任校对：谷　洋
封面设计：陈　曦　陈　珊　　　　　　　责任印制：孙婷婷

国家给付义务研究
——社会权保障的反向视角

刘耀辉　著

出版发行：	知识产权出版社有限责任公司	网　　址：	http://www.ipph.cn
社　　址：	北京市海淀区气象路50号院	邮　　编：	100081
责编电话：	010-82000860 转 8512	责编邮箱：	gaozhifang@cnipr.com
发行电话：	010-82000860 转 8101/8102	发行传真：	010-82000893/82005070/82000270
印　　刷：	北京九州迅驰传媒文化有限公司	经　　销：	各大网上书店、新华书店及相关专业书店
开　　本：	787mm×1092mm　1/16	印　　张：	13.75
版　　次：	2020年10月第1版	印　　次：	2020年10月第1次印刷
字　　数：	270千字	定　　价：	68.00元
ISBN 978-7-5130-7199-4			

出版权专有　侵权必究
如有印装质量问题，本社负责调换。

摘 要

国家给付义务是社会权的根本保障,保障和改善民生应当以国家给付义务为立足点。国家给付义务在保护义务和尊重义务的基础上发展而来,是具有社会法治国性质且对应社会权的国家义务,根源在于实质主义人的尊严。从横向度看,可以依据国家给付义务效用和具体国情确立"优势偏序"的国家给付义务范围;从纵向度看,可以从国家给付义务上限和下限的双重维度确定国家给付义务程度。国家给付义务的履行须遵守权利保障原则、辅助性原则和发展原则,充分发挥确保民生保障效果的政府给付与促进民生保障效率的市场化给付的二元给付方式的能动性。司法监督是确保国家给付义务适当履行的重要方式,可以从坚持国家给付义务履行的主观诉讼模式、发挥诉讼调解功能、强化司法建议等方面促进国家给付义务司法监督机制的不断完善。

关键词: 基本权利　国家义务　国家给付义务　社会权保障

目 录

绪 论 ·· 1
 一、选题背景 ·· 1
 二、文献综述 ·· 3
 三、研究思路、方法及学术创新 ·· 7

第一章 国家义务理论框架
第一节 基本权利与国家义务是宪政的产物 ·· 11
 一、人民主权：国家义务的逻辑起点 ·· 11
 二、法治：国家义务的生长土壤 ·· 15
 三、人权：国家义务的价值目标 ·· 18
第二节 国家义务体系：尊重、保护、给付层次递进 ·························· 20
 一、国家义务之区分标准 ·· 20
 二、国家义务之组成部分 ·· 23
 三、国家义务之理性建构 ·· 26
 结 语 ·· 30
第三节 国家义务的内容拓展：从保护、尊重到给付 ·························· 30
 一、早期自由主义的保护义务 ·· 31
 二、古典自由主义的尊重义务 ·· 34
 三、新自由主义及其他的给付义务 ·· 39
 结 语 ·· 43

第二章 国家给付义务生成逻辑
第一节 风险社会是国家给付义务生成的前提 ···································· 44
 一、风险社会：市场化引发的生存危机与社会失控 ······················ 44
 二、救济个人困境保障生存：国家给付义务的逻辑起点 ················ 46
 三、维护社会安全保障生存：国家给付义务的成长使命 ················ 50
 结语：国家给付义务——个人本位向社会本位延展的结果 ············ 53
第二节 生活政治是国家给付义务生成的必备条件 ···························· 54
 一、引言：生存保障是生活政治的核心内容 ································ 54

二、形式平等转向实质平等：国家给付义务生成的价值逻辑 …… 56
　　三、消极国家转向积极国家：国家给付义务生成的行为逻辑 …… 59
　　四、制度民主转向对话民主：国家给付义务生成的保障逻辑 …… 61
　第三节　宪政秩序是国家给付义务生成的决定因素 ………… 64
　　一、法律关系：权利义务对应逻辑、价值本位以及作用重心 …… 65
　　二、宪法关系：基本权利与国家义务的对应、价值以及作用 …… 69
　　三、基本权给付请求权功能：国家给付义务生成的法律逻辑 …… 73
　第四节　国家给付义务的生成逻辑决定其保障社会权的内涵 …… 83
　　一、国家给付义务是与社会权对应的国家义务 ………… 83
　　二、国家给付义务是社会法治国性质的国家义务 ……… 85
　　三、国家给付义务只属于国家积极义务的一种 ………… 85
　　四、国家给付义务并不必然对应公民的请求权 ………… 87

第三章　国家给付义务价值 ……………………………………… 90
　第一节　国家给付义务价值：实质主义的人的尊严 …………… 90
　　一、形式主义的人的尊严观的发展和内涵 ……………… 90
　　二、实质主义的人的尊严概念的提出 …………………… 93
　　三、实质主义的人的尊严观的价值体系 ………………… 95
　第二节　国家福利的工具性价值与国家福利批判 …………… 100
　　一、对国家福利批判的批判 ……………………………… 101
　　二、国家给付义务与国家福利的关系 …………………… 106
　　三、工具性价值属性是福利被批判的根源 ……………… 110
　第三节　实质主义的人的尊严与国家给付义务有效性 ……… 111
　　一、差别补偿平衡公平与效率的价值矛盾 ……………… 112
　　二、社会安全协调市场与干预的运行矛盾 ……………… 113
　　三、基本生存界分个人与国家的责任冲突 ……………… 115

第四章　国家给付义务内容 ……………………………………… 117
　第一节　国家给付义务内容的界定方法：行为类型化 ……… 117
　　一、行为类型化界定义务内容的逻辑自洽性 …………… 117
　　二、行为类型化界定义务内容的方法可行性 …………… 120
　第二节　国家给付义务的内容构造：所增进利益之维 ……… 121
　　一、直接保障社会权的产品性给付 ……………………… 121
　　二、间接保障社会权的程序性给付 ……………………… 126
　第三节　对国家给付义务内容的具体分析及意义探析 ……… 132

一、对国家给付义务内容的具体分析……………………… 132
　　二、界定国家给付义务内容的意义……………………… 134

第五章　国家给付义务基准……………………………………… 137
　第一节　国家给付义务的范围………………………………… 137
　　一、界定国家给付义务范围的一般要素………………… 138
　　二、具体国情之下给付义务的具体范围………………… 144
　　三、"优势偏序"的给付义务范围之确定………………… 149
　第二节　国家给付义务的程度………………………………… 154
　　一、给付义务程度的分析范式…………………………… 155
　　二、国家给付义务的下限………………………………… 158
　　三、国家给付义务的上限………………………………… 163

第六章　国家给付义务的履行…………………………………… 166
　第一节　国家给付义务履行的基本原则……………………… 166
　　一、权利保障原则………………………………………… 166
　　二、辅助性原则…………………………………………… 167
　　三、发展原则……………………………………………… 169
　第二节　确保基本生存保障效果的政府给付………………… 169
　　一、政府的角色定位……………………………………… 170
　　二、政府给付的具体内容………………………………… 172
　第三节　促进基本生存保障效率的市场化给付……………… 174
　　一、公私协力……………………………………………… 174
　　二、民营化………………………………………………… 175
　　三、政府购买……………………………………………… 176

第七章　国家给付义务的司法保障——以基本医疗给付义务为例… 179
　第一节　国家给付义务可诉性分析…………………………… 179
　　一、国家给付义务可诉的必要性………………………… 179
　　二、国家给付义务可诉的可能性………………………… 180
　第二节　国家给付义务司法审查机制………………………… 183
　　一、审查能力：司法审查性之有无强弱之分…………… 183
　　二、审查方式：司法审查的实体与程序之别…………… 185
　　三、审查对象：基本医疗救助与基本医疗保险………… 186
　第三节　我国国家给付义务司法审查面临的问题…………… 188
　　一、司法审查的法律依据障碍…………………………… 188

二、司法审查的诉讼机制障碍……………………………………190
　第四节　强化保障效果的基本医疗给付行政司法监督机制构想………191
　　一、基本医疗给付诉讼中坚持主观诉讼模式……………………191
　　二、基本医疗给付诉讼中适当发挥诉讼调解功能………………192
　　三、基本医疗给付诉讼中充分发挥司法建议作用………………193

结　语……………………………………………………………………195

参考文献…………………………………………………………………197

绪　论

一、选题背景

　　由专注经济发展转向聚焦民生保障，我们的国家和人民正经历一次深刻而伟大的历史变革。没有独立自主的国家政权，持续、快速、稳定的经济发展无从谈起；没有经济发展创造的综合国力和社会财富，保障和改善十四亿多人口的民生也是无本之木。任何一个历史阶段，都有其内在的使命。"天视自我民视，天听自我民听"❶"民之所欲，天必从之"❷，民生是人类历史的最高使命，任何历史阶段都必须保障民生，必须为最高历史使命的实现做出历史性的贡献。民唯邦本，国家只是保障和改善民生的工具。在完成外争主权、内促发展之后，我国进入一个保障民生的关键时刻。饱经内忧外患、民不聊生的古老民族，在经历长期的探索、准备和积淀之后，能否承主权独立、经济崛起❸之顺势实现民生保障由量变到质变的突破，这是实现中华民族伟大复兴的关键。

　　保障和改善民生的号角已然吹响，保障思路尤待明确。"我们的人民热爱生活，期盼有更好的教育、更稳定的工作、更满意的收入、更可靠的社会保障、更高水平的医疗卫生服务、更舒适的居住条件、更优美的环境，期盼孩子们能成长得更好、工作得更好、生活得更好。""人民对美好生活的向往，就是我们的奋斗目标。"❹在党和政府的高度重视下，自党的十六大开始，"民生"就成为中国社会的主流话语，民生建设逐渐成为与经济建设比肩的发展方向。党的十七大报告中明确提出加快推进以改善民生为重点的社会建设，国家在养老、医疗、教育、住房、就业等民生领域持续发力。2009年，民生保障取得突破性进展，前所未有地把保民生提到与保增长并重的位置，民生投入力度也出现前所未有的增长。十二五规划进一步主动调低经济发展速度，以保

---

❶ 《尚书·泰誓》。

❷ 《尚书·皋陶谟》。

❸ 据中新社2011年3月24日报道，中国国家统计局发布报告称，"十一五"时期，中国经济总量从世界第5跃居世界第2，实现"三连跳"；货物出口额从世界第3跃居第1；外商直接投资从世界第4跃居第2，其他许多经济指标在国际上的排位也有显著进步。统计局，中国五年经济总量国际地位"三连跳"，http://content.caixun.com/NE/02/hr/NE02hr3v.shtm. 2011.3.24。

❹ 《十八大以来重要文献选编（上）》，中央文献出版社2014年版，第70页。

证人民的"幸福指数"。民生支出成为财政资金的重点流向领域，2011年民生开支占中央财政支出的2/3左右，基层财政用于民生开支达70%~75%。❶ 2017年的"国家账本"中，全国财政支出占比，教育、社保、医卫毫无悬念地成为"前三甲"，尽显民生情怀。❷ 国家对民生的给付不仅份额大，而且增长明显。❸ 然而，医疗、教育、住房等民生问题仍然是当前社会矛盾的焦点所在，影响着经济持续快速增长和社会和谐安定。

增加民生财政、保障民生投入，便能有效地保障和改善民生？在物质贫乏的时代，我们曾经以为解放生产力和发展生产力便有望实现共同富裕，经济发展之后却发现民生之痛才下眉头又上心头。在除旧布新的改革开放之初更需要"摸着石头过河"的勇气，经历了金融危机考验日渐成熟、自信的国家则更需要运筹帷幄、决胜千里的担当。并且，不患寡而患不均，物质财富越丰富，在民生大计上越输不起。因此，民生保障必须有明确的思路、稳妥的立足点。

如何保障和改善民生，依靠什么保障，路到底怎么走？在理论层面，邓小平曾指出："我们也反对现在要在中国实现所谓的福利国家的观点，因为这不可能。"❹ 而有的观点认为，实行福利国家的民主社会主义才可以保障民生。❺ 在实践层面，计划经济时代的历史经验告诫我们，国家对社会资源的统分统配不能保障民生，福利国家的衰退和对国家福利的广泛质疑也证明依靠福利不足以保障民生。笔者认为，保障民生与意识形态无关，应从民生本身出发，从依法治国的根本方略出发。在宪法上，民生主要体现为公民在社会经济生活中享有各种社会权。❻ 基本权利保障可以说根本就是宪法制定的最终目的，不仅为宪法秩序不可或缺的最重要的构成部分，而且被公认为是实现公平正义的最重要的指标。没有基本权保障的宪法，根本就不成为现代文明国家的宪法；没有

---

❶ 当年民生开支占中央财政支出的三分之二，http：//finance.jrj.com.cn/2011/03/0808499385797.shtml。

❷ 2017年全国财政花在教育上的钱预算为2.94万亿元，占总支出的15.1%，成为第一大支出。2017年中央安排城乡义务教育补助经费1432亿元。全国财政花在社保和就业上的支出预计超过2.2万亿元，占总支出11.6%。全国财政用于医疗卫生和计划生育支出预算约为1.4万亿元，占财政总支出的7.2%。为让更多人住有所居，财政将再支持建600万套棚改房；脱贫攻坚"不让一个困难群众掉队"，中央将补助地方861亿元。参见 韩洁、季明、郁琼源、程士华《从"国家账本"看2017年国计民生》，http：//news.xinhuanet.com/politics/2017-03/06/c_1120578890.htm。

❸ 从具体支出预算来看，2017年社会保障和就业支出预算数比2016年执行数增加101.28亿元，增长11.4%。医疗卫生与计划生育支出预算数比2016年执行数增加45.88亿元，增长50.3%。教育支出预算数比2016年执行数增加72.15亿元，增长5%。参见李金磊：《2017中央财政预算怎么花？民生领域支出增加》，http：//www.chinanews.com/gn/2017/03-30/8186935.shtml。

❹ 邓小平同志1980年1月16日在中共中央召集的干部会议上的讲话——《目前的形势和任务》。

❺ 谢韬：《民主社会主义模式与中国前途》，《炎黄春秋》2007年第2期。

❻ 龚向和：《民生之路的宪法分析》，《学习与探索》2008年第5期，第91页。

基本权保障的国家、社会，根本就不成为正义、良善的国家、社会。❶ 注重基本生存保障的社会权在基本权利中居于基础性地位，社会权保障是国家和社会正义的核心。

国家给付义务是民生的根本保障。宪法关系是基本权利和国家义务的对应，任何对基本权利的保障最终都落实或者表现到国家义务及其履行上，而且国家义务决定国家权力，国家义务是衔接公民权利和国家权力的桥梁，因此国家义务是基本权利的根本保障❷。基本权利必须有国家义务的保证，"几乎每一项权利都蕴含着相应的政府义务，……没有法律上可实施的义务，就没有法律上可实施的权利。"❸ 随着人权实践性的强化，义务的视角受到学者们越来越多的重视。❹ 国家给付义务对应旨在维护基本生存的公民社会权，是公民社会权的根本保障。民生保障问题就是社会权保障问题，故国家给付义务是民生的根本保障。

本文的意义就在于通过论述国家给付义务是社会权即民生的根本保障，将国家给付义务作为保障和改善民生的立足点。

二、文献综述

（一）国家义务及国家给付义务研究

国家义务是与基本权利相对应的一个宪法学基本范畴，但远未受到与基本权利同等的关注。荷兰学者亨利·范·马尔赛文和格尔·范·德·唐合著的《成文宪法的比较研究》，王惠玲主编的《成文宪法的比较研究——以107部宪法文本为研究对象》，杨心宇主编《现代国家的宪政理论研究》一书的附录《宪法文本分析》等专门针对宪法文本的研究，都没有针对国家义务的内容。

虽然对国家义务的研究远远落后于对基本权利的研究，但国内外都已有学者尝试从国家义务的角度探索基本权利保障。国外对国家义务的研究集中在国际人权法领域。较早提出国家对基本权利有关义务学说的是亨利·舒，他认为国家对基本权利具有："一、避免（avoid）剥夺的义务；二、保护（protect）的义务；三、向被剥夺者提供帮助（aid）的义务。"艾德发展了亨利·舒的观点，从国家面向自身行为、第三人侵害以及权利人本身局限的角度，提出了著

---

❶ 许宗力：《宪法与法治国行政》，台北：元照出版有限公司2007年版，第183页。
❷ 龚向和：《国家义务是公民权利的根本保障——国家与公民关系新视角》，《法律科学》2010年第4期。
❸ [美]史蒂芬·霍尔姆斯、凯斯·R.桑斯坦：《权利的成本：为什么自由依赖于税》，毕竞悦译，北京：北京大学出版社2004年版，第26页。
❹ 韩大元：《国家人权保护义务与国家人权机构的功能》，《法学论坛》2005年第6期，第6页。

名的义务层次理论，即尊重、保护和实现的义务，获得了国际社会的广泛承认。后来，为了监督政府对义务的履行，又提出了"最低核心义务"理论。对国家给付义务的研究，主要表现为义务层次理论中的实现义务和德国宪法学基本权利理论中与基本权利内涵扩展产生的给付请求权功能对应提及的国家给付的义务。二者都是作为一种理论的从属而被论及，缺乏深入探讨。

国内学界对国家义务的关注主要表现在两方面：一方面从法理学、宪法学、国际法学、政治学等学科视角，对国家义务的性质、来源及与公民权利的关系进行了初步探讨。❶ 另一方面，对部分公民权利的国家义务内容进行了具体化分析。❷ 这些论述多是对国家义务个别角度和层次的探讨，缺乏系统性和深刻性。其中值得注意的是张翔在《基本权利的规范构建》一书中探讨了基本权利功能与国家义务的对应关系，并将在此基础上将国家义务划分为消极义务、保护义务和尊重义务。该探讨为国家义务体系的构建以及国家给付义务的界定提供了思路，但无论在义务类型的定义还是对应关系上都有待进一步研究。而龚向和教授在《国家义务是公民权利的根本保障》一文中，宏观地论述了国家义务对基本权利保障的价值和作用，对国家义务的研究具有开拓性和指导性。

国家给付义务是国家义务的一个方面，目前国内学界对国家给付义务的论述散见于对国家义务和相关社会权的论述之中，少有正面的和专门的论述。有关对国家给付义务的论述主要涉及以下几方面：第一，主要与社会权相对应的增加权利主体利益的国家义务；第二，要求国家采取积极措施并依赖社会资源的国家义务；第三，维护最低限度的人的尊严的国家义务等。这些对国家给付义务的内涵和内容都没有明确的界定，对其产生的逻辑和价值也尚无正面论证，世所公认的国家给付义务并非像尊重义务和保护义务一样，国家承担和履行得越多越好，也没有对国家给付义务的基准探讨。

---

❶ 孙世彦：《论国际人权法下国家的义务》，《法学评论》2001年第2期；陈醇：《论国家的义务》，《法学》2002年第8期；高鹏程：《国家义务析论》，《理论探讨》2004年第1期；邓成明、蒋银华：《论国家义务的人本基础》，《江西社会科学》2007年第8期；上官丕亮：《论国家对基本权利的双重义务——以生命权为例》，《江海学刊》2008年第2期；杜承铭：《基本权利的国家义务——理论基础、机构形式和中国实践》，2008年中国宪法学研究会年会论文；徐钢：《论宪法上国家义务的序列与范围——以劳动权为例的规范分析》，《浙江社会科学》2009年第3期；柳华文：《论国家在〈经济、社会好文化权利国际公约〉下义务的不对称性》，北京大学出版社2005年版；等等。

❷ 杨成铭：《受教育权的国家义务研究》，《政法论坛》2005年第2期；张翔：《基本权利的受益权功能与国家的给付义务——从基本权利分析框架的革新开始》，《中国法学》2006年第1期；林志强：《论健康权的国家义务》，《社会科学家》2006年第4期；尹文强、张卫国：《受教育权的国家义务分类浅析》，《比较教育研究》2007年第3期；陈征：《基本权利的国家保护义务功能》，《法学研究》2008年第1期；韩世强：《公民健康权的实现与国家义务的研究》，《时代人物》2008年第2期；龚向和、刘耀辉：《论国家对基本权利的保护义务》，《政治与法律》2009年第5期；黄金荣：《司法保障人权的限度——经济和社会权利可诉性问题研究》，社会科学文献出版社2009年版；等等。

当前对国家义务的研究尚未引起宪法学者应有的重视，对国家给付义务的研究更显表面化、零散化。由于现有理论的表面化，制约了人民对保障社会权功能的认知。将国家给付义务作为保障和改善民生的立足点，需要从生成逻辑、内涵、价值、内容和基准等方面充分、系统地论证和阐述其保障社会权的根本属性。

（二）社会权概念界定及社会权研究

社会权是与自由权相对立的一项基本权利，"为解决资本主义高度发达背景中，劳资对立与贫富悬殊等各种社会矛盾弊病，并防止传统自由权之保障空洞化，为谋求全体国民，特别是社会经济弱势者之实质自由平等所形成的新形态人权"[1] 主要表现为要求国家采取与再分配有关的积极措施保护和帮助社会经济弱势者至少维持最低生活水平。近似的范畴还有生存权、福利权、社会保障权等。

宪法上对社会权的规定，最早出现在1919年德国的《魏玛宪法》，社会权术语主要来自两方面。其一，国际人权法学界从人权分类的角度提出的经济社会权利。我国大多数学者根据这一方法定义社会权[2]，认为公民享有社会保障权、工作权、受教育权以及适当生活水准权以保证符合人的尊严的生活条件。其二，马歇尔的公民权利理论，1950年马歇尔从公民权的历史演变过程及其构成要素角度将公民权利分为民事权、政治权和社会权三部分。即从权利规范本身包含的价值理念进行界定[3]，认为社会权主要指向公民的生存权利。

尽管如此，对社会权的界定仍然众说纷纭，有不同角度的侧重，也有广义和狭义之分，等等。但基本上达成以下共识：其一，社会权是一种普遍性的权利，但实际上往往表现为一种针对陷入生存困境的社会经济弱势者的权利；其二，社会权是一种向国家主张经济性获利以保障生存的权利；其三，社会权是一种需要国家动用社会资源予以积极保障的权利。国外的相关研究还从"选择权利"对应的权利、更多关注"结果"的权利以及"新财产权"的角度阐述社会权。

据此，本文所称的社会权指为摆脱生存困境要求国家通过再分配方式确保符合人的尊严的生活需要的权利，即要求国家保证基本生存的权利。基本

---

[1] 谢荣堂：《社会行政法概论之一》，《华冈法粹》2004年第32卷。
[2] 较早的如何华辉教授1988年著作《比较宪法学》、李龙教授1999年著作《宪法基础理论》，新近的如2009年黄金荣博士论文《司法保障人权的限度——经济社会权利可诉性问题研究》、龚向和教授2007年著作《作为人权的社会权》等。
[3] 如龚祥瑞2003年著作《比较宪法与行政法》、郑贤君：《论宪法基本权的分类与构成》（《法律科学》2004年第2期）、夏正林著作《社会权规范研究》等。

生存指以普遍性物品或服务保障的符合人的尊严最低限度的生活水平，具体包括对基本生理需要（如维持正常生理机能必需的食物和医疗服务等）和必要的可行能力需要（如对满足其他需要具有基础性作用的教育和工作）的满足。

现有对社会权保障的研究一般沿袭传统的基本权利保障理论，从立法、执法和司法层面探讨社会权保障。如薛小建2007年著《论社会保障权》、陈国刚2009年著《福利权》、郭曰君2010年著《社会保障权研究》等，尤其侧重作为最后屏障的司法保障，龚向和教授年2011年的《社会权的可诉性及其程度》、黄金荣博士2009年的《司法保障人权的限度》以及胡敏洁2008年的《福利权》等为代表的论述从各方面阐述了社会权在理论上的可诉性。然而现实中司法对社会权保障依旧影响甚微。

也有学者开始注意到国家义务对社会权保障的积极作用。如陈国刚将国家义务的履行与民主制度支持、法律程序保障并列为福利权实现条件。龚向和教授和黄金荣博士都从国家义务角度探讨社会权可诉性问题。这些研究对从国家义务角度研究社会权保障具有启发性，但无论是社会权与国家义务的对应还是国家义务本身都缺乏系统的论证和阐述，有待进一步深入。

（三）社会权与国家给付义务之间的关系

目前，学界对社会权与国家给付义务的关系存在两种相互联系的观点：其一，明确指出国家对各项基本权利都有给付义务，而国家给付义务主要对应社会权（见张翔《基本权利的规范构建》）。其二，大部分观点没有明确指出社会权与国家给付义务的关系，但都批判传统二分法中以积极和消极属性将基本权和国家义务一一对应的看法，认为积极义务既对应社会权也对应自由权或主要对应社会权。❶ 第一种观点看似是对第二种观点的进一步澄清，但积极义务包括保护义务和给付义务；第二种观点并没有否定国家给付义务只对应社会权而不对应其他基本权利的可能。对社会权和国家给付义务关系的界定需要做更精细的研究。

---

❶ 杰克·唐纳利认为"实际上，所有的权利既有'积极'的相关义务，也有'消极'的相关义务"。日本学者大沼保昭指出"在传统的理解上，社会权使国家负有积极的义务。这种理解只强调满足的义务，而忽视了尊重、保护和促进的义务等其他方面。而且，将自由权理解为国家的消极义务的传统性认识，也只强调了国家对自由权尊重的义务，而忽视了自由权的其他方面。这任何一种认识都忽视了国家为人权综合性实现所负义务的复合性特征"。龚向和教授进一步认为"自由权和社会权之分不在于国家的义务是积极还是消极，而在于两种义务在两种情形下的地位和作用。社会权以国家的积极义务作为主要手段达到期待利益的保护、促成和提供，以国家的消极义务作为次要手段达到现有利益的尊重；自由权以国家消极义务为主要手段、国家积极义务为次要手段达到现有利益的尊重"。

三、研究思路、方法及学术创新

（一）基本思路

国家给付义务是社会权的根本保障，源于国家义务是基本权利的根本保障。文章从国家义务理论入手，通过对国家义务理论框架的阐述对国家给付义务进行理论定位。继而从宏观上论证国家给付义务保障社会权的根本性：在对国家给付义务生成逻辑探讨的基础上界定其对应社会权的内涵。从对应的社会权推导出国家给付义务的实质主义人的尊严价值，并据此证明国家给付义务相对于国家福利对社会权保障的有效性。再进一步具体分析国家给付义务的内容和基准，使国家给付义务可操作化，从微观上论证国家给付义务保障社会权的有效性。

文章分为五个部分：

第一部分，国家义务理论框架。国家给付义务存在于国家义务之中，明确国家义务理论框架以及国家给付义务在国家义务理论框架中的位置，是探索国家给付义务保障社会权本质的前提。宪法关系是基本权利和国家义务的对应，国家义务是宪政的产物，由伴随着自由主义产生、发展和转向而渐次产生的保护义务、尊重义务和给付义务组成，但在结构上表现为尊重义务、保护义务和给付义务的层次递进。

第二部分，国家给付义务的生成逻辑。国家给付义务随着自由法治国向社会法治国演变产生，社会法治国秉承了自由法治国的宪政秩序又增加了风险社会和生活政治的内容。风险社会和生活政治为国家给付义务的产生提供了社会基础和政治条件，但国家给付义务由人道主义或慈善演变成为一种法律义务，是在宪政秩序中实现的。基本权利积极受益权功能对应国家给付义务，积极受益权功能是社会权特有的，所以国家给付义务是由社会权决定、具有社会法治国性质的国家义务。

第三部分，国家给付义务的价值。社会权决定国家给付义务具有实质主义人的尊严价值——以基本生存保障为基础区别于以自由、平等为基本规定的传统的形式主义人的尊严。福利国家的福利和国家给付义务都能满足基本生存需要。但国家福利面临的广泛质疑和福利国家衰落的事实表明，国家福利不能有效保障基本生存。实质主义人的尊严价值是国家义务与根植于经济和政治选择需要体现工具性价值的国家福利的根本区别所在，并且在实质主义人的尊严价值指导下的国家给付义务，能有效地保障社会权规定的基本生存。

第四部分，国家给付义务的内容。国家给付义务保障社会权的内涵在内容上表现为，直接经济利益的产品性给付直接保障社会权，而间接增进利益的程序性给付则间接保障社会权。明确的内容使国家给付义务走向可操作化，更有利于社会权保障实践：产品性给付受制于社会资源，国家对其具有裁量自由；但私利产品给付属最低核心义务，具有强制性，公共产品给付在公平利用方面受司法监督。程序性给付更多地取决于国家态度，应当充分履行且具有可诉性。

第五部分，国家给付义务的基准。确定国家给付义务标准，使国家给付义务可操作化，充分、有效地保障民生。可以从横向度的国家给付义务范围和纵向度的国家给付义务程度的角度考察国家给付义务基准。国家给付义务范围针对在实践中国家应当具体对哪些事项承担给付的义务，或者国家在何种情况下承担给付的义务。国家给付义务范围依据国家义务的效用与具体国情确定的"优势偏序"，渐次为根本性的、基础性的和"逐步"实现的国家给付义务。国家给付义务程度表示对国家给付义务所满足的基本需要层次的度量，可以通过国家给付后基本生存获得改善的程度进行考察。应当通过确立国家给付义务上限和下限的双重维度来确定国家给付义务程度。

第六、七部分，国家给付义务的履行及其司法保障。国家给付义务履行须遵守权利保障原则、辅助性原则和发展原则，充分发挥确保民生保障效果的政府给付与促进民生保障效率的市场化给付的二元给付方式的能动性。司法监督是确保国家给付义务适当履行的重要方式，国家给付义务下限在司法上具有强审查和强救济性，国家给付义务履行在程序上则呈现强审查弱救济的特点。可以从坚持国家给付义务履行的主观诉讼模式、发挥诉讼调解功能、强化司法建议等方面促进国家给付义务司法监督机制的完善。

（二）研究方法

在宏观上主要采取了反向研究的方法和功能主义分析法。

本文在总体上采取了反向研究的方法。民生保障表现在宪法学领域就是社会权保障。随着民生问题在中国社会的凸显，对民生权利以及民生权利保障的研究成为学界关注的重点。社会权、福利权、社会保障权的研究成果大量涌现，传统的基本权利保障理论一般集中在制度保障和司法保障领域，尤其侧重作为最后屏障的司法保障。虽然以龚向和教授的《社会权的可诉性及其程度》以及黄金荣博士的《司法保障人权的限度》为代表的论述从各方面阐述了社会权在理论上的可诉性，但司法对社会权保障的影响甚微。基于传统基本权利保障研究几乎不能满足社会权保障即民生保障实践的需要，学界欲从宪法关系中社会权的对应面——国家给付义务角度着手研究社会权保障，即基于基本权利的实现依赖于国家义务的履行，将对基本权利保障的研究转移到保障基本权利的国家义务的研究上。这项对保障和改善民生的反向研究，暗含的前提便是国家给付义务是保障和改善民生的立足点，因此必须证明国家给付义务是社会权的有效保障。

本文贯穿了功能主义的分析方法。保障社会权的国家给付义务旨在满足权利主体的基本需要，通过对满足多样化需要的多样性国家行为的类型化界定出国家给付义务的内容、以不同性质的需要对应国家给付义务价值——实质主义的人的尊严的不同价值面向、以国家给付义务对不同层次的需要的满足即国家给付义务效用的大小确立国家给付义务的范围，以及通过对所满足的需要的度量界定国家给付义务的程度等。本文正是从国家给付义务为什么满足需要（国家给付义务生成逻辑）、满足需要有什么意义（国家给付义务价值）、满足什么样的需要（国家给付义务内容）以及满足到什么标准（国家给付义务基准）等角度证明国家给付义务是社会权的保障。

在具体论述中，综合应用了比较分析法、演绎分析法、案例分析法、经济分析法等多种研究方法。

比较分析的方法：通过对国家给付义务和国家福利的比较，导出国家给付义务的价值——实质主义的人的尊严价值体系。国家给付义务价值指导下的国家给付旨在阐明国家给付义务能够避免国家福利的不足，可以成为保障和改善民生的立足点。

演绎分析的方法：从法律关系中权利与义务的对应，否定社会契约论中基于委托授权形成的基本权利和国家权力的对应，并将宪法上基本权利与国家义务的对应具体化为基本权利功能与国家义务类型的对应，进一步推导出基本权利积极受益功能即给付请求权功能决定国家给付义务。

案例分析的方法：通过日本法院审理的朝日诉讼案、林某请求生活保护案分析司法对国家给付义务程度的影响。

经济分析的方法：借用生活质量指数、人类发展指数以及最低生活标准等经济分析方法确定国家给付义务程度。

(三) 学术创新

第一，从国家给付义务角度反向研究社会权保障，通过厘清社会权与国家给付义务的关系和论证国家给付义务是社会权的根本保障，提出应当以国家给付义务作为保障民生的立足点。

第二，提出国家给付义务是宪政的产物，构建国家义务体系，考察了国家义务内容拓展的历史。在国家义务体系中，组成国家义务的三部分按产生顺序依次为保护义务、尊重义务、给付义务，在结构上却是尊重义务、保护义务和给付义务的层次递进。

第三，从价值角度揭示国家给付义务与国家福利的区别。提出实质主义人的尊严观，及以生理面向人的尊严和社会面向人的尊严为基本维度的实质主义人的尊严价值体系。

第四，从风险社会和生活政治角度分析国家给付义务产生的社会和政治根源。仅论证基本权积极受益功能对应国家给付义务、社会权对应国家给付义务，相关创新：1.从受益所体现的法治国性质角度将基本权利受益权功能区分为积极受益权功能和消极受益权功能两方面；2.以客观内涵主观化将保护义务功能主观化为消极受益权功能；3.限定国家保护义务为保护义务功能对应的国家义务；4.具体的国家给付义务都由主观义务和客观义务两部分组成，其性质由主观义务决定。

第五，通过国家给付行为类型化界定国家给付义务内容，构建以产品性给付和程序性给付为基本方面的国家给付义务内容体系，实践中程序性给付往往被忽视。明确国家给付义务不同内容的可操作性。

第六，从横向的范围和纵向的程度探讨国家给付义务基准。依据国家给付义务效用和具体国情确定"优势偏序"的国家义务范围，从国家给付义务下限和上限双重维度确定国家给付义务程度。

第一章 国家义务理论框架

宪法关系是基本权利和国家义务的对应，国家义务是基本权利的根本保障❶，国家给付义务是社会权的根本保障应运而生。国家给付义务是国家义务的重要内容，限于目前理论界对国家义务的系统性研究阙如，对国家给付义务保障社会权的根本属性研究，有必要从国家义务基本的理论框架即国家义务的产生、体系和内容的历史发展入手。

第一节 基本权利与国家义务是宪政的产物

国家义务❷是与基本权利相对应的宪法学基本范畴，是基本权利的根本保障。与基本权利的备受重视相比，对国家义务的理论阐述远未引起学界关注。这种公民权利高涨而国家义务低迷的状况，相对于国家权力高涨而公民权利低迷的历史，是螺旋式上升呢，还是平步位移？公民基本权利的实现离不开国家义务的履行，也离不开国家义务理论的影响。在基本权利的类型化、体系化已成为共识的情况下，学界对国家义务的研究严重滞后了。国家义务是怎么产生的，是什么时候产生的？这是国家义务研究首先要面临的问题，本文认为国家义务是宪政的产物，并从人民主权、法治和人权等基本的宪政要素进行探讨。

一、人民主权：国家义务的逻辑起点

人民主权是宪政的逻辑起点和道德前提，是宪政区别于宪政思想的关键所在。国家义务是人民主权的逻辑衍生，并且只有在实践人民主权的宪政机制之中，国家义务才得以从应然走向实然。

（一）国家义务的个人本位取向

义务的意义在于，"它为权利设立了一个合理的界限，使权力的运作成为

---

❶ 龚向和：《国家义务是公民权利的根本保障——国家与公民关系新视角》，《法律科学》2010年第4期。

❷ 本书所称的国家义务是一个宪法学概念，并着重从法律而非是政治和道德上进行论述。

主体施发的一种具有精神负担的过程"❶。义务是一种负面向的、强制性的规定，国家义务的概念本身，就蕴含了对抗和制约国家的潜在话语，反映了国家义务作为手段服务于公民目的的个人本位价值取向。国家义务不是从来就有的，也不与国家同步出现，而是在个人与国家关系的演变中逐渐产生的。即只有在个人本位的视野中，以及以个人本位为原则的宪政体系中，国家义务才应运而生。正如张翔博士所说，选择"基本权利——国家义务"作为理论基础体现的是宪法思维的自由主义传统。❷

个人本位的价值观就是个人主义价值观❸，即视个人为中心，倡导自我主义，意味着个人从公共生活撤离到私人领域、公共权威让位于个人利益。个人主义是资本主义的典型思想，也是资本主义生产方式的产物。古代城邦超越于个人之上，在罗马共和国的黄金时代，"个人以某种方式被国家所吞没，公民被城邦所吞没"。❹ 在中世纪，也没有作为个人的公民概念。"每一个人都属于某个等级或集团，如封建贵族、城乡社区或商业行会等。这些等级和集团，拥有集体的特权或封建自由；个人只有作为种族、家族、党派和社团的意愿才能意识到自由权利。"❺ 当个人以集团或等级的方式被牢牢束缚在国家的意志之下，个人则无权利可言，而国家对于个人，有的只是权力而非义务。

个人主义思想的诞生、个人权利意识的苏醒，引发了学界对个人与国家关系的反思，人们对国家义务的要求随之出现。"在用英语写作的政治理论家中间，认为国家与公民之间存在基本冲突的看法在17世纪的宪政动荡期间才出现。只有在斯图亚特君主政体的反对者们开始认真地对1640年的王权提出质疑的时候，他们才开始将自己描述为生而自由的公民，而不是他们国王的臣民。"❻ 在生而自由的公民眼中，国家不再超越个人之上，而是由出于自身目的个人组合而成，并且是最为严重的潜在威胁个人自由的专断性权力。因此，必须给国家权力设定相应的义务，使之在精神的负荷下运行，并有明确的界限，不至于肆意妄为。契约论者从理性构建的角度对国家义务提出了道德要求，经验论者则从经验的角度提出了国家义务的现实需要。在休谟那里，国家是从一些共同经历的事件中逐渐演进而来的，政治社会一经诞生，原来社会组

---

❶ 林喆：《权力腐败与权力制约》，北京：法律出版社1997年版，第188页。
❷ 张翔：《基本权利的规范构建》，北京：高等教育出版社2008年版，第18页。
❸ 其实，"个人本位"的价值观也就是个人主义的价值观，是个人主义价值观的哲学表达方式。王金福：《"个人本位"价值观就是个人主义价值观》，《高校理论战线》1999年第6期。
❹ [法]邦雅曼·贡斯当：《古代人的自由和现代人的自由》，阎克文、刘满贵译，商务印书馆1999年版，第28页。
❺ 何勤华、张海斌：《西方宪法史》，北京大学出版社2006年版，第229页。
❻ [英]昆廷·斯金纳、[瑞典]博·斯特拉思：《国家与公民：历史·理论·展望》，彭利平译，华东师范大学出版社2005年版，第13页。

织所承担的保障个人利益和安全惯例，便演变成为国家义务。当资产阶级以宪法的形式巩固与封建专制斗争所取得的胜利，国家义务的法律形式随之产生。

从法制史和法学史的发展来看，国家与公民之间存在的四种关系，即古代国家的国家权力—公民义务、中世纪的国家义务—公民义务、近代国家权力—公民权利、现代国家义务—公民权利。❶ 需要注意的是，上述历史考察的结果并不能断言国家义务到现代才出现，而是由于国家性质、权利观念、法律价值等方面的差异，各个不同时代对公民与国家之间关系的各方面未给予同等的对待与关注，而是强调突出其中某一种关系。近代以个人本位为基础的公民权利主张，就要求并事实上产生了国家义务。而只是到了权利进一步高涨的现代，公民与国家之间关系的主轴表现为基本权利——国家义务，国家义务取代相继出现的国家权力、公民权利成为公民与国家关系中的本位。

（二）人民主权的个人本位逻辑

在资本主义生产方式的不断呼吁和刺激之下，本体论个人主义衍生出政治个人主义。有学者认为政治自由主义包含了相互联系的三项原则：第一，个人权利至高无上，这种个人权利被人们概括为人权或公民权；第二，政府的目的在于保障个人的权利，实现个人的利益；第三，要求政府的建立必须基于社会成员的同意，政府权威的正当性来自公民的同意。❷ 从政治个人主义原则所反映的个人与政府（该处实质指国家行使的主权）的关系来看，政治自由主义正是宪政的首要原则——人民主权的理论根源。

对人民主权的阐述，从一开始便是典型的个人主义论断。人民主权的最初表述为"一切权力的来源一向是来自人民"❸。其根植于个人是本源，国家是个人聚集的产物，国家除了个人目的之外没有任何其他目的的个人主义思想。洛克是人民主权理论的集大成者，他用自然状态学说、天赋人权理论社会契约理论来论证国家权力来自人民并最终为人民所有、为人民服务。他认为"人类天生是自由、平等和独立的，如不得本人的同意，不能把任何人置于这一状态之外，使受制于另一人的政治权力。任何人放弃其自然自由并受制于公民社会的种种限制的唯一的方法，是同其他人协议联合组成一个共同体，以谋他们彼此间的舒适、安全和和平的生活，以便安稳地享受他们的财产并且有更大的保障来防止共同体以外的任何人的侵犯。"❹

---

❶ 龚向和：《国家义务是公民权利的根本保障——国家与公民关系新视角》，《法律科学》2010年第4期。
❷ 李强：《自由主义》，吉林出版集团有限责任公司2007年版，第155—156页。
❸ ［英］弥尔顿：《为英国人民申辩》，何宁译，商务印书馆1958年，第165页。
❹ ［英］洛克：《政府论》（下篇），叶启芳等译，商务印书馆1964年版，第59页。

建立在个人本位基础之上的个人权利诉求更是与人民主权直接相关,"政治上的人民主权来源于社会上的个人权利诉求又必然归于宪法上的个人权利保护或基本人权"❶。

(三) 宪政思想与宪政

人民主权既是宪政思想基础也是宪政的基本要求,更是宪政与宪政思想的区别所在。这一区别对于探究国家义务的发源至关重要——宪政思想并不必然地产生国家义务,而国家义务却是宪政的产物。

毋庸置疑,宪政是专制政体的对应物,但在宪政的具体内涵上,存在着不同的看法。有的观点把宪政理解为对权力的限制与防止权力的滥用,据此随着社会的发展变化会出现不同的宪政类型。如美国学者麦克伊文按照历史时代的不同,把宪政分为古希腊罗马时代的宪政、中世纪的宪政、近代宪政和现代宪政。❷ 有的观点则认为,宪政是资产阶级最先搞起来的,是资本主义战胜封建制度的产物。❸ 二者的分歧关键在于是否将人民主权作为宪政产生的基础,人民主权是遵循个人主义逻辑的,只有在资本主义社会关系中才能生长,所以后者认为宪政是资本主义的产物。笔者赞同第二种观点,并称前者为宪政思想,后者为真正宪政。

在古代和中世纪,控权机制和过程中体现出来的宪政思想,仅出于维护神的权威或者统治阶级内部权力和利益均衡,并非基于尊重人的尊严、承认人生而平等以及保障个人权利的人民主权原则,所以并不产生现代公法意义上的与基本权利对应的国家义务。古代希伯来人实行的神权政治中,统治者不是绝对的,必须服从上帝法的约束,国家因此承担义务,但仅是对上帝的义务。实行直接民主的古希腊罗马城邦,公民大会是政治的最高权力机关,然而这一体制下的个人在公共事务中是主权者,而在私人领域却是奴隶,国家也不对个人承担义务。欧洲中世纪出现了不同于古代社会的权力多元与互相制衡的政治局面,并且《自由大宪章》中已涉及自由民的人身、财产和自由权的内容,但由于这只是贵族集团的与王权斗争的手段,并非以人民主权为基础、以人权保障为动机,所以针对基本权利的国家义务仍不可能产生。

只有资本主义国家建立后,在以人民主权为基本原则建立起来的真正宪政中,以个人本位为基础、以维护和促进个人权利为目的的国家义务才能最终登上历史舞台。从人民主权的角度理解国家义务是宪政的产物的逻辑结构在于:

---

❶ 钱福臣:《宪政哲学问题要论》,法律出版社 2006 年版,第 48 页。
❷ [美] 麦克伊文:《宪政制度论——一个历史的考察》,正中书局 1961 年版。
❸ 白钢、林广华:《宪政通论》,社会科学文献出版社 2005 年版,第 21 页。

首先，公民权利的实现，离不开对应的国家义务的履行。其次，在国家与公民的关系中，人民主权原则体现了公民相对于国家的优位性，只有公民作为目的，国家作为手段，国家才可能承担源自公民方向的义务负担。最后，宪政在形式上表现为权力制约，即给权力划定界限和为其行使施加精神上的强制，只有坚持人民主权原则，才能确保这种对权力的制约服从服务于公民的基本权利。

二、法治：国家义务的生长土壤

宪政的本质是法治而非人治的政府[1]，法治是人民主权思想的实践乃至实现的方式。从人民主权的逻辑中推导出来的国家义务正是在法治模式中转变成为一种社会现实，并且只有在实施法治的国家中，国家义务才可能存在并发展。简言之，没有法治，就没有基本权利对应的国家法律义务可言。

（一）至上宪法是国家义务的直接依据

法治和人治的根本区别在于"权力至上"还是"法律至上"，"法律至上"是宪政的起码要求和基本特征。"法律至上"的核心是"宪法至上"，在宪政体制中法律对国家权力的制约、法律赋予国家权力的义务，集中表现为宪法限制和宪法义务。"真正的宪政，其最古老、最坚固、最持久的本质，仍然跟最初一样，是法律对政府的限制。'宪法限制'，即使不是宪政最重要的部分，也毫无疑问是其最古老的原则。"[2]

宪法限制，首先表现为宪法通过赋予国家权力相应义务的形式，实现对国家权力的制约。宪法的主要内容是保障公民权利，制约国家权力。这体现了设定国家义务、规范国家义务以确保公民权利的宪法精神。在自由主义者看来，国家是必不可少的恶，宪法就在于给国家设定义务规范，使之成为最小的恶。在宪法对国家义务的具体规定方面，则经历了一个由隐含到明确、由概括到具体的发展过程，现代宪法对国家义务的强调日益凸显。美国宪法序言所宣称的为确保安全和增进福利而组建一个更完备的联邦政府，隐含了对国家义务的设定。德国1949年《基本法》第一条第一款则开宗明义地规定，尊重和保护人的尊严是一切国家权力的义务。而德国魏玛宪法第一百一十九条更是明确且具体地规定，家庭之清洁健康及社会改良，为国家与公共团体之任务。

宪法是写满人民权利的纸、是人权保障书，其对公民权利的规定，从另一个角度来讲也是对国家权力义务的设置。恰如林来梵教授所言，近代以来的宪

---

[1] 广义上的政府，泛指立法、司法和行政机构。
[2] ［美］C. H. 麦基文：《宪政古今》，翟小波译，贵州人民出版社2004年版，第16页。

法，是真正体现立宪主义精神的宪法，其人权保障的规范体系均以确定国家对全体公民行使统治权为界限从而保障公民的基本权利为终极的价值目标。❶ 与上述侧重从消极界限的角度强调国家义务不同，张恒山教授更强调积极义务的作用，他认为权利的宣告必须以对应的义务负担为保证❷。对于基本权利规定的国家义务，德国基本权利双重属性理论的相关阐述对其进行了很好的解释。德国宪法学界认为基本权利具有主观权利和客观法的双重属性：在主观权利面向，公民据该基本权利可直接请求国家为或者不为一定行为，国家对应的是可被主张的义务；在客观法面向，则是社会共同体通过立法确认的规范和价值，直接束缚立法、行政和司法，"所以基本权又称消极机关权限规范或界限"❸，但据此产生的义务依国家权力自觉履行而不适用公民主张。

宪法和宪政密切相关，但基本权利国家义务只是宪政的产物。宪法是人民主权的制度保障和体现，是基本权利国家义务的直接依据，而宪法本身只是一个形式，并不能决定国家政治生活的实质。可以假立宪之名而行专制之实，也可能制定了宪法却缺乏施宪的条件，而使国家义务停留在纸面，如我国立宪之初的《十九信条》及后面曹锟宪法遭遇。因此，只有将宪法付诸实施的宪政才真正产生国家义务。

（二）分权制衡是国家义务运行的条件

法治以"法律至上"替代"权力至上"。在国家生活中树立和践行法律的绝对权威，对强势的国家权力进行分立和制衡，是法治的基本方式。宪法对国家义务的相关规定为国家义务提供了法律依据，而分权制衡的国家机构设置，是衔接国家义务从理论形式到现实存在的桥梁。法治模式下的分权制衡是国家义务运行的关键，主要表现在以下方面：

第一，法治模式下的分权制衡，本身即是国家权力承担义务的结果和事实状态。国家权力一方面是社会秩序的必要，但另一方面又是实施专制和暴政的工具，关键在于使之成为一种有限、可控的权力。国家权力分立的状态及其相互制衡的过程，本身就标示着其对自身有限和可控义务的承担，亦即权力约束自身的义务的履行。这种权力自我约束的义务，即是主要与公民自由权对应的消极义务或称尊重义务，是国家承担的首要的、最根本、最主要的义务。

第二，现实的国家义务必然是分权的结果，只有通过不同职能的国家机

---

❶ 林来梵：《从宪法规范到规范宪法——规范宪法学的一种前言》，法律出版社 2000 年版，第 238—239 页。

❷ 张恒山：《义务先定论》，山东人民出版社 1999 年版，第 6 页。

❸ 陈慈阳：《宪法学》，元照出版有限公司 2005 年版，第 355 页。

关，国家义务才可能具体的存在、可能被现实的履行。马克思认为："国家抽象的现实性国家的实体性是一种必然性，因为单纯的国家和整体的单纯存在只有通过各种被划分的国家权力才能实现出来。"❶ 国家义务和作为整体上的国家一样是抽象的，各种不同的权力不仅是国家实现自身的方式，也是国家义务的实现方式。分权明确了各权力的义务分担，并落实了义务的承担体系，为国家义务提供了运作机制。这样，国家义务主体由抽象走向具体，国家义务内容由概括走向精确，国家义务的现实运作成为可能。

第三，制衡不仅要求国家权力对公民权利承担义务，而且要求国家机构之间建立协调的运作机制和良好的运行秩序，相互之间也互为义务。建立在分立基础上因制衡关系产生的国家权力负有的义务，虽然区别于国家对基本权利的义务，但对这一义务的承担至关重要，它对于保障国家对基本权利义务的正常、恰当、有效履行是不可或缺的。

分权制衡也是宪政必不可少的控权机制，是宪政的基本特征之一。正如文章第一部分分析，不以人民主权为基础的分权制衡并不产生基本权利与国家义务。由此可见，国家义务的运作离不开分权制衡，但是分权制衡不必然产生国家义务。即分权制衡是国家义务的必要非充分条件。

（三）宪法约束是国家义务履行的保障

宪法约束是监督国家义务履行的重要方式，包括对国家权力的合宪审查和违宪强制，是法治国家的重要内涵。在奉行司法中心主义传统的英美国家，法院对宪法的适用，推动着法治的不断发展。大陆法系的德国和法国，也越来越重视宪法约束，将其设定为公民权利救济的最后途径。宪法设定国家义务，分权制衡为国家义务提供了运作机制，这些还不足以保证国家义务的切实履行，为了保障国家义务切实履行和防止其异质化，必须对其进行宪法上的约束。

国家义务履行所引起的是国家与公民的关系，亦即受宪法所调节的关系，如果国家怠于行使或者不当行使其所承担的义务，公民可诉诸一定途径对该国家义务机构形成宪法强制。这种可能而且易得的宪法强制，对国家义务的正位运行相当重要。在国家与公民的关系中，国家永远处于事实上的优越地位，国家义务不作为将直接导致公民权利的缺失，而国家义务的不当行使又直接侵害到公民权利，在没有宪法强制的情况下，个人不可能与行使国家权力的义务机构抗衡，国家义务也将因此流于形式。

---

❶ 马克思：《黑格尔法哲学批判》，《马克思恩格斯全集》第 1 卷，第 261 页。

三、人权：国家义务的价值目标

人权是人民主权的理论基础，是法治、宪政的目的，具有终极性目的价值和绝对正当性的人权，同时也是国家义务的出发点和落脚点。

（一）人权是国家义务的对立存在

正确理解宪法规范中的权利与义务的关系，对于明确国家义务的价值取向至关重要。只有厘清并且重视公民权利与其对应的国家义务之间的宪法关系，才能解释国家义务产生和存在的目的及意义。

权利和义务之间存在对立统一的辩证关系，"没有无义务的权利，也没有无权利的义务"[1]。我国学者将其纳入宪法理论，经著名宪法学大师张友渔先生发展，业已成为通说的公民权利义务不可分离理论[2]，形成对西方"权利本位"宪法学传统理论的创新。需要明确的是，由于宪法的特殊地位以及其所调节的公民和国家关系的在内容上特殊性，宪法上的权利义务关系较一般法理意义上的更为复杂，与宪法确认的公民基本人权对应的不是公民基本义务，而是国家义务。

宪法义务包括两种不同的类型，公民基本义务和国家义务。[3] 宪法权利和宪法义务的关系，恰如林来梵教授所言，不同于西方权利义务关联论中均只侧重于说明同一法律关系中一方主体的权利与另一方主体的义务之间的关系。[4] 该关系包括两方面的内容：第一，国家对公民基本权利的义务承担关系；第二，公民享有的基本权利和承担的基本义务之间的关系。长期以来，我国更多地从第二个方面理解宪法权利和义务的关系，如现行宪法第二章即为"公民的基本权利和义务"，这导致我国在理论和实践中对国家义务的忽略或忽视。

作为基本权利享有者与作为基本义务承担者的公民，在其所处的法律关系中都反映了公民与国家权力之间的关系。[5] 但二者反映的是不同的法律关系：前者由公民作为基本权利的享有主体，而国家作为相应义务的主体构成的法律

---

[1] 《马克思恩格斯选集》第2卷，第317页。

[2] 张友渔：《论公民的权力和义务不可分离》，《宪政论丛》（下册），第212页。

[3] 林来梵教授认为，第一种是一般人在宪法上所应当承担的义务，即通常我国宪法文件以及宪法理论中所言的"公民基本义务"；第二种类型是特定的主体，主要是国家机关或公共权力主体以及实际上的权力持有者（如国家公务人员）在宪法上所应承担的义务。林来梵：《从宪法规范到规范宪法——规范宪法学的一种前言》，法律出版社2000年版，第235页。

[4] 林来梵：《从宪法规范到规范宪法——规范宪法学的一种前言》，法律出版社2000年版，第251页。

[5] 公民作为基本权利的享有主体时，相应义务的承担者主要是国家而不是其他公民；公民所承担的同样也主要是对国家的义务。

关系；后者则是公民作为基本义务的承担主体而对国家履行宪法上所规定义务所构成的法律关系。❶ 可见，公民享有基本权利和履行基本义务根本就不处在同一个法律关系之中。从义务对权利的保障，即同一法律关系中的权利与义务的对立统一角度而言，在宪法关系中，公民权利对应的是国家义务。

（二）人权是国家义务目的和价值所在

在宪法规范意义上，作为法定人权形态出现的公民宪法权利与国家法律义务，是对立统一的两个方面。这种规范是对已经产生的国家义务理论或事实进行宪法确认，并且为保障国家义务引起的关系提供法律依据，在一定程度上体现了国家义务服从和服务于人权的价值取向。没有人权，就没有本书之指称的国家义务，国家义务的人权目标和实现人权的价值，更从其产生和存在中体现出来。

各种类型义务产生于各种性质的要求，国家义务产生于以人民主权为基础的人权需要。英国学者米尔恩认为"各种具体的道德义务产生于各种细致的道德要求，各种具体的法律义务产生于各种细致的法律要求"。❷ 义务意味着具有强制性的应当行为，义务的产生必基于道德、法律或者其他的依据。当人从神的奴婢和国家的附属中解放出来，在资产阶级反封建的斗争中❸，自然法经历自然权利演变成人权，国家被解释为人的需要的产物，是由人建立的。霍布斯认为国家是摆脱"战争状态"，谋求和平与安全需要；洛克认为人们为了维护财产组成政府；美国《独立宣言》更明确表示：为保障生存、自由和追求幸福等不可让与的权利，人类才建立政府，任何形式的政府一旦对这些目标的实现起破坏作用时，人民便有权予以更换或废除。可见，国家义务产生的依据是人民对国家的主权，国家义务的产生为且只为保护和促进人权。

国家义务因人权而产生，也因人权而存在，国家义务是人权的根本保障。公民基本权利的实现，关系到许多因素，但主要由国家进行保障。与国家权力对公民权利的间接保障相比，国家义务是对公民权利的直接保障、根本保障。从保障方式看，国家义务直接渊源于公民权利并以其为唯一目的，而国家权力需要通过国家义务的中介才能服务于公民权利。从保障技术看，法律作为控制、规范社会的手段，要想达到法律的权利保障目的，主要通过义务性规范，而非权力性规范。从保障效果看，国家权力运用不当极易侵害公民权利，而国

---

❶ 林来梵：《从宪法规范到规范宪法——规范宪法学的一种前言》，法律出版社 2000 年版，第 251—252 页。

❷ [英] A.J.M. 米尔恩：《人的权利与人的多样性》，中国大百科全书出版社 1995 年版，第 33 页。

❸ 在这一时期，资产阶级要唤醒人们的理性，要求人们作是非善恶的判断，而价值判断的标准就是自然法学所说的正义，具体说就是自由、平等、博爱、人权、法治等。高德步：《西方世界的衰落》，中国人民大学出版社 2009 年版，第 129 页。

家义务则不仅不会侵害公民权利,而且能迫使国家权力服务于公民,因而只能保障公民权利。

国家义务的人权取向,还表现在国家义务内涵的历史演变中。在自由法治国家中,人权主要表现为对国家专断权力的防御,因此国家主要承担的是尊重和保护义务。由于人类社会矛盾的扩展和深化,以及生态环境问题的日益突出,个人凭一己之力越来越难以应对生存问题,人权开始产生国家的生存照顾要求。因此,给付义务成为社会法治国家中一项重要的国家义务类型。

综上,基本权利、国家义务、宪政三者相辅相成,是一个有机整体,缺一不可。在宪法学上,尽管国家义务是基本权利的对应范畴,但是只有在宪政国家的法治过程中,法律意义上的国家义务才实际产生和真正履行。基本权利是宪政的基础和目的,但基本权利的实现须臾不能离开相应国家义务的适当履行,国家义务是基本权利的根本保障。

第二节 国家义务体系:尊重、保护、给付层次递进

国家义务是与公民基本权利相对应的一个宪法学基本范畴,然而却以一个国际法上的概念被广为接受[1],其宪法学上的重要含义并未受到应有的重视。亦有学者对此进行了有益的探索,认为公民和国家的关系模式不应当是"权利——权力",而应当是"权利——国家义务"[2]。给付义务、保护义务等国家义务的具体形式也开始受到关注。[3] 随着人权保障理论研究的发展,尤其是社会权和可诉性理论研究热潮的掀起,亟待对宪法学意义上的国家义务进行系统、深入的考察。

一、国家义务之区分标准

对宪法学上国家义务[4]的忽视,既与一直以来将公民与国家的关系局限在

---

[1] 指"国家不侵犯其他国家主权的义务"。周鲠生:《国际法》(上册),商务印书馆1976年版,第233页。

[2] 陈醇:《论国家的义务》,《法学》2002年第8期,第15页。

[3] 张翔:《基本权利的受益权功能与国家的给付义务——从基本权利分析框架的革新开始》,载《中国法学》2006年第1期;魏迪:《基本权利的国家保护义务——以德、中两国为审视对象》,《当代法学》2007年第4期;陈征:《基本权利的国家保护义务功能》,《法学研究》2008年第1期。

[4] 本书中所指称的国家义务是与公民基本权利相对应的国家义务。首先,以具有民主性质的宪法存在为前提,舍此无以产生基本权利。封建国家及以前的国家类型,也存在某种性质的国家义务,不在本文的言说范围之内。其次,是指在宪法上承担的与公民基本权利对应的义务,与其他语义上的国家义务以及其他类型的国家义务相区别。

权利和权力之间的视角有关，也受对国家义务本身研究程度的制约。对习而不察的国家义务，可以根据若干标准对其进行深化认识，为建构国家义务体系做准备。

（一）国家义务产生依据标准

基于公民与国家在宪法上的关系，国家对公民享有的权利承担义务。基本权利具有多重属性，受基本权利决定的国家义务亦可因此进行区分。"基本权利结合了多重的意义层面，基本权既是主观权利又是共同体客观秩序的基本元素。"❶ "主观权利之概念特征在于赋予个人法上之力，来要求相对人为作为、不作为及容忍之行为。"❷ 这种以私法（民法）上的请求权为要件定义的主观权利概念，在今天不仅适合于公法领域，更可以从宪法领域来探讨是否赋予个人请求权的内容。基本权利是宪法承认和确定的权利，基本权之主观权利来自宪法规定。因此，作为基本权利的主体，个人可以在与国家的具体关系中，以宪法规定为依据要求国家做或不做某种行为，相对应的便是国家消极的容忍义务和积极的作为义务。

基本权利作为共同体客观秩序基本元素，又称为基本权利的"客观价值秩序"或客观法面向，它是延伸基本权利效力的出发点，并赋予国家实现基本权利的义务。由此，可以直接推导出国家的保护义务——国家及其权力机关必须通过妥善立法、行政和司法以创造一个有序的社会环境，确保基本权利免受第三人侵害。"由于基本权利形成的客观价值秩序所要求的不再仅是国家不得非法侵害人民自由权利，也更进一步地要求国家对人民自由权利侵入行为应不作为，甚至要课予国家要积极地保护基本权不受任何侵害，这就是国家的保护义务。"❸

是故，根据国家义务产生依据的标准，国家义务包括与基本权利主观属性相对应的义务和基本权利作为客观法直接决定的义务。

（二）国家义务体现的国家性质标准

按照国家义务体现的国家性质，可以将国家义务划分为自由法治国原则的国家义务和社会法治国原则的国家义务。这种划分体现两种不同类型的法治国家的基本精神，与自由法治国首倡的自由权和社会法治国关注的社会权完好

---

❶ 张嘉尹：《基本权理论、基本权功能与基本权客观面向》，载翁岳生教授祝寿论文编辑委员会：《当代公法新论——翁岳生教授七秩诞辰祝寿论文集》（上），元照出版有限公司2002年版，第47页。

❷ Vgl. Röhl K. F., *Allgemeine Rechtslehre*, 2001, s. 328. 转引自陈慈阳：《宪法学》，元照出版有限公司2005年版，第345—246页。

❸ 陈慈阳：《宪法学》，元照出版有限公司2005年版，第357页。

对应。

自由法治国是法治国家的最初形态，为了保障公民充分的自由，严格限制国家对社会生活的干预，主张越小的政府越是好的政府，国家只应发挥"夜警"的作用。因此，自由法治国原则下的国家义务是要"限制国家"，要防止国家成为专制的、残暴的、一些人压迫另一些人的工具，即国家应该尽量以不作为的形式保障公民的权利和自由。但是，自由法治国原则下的国家义务并不排除国家的积极作为，为了切实保障公民的权利和自由，不仅要求国家保证不以积极作为的形式去侵犯，而且要求国家以积极作为的形式构建一个有序的社会环境防止第三人的侵犯。譬如，不受虐待的人身自由，美国学者唐纳利认为"确保这种侵犯不会发生，在几乎所有的情况下都要求重要的'积极'计划，它包括训练、监督和控制警察和安全部队。"[1]

社会法治国，亦称为文化国家，是在自由法治国的基础之上发展起来的。在自由法治国原则下国家不去干预个人自由，让人们通过自由竞争去谋求富足的生活。由于主客观条件的差异，必然造成贫富不均，一些人无法保障自己的生存。于是，为了保障每个人的基本权利和社会秩序，国家的调控和救助比要求国家不干预更为重要。在此基础上发展起来的福利国并非和警察国的思想全然相反，而是继承了承认尊重个人自由、不能干涉私人生活的思想。"和警察国家相反对，唯他再补上下列三种：①社会文化的开发；②经济上之弱者的保护；③不但在法律上，且在事实上，解放一切人民。以上三种亦为国家的任务。于这一点，其思想和前代不同。"[2] 可见，福利国原则的国家义务，指国家在消极尊重公民权利和自由的基础之上，积极采取作为的形式帮助和促进人们享受幸福生活，至少是为保障所有个人都能获得符合人的尊严的最低生存条件，使人们在任何情况下都能维持起码的生活水准。

（三）国家义务行为状态标准

基于国家义务的行为状态，通常将国家义务划分为消极义务和积极义务。消极义务指国家不得干预、妨碍个人自由的不作为义务，是国家尊重和维护自由权的基本手段。积极义务指国家以作为的方式，为保障个人自由和满足个人利益提供条件、资源的义务，是国家促进和实现社会权的主要手段。消极义务和积极义务的区别，源自"消极权利"和"积极权利"亦即"消极自由"和

---

[1] ［美］杰克·唐纳利：《普遍人权的理论与实践》，王浦劬等译，中国社会科学出版社2001年版，第32—33页。

[2] ［日］美浓部达吉：《宪法学原理》，欧宗佑、何作霖译，北京：中国政法大学出版社2003年版，第131页。

"积极自由"之分。权利和义务是一对相对应的概念,权利的实现依赖于相应义务的履行。因此,"免于他人干涉和强制的自由"对应的是消极义务,"去做……的自由"则对应积极义务。

消极义务与积极义务的区分,已形成广泛共识,甚至主流观点以"义务区别"来界分自由权和社会权。然而,对于自由权以及社会权对应的国家义务性质,长久以来不乏争论。"在传统的理解上,社会权使国家负有积极的义务。这种理解只强调满足的义务,而忽视了尊重、保护和促进的义务等其他方面。而且,将自由权理解为国家的消极义务的传统性认识,也只强调了国家对自由权尊重的义务,而忽视了自由权的其他方面。这任何一种认识都忽视了国家为人权综合性实现所负义务的复合性特征。"❶

消极义务和积极义务只能表示国家履行义务的具体方式,即内容的表现形式,不足以作为权利区分的核心标准,但对权利的区分具有重要意义。"自由权和社会权之分不在于国家的义务是积极还是消极,而在于两种义务在两种情形下的地位和作用。社会权以国家的积极义务作为主要手段达到期待利益的保护、促成和提供,以国家的消极义务作为次要手段达到现有利益的尊重;自由权以国家消极义务为主要手段、国家积极义务为次要手段达到现有利益的尊重。"❷

二、国家义务之组成部分

系统地把握国家义务,首先要在国家义务区分标准的基础上,对国家义务进行合理分类。对国家义务进行分类研究,最早见于国际人权法领域有关对食物权的讨论,人权学者先后提出"三分法"和"四分法"的学说❸,然二者本身都存在值得商榷的地方,且对各部分之间的关联缺乏应有的关注。

(一) 国家义务三部分的最优选择:尊重、保护、给付

国家义务"三分法"已经成为大多数学者分析国家义务的基本共识,但对三部分内容的具体界定仍众说纷纭。不同的学者在"三分法"的框架内就

---

❶ [日]大沼保昭:《人权、国家与文明:从普遍主义的人权观到文明相容的人权观》,王志安译,生活·读书·新知三联书店2003年版,第221页。

❷ 龚向和:《作为人权的社会权:社会权法律问题研究》,人民出版社2007年版,第18页。

❸ 著名挪威人权专家艾德提出尊重、保护和实现的"三分法",荷兰人权研究所提出尊重、保护、实现和促进的"四分法"。二者基本上是一致的,其分歧在于,对那些通过个人努力无法实现,需要国家采取积极措施予以帮助的权利和自由,"三分法"认为国家对此应承担实现的义务。而"四分法"则认为需要根据该权利和自由所要达至的结果的现实程度,将对应的国家义务再区分为保证义务和促进义务,即对可以获得的承担保证义务,而对在短期内一般无法充分实现的只承担促进义务。

各个层次提出自己的见解，即使坚持艾德的"尊重、保护和实现"三分法，其理解也可能不尽一致。如有论者便倾向于将保护的义务和实现的义务结合起来理解，认为"尊重的义务本质上属于不采取行动的消极义务，保护和实现的义务则属于保护个人免受第三人侵害或提供某些服务及给予某些便利的义务"。❶ 通过对各种观点的综合比较，我们认为从"尊重""保护"和"给付"三个层面具体界定国家义务更为合适。

国际人权法上对国家义务的分类讨论，都是在亨利·舒关于国家对基本权利有关义务学说的基础上开始的，亨利·舒认为国家无论采取消极还是积极的行为，都与国家对具体基本权利承担的不同种类的责任或者义务有关。概言之，与基本权利有关的义务分三类："一、避免（avoid）剥夺的义务；二、保护（protect）的义务；三、向被剥夺者提供帮助（aid）的义务。"❷ 艾德发展了亨利·舒的观点，首先将避免被剥夺的义务延伸为尊重的义务，强调与基本权利防御功能对应的国家消极义务。其次，将帮助义务的对象界定为对"人权文件中获得承认的、凭借个人努力不能保证的要求"，以强调和明确该义务依据或者体现的社会国原则，而与针对第三人侵害的保护义务相区别。

艾德从国家面向自身行为、第三人侵害以及权利人本身局限的角度，将国家义务分别界定为尊重、保护和实现，为国家义务分析确立了一个合理的参照。但该理论远非尽善尽美，"实现"在语义上一般指示某一行为的结果状态，而不在于该行为的履行方式和手段，是故"实现"不仅包含了"保护"，事实上也囊括"尊重"在内。台湾地区"司法机构"大法官吴庚指出："宪法"所保障之各种权利，无论属于消极性防御公权力之防御权——各类自由权属之，还是积极性要求国家提供服务或给付之受益权——社会权为其中之典型，国家均负有实现之义务。可见，从尊重、保护和实现的角度，并不足以清晰区分出国家所负义务的种类。

我国年轻学者张翔博士从德国宪法学基本权利双重属性及功能理论的角度，提出"消极、保护、给付"说，将国家义务界定为消极义务、给付义务和保护义务。该说中的"消极"与艾德的"尊重"在本质上是一致的，强调国家对自身的约束，而"给付"贴切地表达了国家在社会国原则下的作为义务。因此，其摒弃了艾德"义务层次理论"中各要素之间交叉、羁绊的不足，虽然依据有所不同，但在客观上完善了艾德的义务层次理论。

---

❶ B. 托比斯：《健康权》，载［挪］A. 艾德、［芬］C. 克罗斯、［比］A. 罗萨斯：《经济、社会和文化的权利》，黄列译，北京：中国社会科学出版社 2003 年版，第 201 页。

❷ Henry Shue, *Basic Rights*: *Subsistence*, *Affluence and U. S. Foreign Policy*, Princeton: Princeton University Press, 1980, p. 52.

然而，该说同样存在缺陷，除存在三要素词性不一致的表面欠缺外，其将国家给付义务与国家保护义务简单地归类为国家积极义务，以契合消极义务和积极义务的传统分类（见图 1-1），更有拘泥于传统国家义务二元构成理论的嫌疑。基本权利的国家保护义务与国家给付义务虽然都要求国家为一定之作为，但二者是不同类的："'基本权利的国家给付功能'乃是要求国家提供一定之'给付'，而'国家保护义务'则是要求国家采取措施维持某一种'现状'；'基本权利的请求给付功能'涉及的是社会国原则，而'国家保护义务'涉及的则是危险防御以及法治国原则。"❶ 将国家的给付义务和保护义务按作为方式片面、简单地统归于国家的积极义务，作为与尊重义务并列的层次，不仅模糊了二者的区别，而且遮掩了国家保护义务防御性质，容易沦为公权力假以不当扩张借口，是对宪政基本理论的威胁。

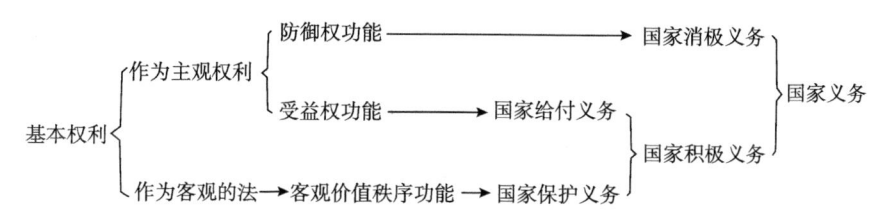

```
                  ┌ 防御权功能 ─────────→ 国家消极义务 ┐
        ┌ 作为主观权利 ┤                                    │
基本权利 ┤            └ 受益权功能 ─→ 国家给付义务 ┐            ├ 国家义务
        │                                        ├ 国家积极义务 │
        └ 作为客观的法 → 客观价值秩序功能 → 国家保护义务 ┘            ┘
```

图 1-1 消极、保护与给付的国家义务分类及与消极、积极分类的契合❷

我们认为，国家义务的分类探索，应当在把握众说的基础上取长补短。艾德理论中的"实现义务"内容过于宽泛，根据其意思可以具体限定为"给付"。而张翔博士"消极、保护、给付"说中，"消极"改为"尊重"更为合适。所以，国家义务宜划分为尊重、保护和给付三个层次。

（二）尊重、保护和给付在内容上的关联

国家义务划分为尊重、保护和给付三部分，清晰地显示了国家针对不同情况承担的不同义务。即尊重义务，是指国家自身不妨碍和干预公民自由的义务；保护义务，是指国家必须采取措施预防、制止、惩罚第三人侵害的义务；给付义务，是指公民通过自身努力不能达到基本权利的最低要求时国家予以救助的义务。为了进一步了解国家义务的分类，还需要对三部分之间的关系进行考察。根据国家义务区分的标准，国家义务三个层次之间并非泾渭分明的三座孤岛，而是彼此盘根错节又有章可循的浑然整体。

---

❶ 法治斌、董保城：《宪法新论》，元照出版有限公司 2006 年版，第 137—138 页。
❷ 张翔：《基本权利的受益权功能与国家的给付义务——从基本权利分析框架的革新开始》，载《中国法学》2006 年第 1 期，第 24 页。

第一，尊重义务和保护义务属于自由法治国原则义务，给付义务属于社会法治国原则义务。

自由法治国处于基本权防御功能高涨的巅峰时期，当时国家基本上是无为而治的，处于消极地位。人民以基本权对抗国家统治者的干预或者侵害，要求国家对自由权承担尊重义务。具体而言，这种尊重的义务要保证基本权利主体行为的选择可能性，此时所包含的内容：一方面，保护主体行为时消极不受国家指令的拘束；另一方面，确保主体可以依其意志自由地选择行为行使之态样。

自由法治国原则下的国家义务的核心是避免国家对人民自由权利的侵入，并非要求国家退缩到纯粹消极不作为的地位。国家必须采取立法、行政及司法等有效措施，保护基本权利不受国家之外的其他人的侵害，这就是国家的保护义务。由此可以得出，国家在基本权防御作用上具有多种角色，既是基本权可能危害的主要制造者，又是基本权利的保护者，亦是义务承担者。

与之相对，给付义务体现的则是社会法治国原则。在所谓"夜警国家"的自由法治国，国家不会去考虑人民的生计维持、社会安全和经济发展等问题，国家的任务就是做"夜警"的工作，维持治安。工业化的进程，使贫富悬殊与社会安全等社会问题变得日渐紧迫，于是各国政府纷纷介入社会生活领域，负责处理有关社会正义和安全问题，积极向社会国转变。国家给付义务，就是要求国家去照顾人们基本的生计维持、整个社会安全，以及消弭严重的社会贫富悬殊等问题。

第二，保护义务和给付义务是积极义务，尊重义务主要是消极义务。

保护义务旨在使基本权利免于第三人侵害，国家据此必须采取积极措施预防、制止和惩罚第三人的侵害行为。即通过立法规范社会秩序，强化侵犯行为的法律风险，当侵犯发生时及时有效地予以制止，严格制裁侵犯行为，并对受损的利益进行合理的赔偿等，这些都需要相应国家机关以积极作为的方式实现。要求国家去照顾人们基本生计维持的给付义务，更需要以作为的形式去满足特定相对人的具体需要，或者是分配某一资源，或者是提供某些设备等。

尊重义务则是消极的，它强调国家在主观上对基本权认同、容忍，在客观上采取不干预、不妨碍等不作为的方式予以保证。

三、国家义务之理性建构

国家义务的三个组成部分在内容上应是一个有机联系的整体，既不可替代也不容分割。这涉及三个组成部分的结构问题，即三者以何种方式排列，使得本身更具有合理性，而对基本权利的保障更具实效性。

（一）相关国家义务结构理论之评判

由于学界对宪法上的国家义务缺乏深入研究，对国家义务结构也没有专门论述，相关看法隐现在对国家义务的评价中。在国际人权法中，艾德著名的"义务层次理论"虽然注意到国家义务的层次性，但其以对国家义务的分类为重点，而未对层进的排列展开论述。

德国宪法学说从基本权功能引申出国家承担的相应义务，从而确立国家义务的不同根源，即以基本权二重性为依据确立国家义务体系。德国宪法学在为基本权功能做分类时，比较常见的是以基本权利主、客观面向为标准做第一层次的分类，然后将各类基本权功能归类其下。❶ 前述张翔的"消极、给付和保护"说即坚持这一理论。考虑这种结构的合理性或者优越性，首先要考察其是否可行，其次是其是否必要。

基本权客观面向或"基本权客观法内涵"的导出，主要建立在对基本权作为"客观价值秩序"的理解上，是对基本权效力的扩张。基本权利在宪法史的发展过程中，被视为对抗国家干预与侵入行为的主张。而二战前的德国传统上将宪法对基本权的规定仅视为立法纲领，不具有直接的法律效力，使得基本权利走向空洞化。在进入20世纪中期以后，除强化基本权作为防御个人不受国家侵入的主观权利外，被更进一步地视为宪法秩序客观原则、宪法价值决定、价值决定的基本规范。基本权的二重属性在理论界受到了广泛认同，并在20世纪中期经德国联邦宪法法院在判决中加以实证。

然而，亦有论者对这一理论的本身提出尖锐的意见，这对以基本权二重性为基础划分国家义务的考察尤为重要。Michael Sachs认为："将新发展出来的基本权功能称为'客观'法内涵，作为专门术语，在两方面有所不妥，首先，'基本权客观法内涵'并不与基本权作为主观权利对立，后者亦得自客观规范，亦即基本权规定；其次，即使是涉及'基本权客观法内涵'本身，亦不可以排除推导出主观权利，尤其是在德国魏玛时代将基本权理解为'方针规定'，所以在基本权内涵前加上'客观'，容易引生误解，让人产生'基本权客观法内涵'是客观'方针规定'的看法。"❷

仅从上述问题而言，以基本权利二重性为依据分类国家义务并不完美，只能作为一般的参考标准。首先，基本权作为主观权利功能和客观法功能并不对

---

❶ 一般而言，将"防御权"和"给付请求权"归类为"基本权主观面向"或"基本权主观法内涵"。而将"基本权第三人效力""基本权作为组织与程序保障""基本权保护义务"归类为"基本权客观面向"。

❷ 翁岳生教授祝寿论文编辑委员会：《当代公法新论——翁岳生教授七秩诞辰祝寿论文集》（上），元照出版有限公司2002年版，第49页。

立，凭此不足以明确区分国家义务类型。其次，国家对方针条款是否承担义务，以及承担怎样的义务，本身便是一个难以解答的理论和实践问题。如果将"基本权客观法内涵"视为"方针规定"，无疑将加大构建国家义务体系的难度以及构建而成的体系的模糊程度。

可见，基本权利二重属性及其功能学说，虽然对国家义务三层次的确定提供了很好的理论基础，但是不足以作为构建国家义务体系的根据。

（二）层进式国家义务体系的合理性

事实上，当国家义务的三部分确立起来以后，完全可以不拘泥于原来的区分标准，而着眼于三部分自身的特点及其与基本权的关系寻找构建国家义务体系的依据。艾德的"义务层次理论"着眼于国家义务本身履行的难易程度，对构建国家义务体系具有重要的建设性意义。按此标准，将国家义务结构界定为"尊重、保护和给付"。这一结构不仅体现了国家义务发展的历史规律，符合基本权利发展的需要，且对国家义务的履行具有指导和鞭策作用。

第一，从国家义务发展的历史进程看。

宪法学上国家义务的产生，与对基本权利的认识和社会环境变迁密切相关。国家承担的义务的种类、性质以及程度，都随着二者的变化而逐渐变化。从长远看，社会环境的变迁发挥着主要作用，它在某种程度上也促进甚至决定着人们对基本权利认识的深入程度。国家义务产生之初，社会环境的主要因素是阶级力量对抗。资产阶级深受封建专制的桎梏之痛，迫切需要个人自由的本性获得承认，并且可以实现自由行为，特别是在自由竞争中聚集财富的愿望，因此"夜警国家"正是其最佳的选择。一方面，人们要求国家履行尊重义务，最大限度地对抗国家的干预和侵害；另一方面，人们要求国家承担保护义务，以维护治安，进一步保障个人自由，降低防止他人侵犯的个人成本。

随着资本主义生产方式的确立，封建势力在政治上也逐渐退出历史舞台，资产阶级控制了整个社会，其对自由权的理想追求几乎转化成为一种现实。与此同时，悬殊的社会分化使得一些人的基本生存无从保障，严重威胁到资产阶级所标榜的自由价值和现有社会秩序的持续。环境的恶化也增加了整个人类的生存压力。基于此，人们对基本权利的认识产生了质的飞跃，仅标界个人自由领域以免于国家侵害，仍不足以以符合人性尊严的方式保障自由生命，因此需要透过国家的计划、调控与照料来创造前提。于是，给付义务开始成为一种重要的国家义务种类。很明显，在当前全球金融危机的环境下，国家履行给付义务的力度将越来越大。

第二，从国家义务对应的基本权利看。

尊重义务和保护义务对应的主要是基本权利中的经典自由权，给付义务对应的则主要是社会权。由尊重义务、保护义务层到给付义务，正好反映了由自由权转向社会权的基本权利发展倾向。

由基本权中具有传统自由权本质所形成的防御作用，就国家而言，具有对基本权消极不得侵犯与积极保障的双重任务。国家的尊重义务和保护义务最初主要是针对自由权的。自由权作为第一代人权，以个人自由为本位，强调个人的公民权利和政治权利，注重形式上的平等，而不在乎实质上的差距。19世纪随着选举权的扩大和工人阶级政治的不断发展，对经济和社会正义的要求逐步汇入了主流。到19世纪末和20世纪初，西欧民主国家中劳资之间的斗争越来越多地被看作普通人的权利，尤其是工人的权利与财产权之间的斗争，这种斗争转而表现为经济和社会权利、公民和政治权利之间的斗争。这样，以生存权为本位的第二代人权——社会权登上历史舞台。

社会权侧重于保护在社会中受到自然条件、劳动条件和其他经济条件制约而成为社会弱者的人。"一些群体较之其他人更为脆弱或在历史上受到歧视。他们可以要求对自己权利的特别保护，有时是通过采取肯定行动和其他特殊措施。"❶ 给付义务就是这种肯定行动和其他特殊措施的国家承诺和保障方式。

第三，从国家义务的履行角度看。

遵循以"尊重""保护"和"给付"排列顺序构建的国家义务体系，其履行的难易程度一目了然。可以在此体系的构建范围内，再区分结果性义务和行为性义务，分别从履行义务的结果和行为过程的角度规范、衡量国家义务的履行，有助于国家义务的切实、充分行使，确保基本权的实现。

尊重义务在操作上最为简单，只要国家坚持自由权的价值理念，严格遵守法律的规定，不干预、不妨碍人民正当的自由行为便能实现。保护义务虽然较尊重义务而言更为复杂，需要国家采取适当的作为方式，并且依赖于一定的客观设备和物质资源，但理论上在现有条件下通过义务承担者的适当行为是完全有可能实现的。

给付义务是国家义务履行的难点所在，理论界和实践活动都在以各种形式进行探索。有学者对给付义务的履行进行过相关探讨，主要关注各国家机关对给付义务之分担。❷ 而国家对基本权利承担什么给付义务、承担多大程度的给付义务以及如何履行给付义务、履行给付义务的标准何在等问题，是探讨给付义务，乃至构建国家义务体系的重点、难点和焦点所在，同时也是探讨给付义

---

❶ ［挪］A. 艾德，［芬］C. 克罗斯，［比］A. 罗萨斯：《经济、社会和文化的权利》，黄列译，中国社会科学出版社2003年版。

❷ 张翔博士认为，给付的内容可以是物质性的利益，可以是法律程序，也可以是服务行为。并对各国家机关对给付义务之分担进行了阐释。张翔：《基本权利的受益权功能与国家的给付义务——从基本权利分析框架的革新开始》，载《中国法学》2006年第1期。

务，构建国家义务体系不容回避的问题。显然，给付义务的履行不仅受一国经济条件的限制，也直接受政治体制、民主程度等社会条件的影响，相对尊重义务和保护义务而言受到更多的主客观因素制约。我们认为，国家履行给付义务，横向看，应以影响到自由权利为上限；纵向看，应以保障人的尊严为下限。❶

结　语

国家义务是在宪法学上与基本权利相对应的一个基本范畴，体现着公民和国家在宪法上的关系。对国家义务层化分类，并按照"尊重、保护和给付"的递进顺序构建国家义务体系，在宏观上突显国家义务与基本权利的相对性，并有助于促进国家义务的认识。随着二战以后人权学说的发展，从国际人权宪章对自由权和社会权的确认和保障，到"三代人权"学说的提出并被质疑，基本权利理论体系已经建立并不断走向完善。而与之相对应的国家义务及国家义务体系，迫切需要更多的关注。在微观上有利于对具体基本权利指向的国家义务进行定性、定量分析，使国家对基本权利所负义务的行使全面、实际和易于操作。总之，提出宪法上的国家义务，构建国家义务体系，在于通过国家义务实现基本权利的宗旨。

第三节　国家义务的内容拓展：从保护、尊重到给付

国家义务是与基本权利对应。基本权利曾经被认为是天赋的、自然的权利，基于权利保障的现实需要，我们认为国家对应基本权利的法律义务是宪政的产物。但是，与基本权利对应的保护、尊重、给付三种不同类型的义务是不是同时产生？又是如何在宪政国家的发展中出现？与基本权利一样，作为一个抽象的存在或概念化的指称，国家法律义务在宪政体制下与基本权利相生相伴。但在具体内容上，却是历史不断发展的结果。国家法律义务的不同类型是在不同的历史时期和历史环境中出现的，以具体的社会规则和条件为前提。选择"基本权利——国家义务"作为理论基础体现的是宪法思维的自由主义传统。❷ 具体而言，保护义务随自由主义的出现最先登上历史舞台，尊重义务在古典自由主义的发展不断凸显，给付义务则形成于新自由主义及相关思潮之下。探讨国家义务历史发展的状况，是深入了解国家义务本身和履行国家义务

---

❶　该内容将在第五章进行专门探讨。
❷　张翔：《基本权利的规范构建》，高等教育出版社2008年版，第18页。

实现不同权利必须的需要。

一、早期自由主义的保护义务

自由主义兴起于17世纪，是近代西方的产物。洛克被尊为自由主义的鼻祖，霍布斯也越来越被视为自由主义的奠基者❶。在霍布斯和洛克时代，一方面，资本主义发展需依赖政治权威；另一方面，又必须对付教会和国家的集权统治。保障自然权利最迫切的是改个人只能适应、参与但不能改变的神定或自然秩序为自愿结合授权的人定秩序，即以社会契约论替代君权神授或父权主义学说。因此，早期自由主义在平衡自由与权威的关系中，侧重国家维护社会秩序和安全，尤其是对财产的保护，不同思想家基于具体背景的差异各有不同倾向。

（一）早期自由主义对保护义务的阐述

根据霍布斯和洛克关于国家成因及国家作用的论述，早期自由主义国家的主要义务在于维护稳定的社会秩序和社会成员的安全，即对外抵御共同的敌人和对内制止人民之间的相互侵害。

在霍布斯看来，国家是个"人造的人"，它比自然人身高力大，却以保护自然人为唯一目的。霍布斯从人类自然激情必然导致的战争状态入手，论证授权成立国家并服从国家的必要。霍布斯认为，包括正义、公道、谦逊、慈爱等在内的各种自然美德，如果没有某种权威来引导或约束，便跟那些驱使人们走向偏私、自傲、仇恨等的自然激情互相冲突。如果群体成员的行为根据个人的判断和欲望指导，即使不被共同的敌人征服，也易于因个人的利益而各自为战。为了"保障大家能通过自己的辛劳和土地的丰产为生并生活得很满意，那就只有一条道路——把大家所有的权力和力量托付给某一个人或一个能通过多数的意见把大家意志化为一个意志的多人组成的集体"❷。而成员之所以同等地承认并且服从这一群体——国家，是因为国家仅为保护成员权利而存在。国家的本质在于"一大群人互相订立信约、每个人都对他的行为授权，以便

---

❶ 西方学术界的传统观念认为，霍布斯极力维护权威，是近代权威主义的典型代表。20世纪以来，霍布斯被越来越多的学者视为自由主义者，或认为洛克立足于霍布斯之上，或在阐述近代自由主义时干脆抛开洛克而直接从霍布斯开始。即认为其是西方近代自由主义的真正开创性人物。麦克弗森指出："作为一种基本的理论立场，个人主义至少可以说远从霍布斯就已经开始。尽管他的结论几乎不能称作自由主义的，其理论预设却是高度个人主义的。" C. B. Macpherson: *The Political Theory of Possessive Individualism: Hobbes to Locke*, Oxfofd University Press, 1962, p. 2. 奥克肖特断言："霍布斯本人诚然不是一个自由主义者，但他却比自由主义哲学的许多公开辩护者所拥有的自由主义哲学更多。" Michael Oakeshott: *Hobbes on Civil Association*, Oxford, Blakwell, 1975, p. 63.

❷ [英]霍布斯：《利维坦》，黎思复、黎廷弼译，商务印书馆2008年版，第131页。

使他能按其认为有利于大家的和平与共同防卫的方式运用全体的力量和手段的一个人格"。❶

为保护成员自然权利而存在的国家,其权力的行使具有无限性和消极性两方面的特点。一方面,为了保护秩序和安全,国家必须是巨大无比且不受限制的利维坦。社会成员是利维坦一切行为和判断的授权者,利维坦所做的任何事情对任何臣民都不可能构成侵害。即使这种无限的权力有可能受到贪欲和不正当激情的摆布,也不能因此对权力进行限制。因为"人类的事情绝不可能没有一点毛病,而任何政府形式可能对全体人民普遍发生的最大不利跟伴随内战而来的惨状和可怕的灾难相比起来或跟那种无人的统治,没有服从法律与强制力量以约束其人民的掠夺与复仇之手的紊乱状况比较起来,简直是小巫见大巫了"。❷

另一方面,国家的唯一职责是维持秩序,没有周济生存的积极功能。"利维坦是一个警察,而不是一个导师。他尽管凶悍无比,显尽专制,但他却能让人民拥有公平合理的机会去自我完善,而不是让他的权力之剑又披上自以为是文明的外衣,或是打着其他的招牌来改造人民。"❸ 霍布斯的国家理论对社会福利漠不关心,也因此受到后来者抱怨,"不让国家有积极职能是霍布斯理论体系中最糟糕的部分。"❹

洛克则从自然权利入手,论证政府的主要目的是保护财产。洛克认为在自然状态中,社会成员是他自身和财产的绝对主人,但平等的个体之间并不严格遵守公道和正义,导致侵犯不断,权利享有极不稳定。"这就使他愿意放弃一种尽管自由却是充满着恐惧和经常危险的状况;因而他并非毫无理由地设法和甘愿同已经或有意联合起来的其他人们一起加入社会,以互相保护他们的生命、特权和地产,即我根据一般的名称称之为财产的东西。"❺ 当一个人加入政治社会,他便放弃了为了保护自己和他人而做他认为合适的任何事情的权力和处罚违反自然法的罪行的权力,而由国家制定和执行法律来保护自己和其他人的所有权。正如冯丽·安·格林顿所言,在证明个人财产权比政府更为古老之后,洛克提出他的另一主张,他认为人民服从政府的实质原因是保护他们的

---

❶ [英]霍布斯:《利维坦》,黎思复、黎廷弼译,商务印书馆2008版,第132页。
❷ [英]霍布斯:《利维坦》,黎思复、黎廷弼译,商务印书馆2008版,第141页。
❸ Ivor Brown, *English Political Theory*, London: Methuen & Co., Ltd., 1920, pp. 49 – 50.
❹ G. P. Gooch, *Politcial Thought In England: From Bacon to Halifax*, Oxford University Press, 1915, p. 38.
❺ [英]洛克:《政府论》(下篇),叶启芳等译,商务印书馆1961年版,第77页。

财产。❶

在洛克保护财产的国家理论中，国家义务的性质与霍布斯对利维坦的论述一致，只是预防和制止成员内部的相互侵害，没有涉及生存保障的积极内容，也是消极的。但洛克为国家权力设定了边界，不同于在霍布斯那里人们应当忍受利维坦的任何行为。洛克认为虽然人民在加入社会时放弃在自然状态中所享有的平等、自由和执行权，而把它们交给社会，由立法机关按社会的利益所要求的程度加以处理。但只是出于个人为了更好地保护自己、他的自由和财产的动机，社会或由他们组成的立法机关的权利绝不容许扩张到公共福利的需要之外，而是必须保障每一个人的财产。❷ 并且他们认识到，为了不因自身利益而违反社会和政府目的，不能让同一批人同时拥有制定和执行法律的权利，并使他们受自己所制定的法律的支配。可见，洛克已经认识到国家权力对自由的二元效用，但洛克尚未像后来者对权力持有的批判态度，其更注重权力对自由的积极作用。

（二）保护义务产生的历史背景

"霍布斯和洛克都主张与生俱来的自然权利，申说了人类最初的自然平等，将最初的人类置于一种自然状态中，从而为人类通过自愿结成政治社会，通过授权与委托而结成政治权威提供了一个逻辑起点。"❸ 作为自由主义的滥觞，这一阶段的主张一方面以个人私利为基础构建国家理论，否认绝对的、先验的政治权威，另一方面依赖政治权威维护秩序和安全。即从根本上瓦解神定或自然权威论，却在形式或表面上强化权威的作用和合法性。这种对国家权力外扬内抑的主张，正契合当时的时代背景。经过文艺复兴和宗教改革，个人从神权和皇权的压抑中解放出来，但16世纪末与17世纪初王权在欧洲普遍得到集中与加强。"无论在哪一国，宫廷的铺张浪费，政务的迅速处理，以及战争范围日益广阔，发生更见频繁，无不表示君权高过一切。这是欧洲的动向，英国君权亦不能例外。"❹ 随着社会变迁，逐渐张扬的自我与绝对权力之间，存在一个由依赖到怀疑再到否定的过程。

在自由与权威的平衡中，霍布斯赋予了权威无限的空间，但为颠覆和限制权威做了铺垫。霍布斯所处的时代，英国内乱不断，他本人经常处于担惊受怕

---

❶ ［美］玛丽·安·格伦顿：《权利话语：穷途末路的政治言辞》，周威译，北京大学出版社2006年版，第28页。
❷ ［英］洛克：《政府论》（下篇），叶启芳等译，商务印书馆1961年版，第80页。
❸ 袁柏顺：《寻求权威与自由的平衡——霍布斯、洛克与自由主义的兴起》，湖南人民出版社2006年，第23页。
❹ ［法］F. 基佐：《一六四〇年英国革命史》，伍光健译，商务印书馆1985年版，第18—19页。

的逃亡之中。出于对个人安危的担忧,安全与和平的价值不断被提升,主权被认为是人们摆脱战争状态的唯一庇护。因此,政治权威越强大越好,霍布斯面临的真正问题是政治权威的合法性。《利维坦》创作于1649—1651年,此时正是新的政治权威的合法性最为危机的时刻❶,霍布斯的主要任务在于协调人与生俱来的自由与政治权威的冲突。在这一过程中,霍布斯虽然没有明确提出限制国家权力,但将国家建立在个体利益原则上,不过是私人安全的奴仆❷,必然是一种有限国家。"霍布斯的原则推翻了一切政府的基础"❸,是煽动叛乱的种子。

稍晚于霍布斯的洛克开始注意到自由与权威之间的对立关系,他明确提出权力边界,注重国家权力保障自然权利的同时警惕权力滥用。在洛克看来,霍布斯的"利维坦"只是"注意不受狸猫或狐狸的可能搅扰,却甘愿被狮子所吞食,并且还认为这是安全的"。❹ 其理论主要形成于英国大革命前后,作为辉格党的笔杆子,为了鼓吹革命,洛克不得不以自由对抗权威,但是对内战期间的无序和混乱状态的记忆,使得其又不能不为权威留下空间。《政府论》发表于光荣革命之后,此时的目的是让英国人接受威廉三世和玛丽所领导的新政府,为其拥有合法的权利而做辩护。❺ 青年洛克在《政府短论》的前言中写道:对权威的诉求常常支持暴政,而对自由的诉求则导致无政府:人类事务永远在这两者之间不停地摔跟斗。洛克坦言没有人比他更具有对权威的尊敬与崇拜。但"除了对权威的服从之外,我对自由的热爱也决不会少"。❻

二、古典自由主义的尊重义务

18世纪中期以后,随着工业革命的突飞猛进,自由主义进入鼎盛时期。个人自由得到极大尊重,国家被视为个人自由潜在的最大威胁,是一种必不可少的恶,要将它控制在最小范围。正如联邦党人所言:"如果人人都是天使,就不需要任何政府了。如果是天使统治人,就不需要对政府有任何外来的和内在的控制了。在组织一个人统治人的政府时,最大的困难在于必须首先使政府

---

❶ 历经资产阶级革命,残余国会及其国务会议于1649年2月上台执政。没有国王、没有上院,也没有经人民普遍同意的新政府的合法性受到来自各方面的质疑。

❷ [美]乔治·霍兰·萨拜因:《政治学说史》(下册),刘山等译,商务印书馆1986年版,第526—527页。

❸ John Dewey, *The Motivation of Hobbes' Political Philosophy*, In Thomas Hobbes In His Time, ed. Ralph Ross Herbert W. Schneider Theodore Waldman, University of Minnesota Press, 1974, p. 11.

❹ [英]洛克:《政府论》(下篇),叶启芳等译,商务印书馆1961年版,第57—58页。

❺ John Locke, *Two Treatises of Government*, edited with an introduction and notes by Peter Lasslett, 中国社会科学出版社(影印版)1999年版,第137页。

❻ John Locke, *Political Essays*, ed. Mark Goldie, Cambridge University Press, 1997, p. 7.

能管理被统治者，然后再使政府管理自身。"❶ 这一时期，对自由的保障，国家承担保护义务的同时，最主要的是尊重义务，即以不作为的方式保证免于干涉和侵害公民权利。

（一）对个人及其权利的高度尊重

经过17、18世纪与封建贵族阶级的激烈斗争，资本主义倡导的自由主义成为社会主流意识。自由主义以人的独立、尊严、平等和权利为内容的人文主义为基础，其核心是本体论个人主义。即个人先于社会而存在，个人是本源，国家是派生的；个人是目的，国家是手段。

个人主义认为，个人先天拥有一个超验的自我，强调个人与生俱来不可剥夺的自由和权利。个人就是目的，在价值衡量中以个人为中心，倡导自我主义。这种个人本位主义表现在两个方面：首先，社会是个人的集合体，社会、国家是个人为了保障自己的权益而组成的机构，除个人的目的之外社会或国家没有其他任何目的。其次，个人利益至上，是一切行为和价值选择的尺度。因此，社会或国家必须给予个人充分的尊重，必须坚守个人自由的两项基本原则："第一，个人的行动只要不涉及自身以外什么人的利害，个人就不必向社会交代。第二，关于对他人利益有害的行动，个人则应当负责交代，并且还应当承受或是社会的或是法律的惩罚，假如社会的意见认为需要用这种或那种惩罚来保护它自己的话。"❷ 在个人利益和国家利益的关系上，强调个人利益高于国家利益。"国家的价值，从长远来看，归根结底还在于组成它的全体个人的价值。"❸ 故以个人为中心，发挥和调动个人的积极性，提升个人价值，增加个人利益，便是推动社会前进的根本动力。所以，不能因为社会利益而限制个人利益。

个人是理性的个人，个人的行为具有选择能力和判断能力，每个人的判断具有内在的至上性。个人比任何其他人更有清楚了解自己的欲望、能力、知识，可以更好地实现自己的目标。凡办理一项事业或决定怎样来办理或由谁来办理，最适合的莫过于与该项事业有切身利害的人，因此，个人比政府更能维护自己的利益。在政府和个人的关系中，个人主义始终坚持个人拥有绝对的权利，其主旨在于：在目前的社会里，人们不能让政府成为凌驾于每个个体之上的一种权威，一种人们被剥夺了自由之后还以为这种权力增进了人们的福利，

---

❶ ［美］汉密尔顿、杰伊、麦迪逊：《联邦党人文集》，程逢如等译，商务印书馆2004年，第264页。
❷ ［英］约翰·密尔：《论自由》，许宝骙译，商务印书馆1961年版，第102页。
❸ ［英］约翰·密尔：《论自由》，许宝骙译，商务印书馆1961年版，第121页。

和成为"为你好"的"至上者"。❶ 只要给个人以最大限度的自由，个人便能自我决定且实现。"实际上，各种利益天然是和谐一致的。只要维持外部秩序，制止暴力，保证人民拥有自己的财产，并努力履行契约，其余的一切都会自然而然地进行。每个人都受本身利益的指导，但是利益会带领他沿着最高生产力路线前进。"❷

（二）对政府及其权力的极不信任

出于对个人的充分信任和尊重，自由主义力主不被任何外在力量侵犯自身自由和权利，这种种外在力量并不是社会中的某些个体力量，恰恰是指国家的权力或者说政治性的权威。因此，自由主义思想将国家及其权力视为个人权利的对立面，主张在个人与国家之间划定一条不可逾越的界线。自由即指不受政府和国家的控制、强制、限制和干涉等。霍布豪斯对国家权力与自由关系的诠释尤为典型："在一个群体当中，为了保障较弱的成员免遭无数鸷鹰的戕贼，就需要一个比其余成员都强的贼禽受任去压服它们，但这个鹰王之喜戕其群并不亚于那些较次的贪物，于是这个群体又不免经常处于需防鹰王爪牙的状态。因此，爱国者的目标就在于，对统治者施用于群体的权力要划定一些他所应当受到的限制；而这个限制就是他们所谓的自由。"❸

认为自由最大的威胁来自权力集中，既源于对权力行使者的不信任，也源于对权力本身的质疑。自由主义者一方面宣扬人的价值和理性，另一方面在"人性恶"和基督"原罪"思想上形成相互防备的心理。启蒙思想家孟德斯鸠便在对人类本性深刻体察的基础上断言："一切行使权力的人都容易滥用权力，这是万古不易的一条经验。有权力的人们使用权力一直到遇到有界限的地方才休止。"❹ 并且权力集中还必然诱导出人性中阴暗的一面，"即使使用这些权力的人们开始出于良好的动机，即使他们没有被他们使用的权力所腐蚀，权力将吸引同时又形成不同类型的人。"❺ 权力行使之手绝不可靠，对权力自然不能抱以过高期望。而贡斯当则认为，一种本身过度庞大的权力，不管落到谁的手里，都必定构成一项罪恶。换言之，权力就是暴力的化身，权力之恶不在于掌控者而在于本身。"事实上，应该受到谴责的是暴力，而不是暴力的掌控者。应当反对的是武器，而不是掌握武器的手臂，因为武器必然要做的事情就

---

❶ 李宏图：《密尔〈论自由〉精读》，复旦大学出版社 2009 年版，第 122 页。
❷ ［英］霍布豪斯：《自由主义》，朱曾汶译，商务印书馆 2009 年版，第 28 页。
❸ ［英］约翰·密尔：《论自由》，程崇华译，商务印书馆 1982 年版，第 1—2 页。
❹ ［法］孟德斯鸠：《论法的精神》（上册），张雁森译，北京：商务印书馆 1982 年版，第 153 页。
❺ ［美］米尔顿·弗里德曼：《资本主义与自由》商务印书馆 2007 年版，第 5 页。

是残酷的打击。对于人的手来说，这些东西的分量是过于沉重了。"❶

在实行人民主权的国家中，作为主权者的个人无须限制自己施用于自身的权力的观念受到了有力抨击，即使人民主权国家的权力也要受到防备和制约。社会契约即"要寻找一个结合的形式使他以全部共同的力量来维护和保障每个结合者的人身和财富，并且由于这一结合而使每一个与全体联合的个人又只不过是在服从自己本人，而且仍然像以往一样自由。"❷ 这样建立的政府就是人民的政府，权力行使者便是人民的公仆，人们无须对行使自己意志的行为进行限制。对这一观念的批判主要来自两个方面。

其一，在人民主权的情形下，"自治政府"和"人民施用于自身的权力"表述的并不是政府意志和权力行使的真实情况。"运用权力的人民"与权力所加的人民永远不是统一的；而所说的"自治政府"亦非每个人管治自己的政府，而是每人都被所有其余人管治的政府。至于所谓人民的意志，实质上只是最多的或者最活跃的一部分人的意志，亦即多数或者那些使自己被承认的多数人民的意志。"这样，人民总会压迫其中的一部分，而防止这样权力的滥用的重要性较之其他自由保障措施有过之而无不及。因此，限制政府加诸个人的权力，即使在人民主权之下的民选政府，也不能有丝毫懈怠。

其二，现实中运行的权力是对人民主权这一抽象权力的具体化，权力在运行过程中必然发生改变。权力具体化的过程，"事实上，它以人民主权名义要求的权力，并不是那种主权的一部分，它不仅是对现有权力的非法置换，而且是创造了一种根本就不应存在的权力"。由于人民主权——这一抽象的至高无上的权力不可能自行行使，它必须委托给一个现实的实际的权力。而权力由"主权者"让渡到"操作者"之手，组成人民主权的主权者即与实行权力操作者之间产生了分离，这一分离意味着权力操作者会沿着权力自身运行的方式运转。由于权力本身具有自动扩张性，在运行中抽象权力的人民公仆属性将会荡然无存。由于代表人民意志的权力在行使过程中不免超出、脱离甚至违背人民的意志，所以不能不对权力进行控制和限制。

（三）对个人福利的漠不关心

古典自由主义遵从的是"消极自由"，国家除以不作为的方式消极地确保个人自由和权利之外，其积极作为被严格地限定在维护秩序和安全的排斥第三人侵害之内。对于国家的积极作为，从正面看"国家的任务只有一个，这就

---

❶ ［法］贡斯当：《古代人的自由与现代人的自由——贡斯当政治论文选》，阎克文、刘满贵译，商务印书馆1999年版，第56页。

❷ ［法］卢梭：《社会契约论》，何兆武译，商务印书馆1980年版，第23页。

是保护人身安全和健康，保护人身自由和私有财产，抵御任何暴力侵犯和侵略"。❶ 而从反面看，"国家不要对公民的正面福利做任何关照，除了保障他们对付自身和对付外敌所需的安全外，不再向前迈一步"。❷

否认国家对个人生存照顾的积极义务，主要是自由主义者在笃信个人自由的基础上，担忧这类积极行为最终导致权力扩张，而限制或侵害个人自由。国家为了确保弱者的利益，对其进行平等保障的同时必对另一部分人的权利构成侵害。洪堡认为，为了福利而限制自由的手段，可能具有十分不同的性质。直接手段有法律，鼓励，奖赏；间接手段如国家的统治者本身是最可观的财产所有者，由它来排定各种公民的大多数权利、垄断等。这一切都会带来损害，尽管按其程度和方式来说是十分迥异的损害。"当国家不是受到一些恰恰是仅仅取之于强制本质的证明所支持时，这更会与国家不得干涉不是单单涉及安全的任何事情的原则对立。"❸ 而"国家的正当性在于对个人权利的保护，而且任何以平等为名而干预或侵损个人权利的做法，也必定是对国家所依据的正当性的违背"。❹ 所以国家只能是不涉及个人福利的最宽松或干预最小的国家。

排除国家关心个人福利的另外一个重要的理由是，国家的这类积极行为注定无效，个人的生存之需以及幸福生活只能依靠个人努力。古典自由主义者认为国家为个人创造和提供福利的每一积极行为，都会制造并产生更多的，人们本想通过这种措施来解决的问题。例如，国家采取有利于穷人和失业者的收入再分配措施，不可避免地会造成更多的穷困潦倒的穷人和失业者。接踵而至的，国家不得不再提高救济金，扩大救济范围，最终的结局不是全面废除私有制，就是不得不减少甚至停止发放救济金，二者必居其一。无论采取什么措施，国家都不能实现预定的目标。个人的命运只能靠自己改变：谁要想不被生活所奴役，谁就不应该躲避到生活的谎言中去寻找安慰。当企求的成就没有到来、当命运的打击将长期的辛劳所得瞬间化为乌有时，他应该将努力再增加四倍，他应当毫无畏惧地面对不幸，不畏强暴、坚持不懈。❺

当在一定的社会秩序之下，个人竭尽所能仍不能保证基本生存需要，国家仍然没有对个人提供福利的义务。这时，处于至上地位的个人可以行使防御权中最特殊的反抗权，重新建立政治秩序以保障个人的自由和权利。霍布豪斯认

---

❶ [奥] 米瑟斯：《自由与繁荣的国度》，韩光明等译，社会科学出版社1994年版，第90页。
❷ [德] 威廉·冯·洪堡：《论国家的作用》，林荣远、冯兴元译，中国社会科学出版社1998年版，第54页。
❸ [德] 威廉·冯·洪堡：《论国家的作用》，林荣远、冯兴元译，中国社会科学出版社1998年版，第55页。
❹ [英] 哈耶克：《自由秩序原理》，邓正来译，生活·读书·新知三联书店1997年版，第43页。
❺ [奥] 米瑟斯：《自由与繁荣的国度》，韩光明等译，社会科学出版社1994年版，第56页。

为，国家的职责是为公民创造条件，使他们依靠本身努力获得生活所需要的一切。国家的义务不是为公民提供粮食，给他买房子住或者买衣服穿。国家的义务是创造一些这样的经济条件，使身心没有缺陷的正常人能通过有用的劳动使他自己和他的家庭有食物吃、有房子住、有衣穿。如果因为行业生产过剩，或者技术带来的产品滞销等，而造成在该社会中一个能力正常的老实人无法依靠有用的劳动来养活自己，这个人就是受经济组织不良之害。那么，他要求的不是慈善，而是公正。"只要这个国家还存在着由于经济组织不良而失业或工资过低的人，这始终不仅是慈善的耻辱，而且也是社会公正的耻辱。"❶ 那么，他们需要的不是国家保障生存或福利的积极义务，而是深远的经济改革或政治变革，以建立合理、有效的生存秩序。

毋庸置疑，个人，尤其是处于弱势的个人，需要国家权力保护。但是，个人的至上性和对政府及其权力的戒心，决定了限制政府及其权力、防御权力的积极干涉和侵害，并避免国家通过对个人生活的干预而为权力提供扩张名目，是古典自由主义的主要主张。因此，国家对个人权利在维护社会秩序和安全以防止第三人侵害的保护义务的过程中，重要的是保持容忍和克制，以不作为的方式最大限度地保证个人自由，即履行尊重义务。

三、新自由主义及其他的给付义务

在公民与国家的关系中，国家给付义务对应公民积极的受益权，是个人努力之外的生存保障。但国家给付义务并不像自然权利一样被先验地视为存在，而是随着消极自由向积极自由、自由权向社会权演变而登上历史舞台。因此，基本权利国家给付义务不仅是以人民主权为基础的宪政的产物，也是宪政国家职能发展的产物。其遵循着从慈善到正义，从人道主义到公民权利的发展轨迹。

（一）新自由主义转向中给付义务的产生

19世纪中期以后，随着经济危机周期性爆发和无产阶级革命运动的发展，古典自由主义向新自由主义❷演变。随着对自由内涵及自由主义原则的修正，国家任务也为之转变，由救济个人在私法关系中的自由、财产权利转换为致力

---

❶ [英]霍布豪斯：《自由主义》，朱曾汶译，商务印书馆2009年版，第81页。
❷ 学界对新自由主义有不同的理解，有的认为指20世纪初在英国形成，反对社会不平等、主张社会正义，强调对自由放任进行适度修正，要求国家或政府维护个人需求、保障社会基本生存，作为福利国家的理论基础的"new liberalism"。有的则认为是20世纪以欧根、哈耶克和弗里德曼等代表的，以反对和抵制凯恩斯主义为主要特征、以所谓"华盛顿共识"为标志，重申个人自由或选择的绝对性即古典自由主义复归的"new-liberalism"。本文所指的新自由主义相对前者而言，而将后者的统归在古典自由主义的范畴之内。

于改善生存困境,即由自由法治国过渡到社会法治国。自由法治国即"夜警国家",只是靠警察维持社会治安,对于社会发展,国家没有发挥积极职能的机会。而社会法治国家理念摆脱了以往自由主义的限制,具有福利国家思想。立法者在制定法律时,"以极大魄力采行大幅度措施,来主导社会发展;并且规划与分配社会之生产成果,使得行政权力由以往单纯扮演维持社会和谐、限制人民自由的角色,转变成为持续膨胀的工具,来提供给国民许多指导性与服务性之作为"。❶ 在社会法治国家中,为了实现对人民生存之照顾,国家由"弱"变"强",国家给付的法律义务正式走向历史舞台。

社会保险制度的建立,是开启给付义务历史帷幕的典型代表。德国统一以后,在俾斯麦的铁血政策下工业革命迅猛发展,随着劳资矛盾的突出和社会主义对资本主义的批判与反抗的深入,德国社会提出应该把个人主义与社会主义结合,提倡"国家社会主义"。即国家应调节收入分配,缩小贫富差距,保护劳动者利益。俾斯麦也认为劳动阶级的正当要求,政府应当通过立法和行政的手段予以满足。❷ 为缓和尖锐的劳资矛盾、维护国内秩序,19世纪末,德国政府颁布了一系列社会保险法案,为工人基本生活提供给付保障。其主要的立法有:针对军人和军属的1871年《陆海军军人养老金及遗属救济法》、与保护劳工有关的1883年《疾病保险法》、1884年《工人工伤事故保险法》、1889年《老年与残疾保险法》,建立起了世界上第一个系统的社会保险制度。

1918年德国《魏玛宪法》对全面的受教育权、劳动权、社会保险权和最低生活保障权等社会性权利进行开创性确认和保护,给付义务以基本法的形式被确认下来。社会权不同于传统的自由权,除要求国家自身不干涉和侵害以及排除第三人侵害之外,主要要求国家采取积极的措施保障实现,即承担给付义务。《魏玛宪法》对社会性基本权利的规定,促成了基本权利内容的变化,也促成了国家对基本权利义务的转变,国家给付义务获得了基本法的确认。也有研究认为"从表面上看,社会权入宪转变了国家义务的立场,实际上,这不过是国家义务转变的结果"。❸

凯恩斯主义对国家给付义务在现代国家中的发展具有重要推动作用。1923—1933年,世纪经济大危机造成严重的社会动荡,自由放任的经济学说也陷入困境。凯恩斯主义力主政府举办公共工程,并承担起私人和市场无法承担的老年救济、失业保障的社会责任。虽然他所主张的社会福利措施只是刺激需求、保护生产的手段,但是它也拓展了国家积极义务的范围,明确了国家保

---

❶ 陈新民:《公法学札记》,中国政法大学出版社2001年版,第95页。
❷ 曾繁正:《西方国家法律制度社会政策及立法》,红旗出版社1998年版,第205页。
❸ 秦奥蕾:《基本权利体系研究》,山东人民出版社2009年版,第42页。

障生存的责任。"罗斯福新政既是凯恩斯主义出现的前奏，同时，凯恩斯社会福利思想也与美国社会保障体系的建立和发展有着密切联系。"[1] 主张政府干预，实现充分就业是新政的目标。罗斯福认为社会保障是社会化大生产的客观需要，原来依赖于家庭和邻里互助的社会保障已不再适用，必须通过政府来为社会大众提供安全保障。为了避免重大经济危机重演，西方发达国家先后把凯恩斯主义奉为国策，在客观上推进了国家给付义务的承担和履行。

（二）其他社会思潮的给付义务

国家给付义务是宪政国家在新的历史时期和社会环境下产生的一种新的国家义务类型，除自由主义的转变的之外，其他社会思潮对国家给付义务也具有推动和发展的作用，主要有马克思主义以及流派和社群主义。

1. 马克思主义及其流派与给付义务

资本主义社会矛盾的加剧和工人运动的发展，催生了资本主义掘墓思想——马克思主义。马克思虽然没有正面探讨社会福利及与之对应的国家给付义务问题，但以其相关论述为指导的苏联及东欧社会主义建设和北欧社会民主主义改革，为国家给付义务提供了不同方面的经验，对给付义务理论和实践产生深远影响。

经典马克思主义从工人贫困的原因和社会福利解决的途径两个方面间接地关联到国家给付义务。因为劳动和劳动产品的异化，成为工人贫困和痛苦的根源，资本主义越是发展工人越受劳动之苦和劳动产品的束缚，改变贫困必须凭借国家之力。所以，对工人生存的保障，必须以政治问题的解决为前提，不是通过政策的局部调整或再分配的方式，而只有通过彻底的社会改革从根本上消除贫穷和罪恶的经济政治根源，才能从根本上满足工人的生活需要。因此，消灭私有制，建立公有制的共产主义社会是解决生存问题的最终途径，共产主义国家也就是给付国家。

在马克思和恩格斯逝世后，社会主义者针对经典马克思主义形成坚持正统和主张必要修正的共产主义两个派别。前者即建立无产阶级专政国家的列宁主义及其传承，后者即在资本主义国家内部致力于民主改革的社会民主主义。共产党取得国家政权以后，实行生产资料公有制，主张人民不仅在政治上是国家的主人，而且是生产资料的实际占有者，国家用高度计划的方式满足人民各方面的生活需要，人民普遍享受卫生、教育、公共交通等福利。但是，在社会主义的计划体制下，国家对人民生活资料的供给主要出于政治需要、以政治手段实现，且在具体给付上存在很大程度的不公平，以及重物质给付轻法律救济。

---

[1] 钱宁：《现代社会福利思想》，高等教育出版社2006年版，第162页。

因此，此类国家给付虽然能充分保障生活需要，但具有较强的政治属性，且超越现有经济条件，在事实上很难持续履行。

社会民主主义认为国家有责任提供市场不能提供的公共物品，有责任为特殊困难的个人提供必要的私益物品和服务，资本主义的各种弊端要通过国家干预来缓解和克服。在实践方面，社会民主主义积极推动最低工资、义务教育、社会保障以及累进税改革等各种改良性质的社会政策，为"福利国家"的出现奠定了理论和经验基础。

2. 社群主义与给付义务

社群主义者从个人与国家统一的角度阐述国家职能，为国家给付义务提供了更加充分的理论说明。在新自由主义兼顾个人哲学和社会平等、正义的基础之上，社群主义从自我、认同等角度对新自由主义提出批评。社群主义者在强调个人尊严的同时，认为个人不是先验的，是由其所处的社会现实环境决定的，个人的认同也是由历史和社会形成的，社群才是最高的善，个人只有通过社群才有意义。到20世纪80年代，政治哲学的主要话题由新自由主义的社会正义转换成社群主义，而90年代社会正义和社群主义两者同样成为政治哲学的主要话题。然而，新自由主义和社群主义并非完全对立，"绝大多数社群主义者虽然反对罗尔斯为代表的新自由主义者，但实际上他们也是自由主义传统的传承者，与自由主义者一样，他们也极其强调个人权利"。[1] 社群主义者认为，个人权利的实现离不开社群，个人利益与公共利益并不矛盾且同等重要。

社会权主义认为个人的自我在社会中形成，个人与社会相互影响，倡导"权利政治"向"公益政治"转向；认为"国家职能从本质上说，除了消极地保护个人的各种权利，使公民获得私人利益外，还应当积极地扩展范围，为公民提供更多的公共利益。换言之，国家除了给个人提供消极权利，即因国家无所作为得到的利益外，还应该为个人提供积极的权利，即由于国家的积极作为而得到的利益"。[2] 社群主义有关国家义务的观点具有两个鲜明的特点：其一，抛弃个人和国家对立的视角，注重国家对个人权利的作用，认为国家的弱化也是一种对个人利益的损害，国家应当由强调不应当做什么的"弱国家"转向强调应当做什么的"强国家"。其二，国家积极义务应当增进而不仅仅是保持个人权利。国家增进个人权利的积极义务，如规定最低生活标准、提供福利保障、实行义务教育，是社会法治国性质的义务，即国家的给付义务。而保持个人权利的积极义务，维持现有权利不被侵犯，是自由法治国性质的义务，其中

---

[1] 俞可平：《社群主义》，中国社会科学出版社2005年版，第85页。
[2] 俞可平：《社群主义》，中国社会科学出版社2005年版，第156页。

以积极方式实施的是保护义务。

结　语

通过对基本权利国家法律义务历史发展的考察，明确不同类型的国家义务产生的历史背景，尤其是特定历史环境中公民权利发展状况以及权利实现所面临的主要社会问题，能进一步认识特定权利主张对应的具体国家义务类型，便于在实践中国家义务履行的可操作性。但是，将国家义务的不同类型与自由主义的不同历史阶段对应，只是一个基本的分析框架，并不是说二者之间存在一一对应的关系。不同历史背景下的特定国家义务类型在登上历史舞台后彼此共存，文中所指不同阶段的不同类型仅针对特定国家义务的具体产生，抑或就该阶段的典型形态而言。

国家义务不同类型的形成是由历史决定的，在宏观上与自由主义的发展密切相关，在微观上与各国的特定国情相辅相成。譬如，1774年，美国《独立宣言》宣称人生而平等，享有天赋和不可让与的权利，建立政府是为了保障这些权利，而当任何形式的政府一旦对这些目标的实现起破坏作用时，人民便有权予以更换或废除，以建立一个新的政府。这明显突出限制政府的要求，强调国家的尊重义务。而1789年法国《人权宣言》第2条关于任何政治结合的目的都在于保护人的天赋和不可侵犯的权利的规定，则主要体现政府的保护义务。二者基本上处于相同时期，但是对国家义务的侧重不同，是因为北美作为殖民地区，没有封建传统。而当时法国的封建权威仍然强大，自由需要借助权威且尚未强大到与权威对立的程度。

美国是当今世界上最发达、最富有的国家，但西欧国家却承担更多的给付义务，这与二者的传统有关。欧洲早在工业革命时期就出现国家给付行为，如1601年的《伊丽莎白济贫法》，1794年《普鲁士法典》宣称福利是共和国及其居民的社会的目标。❶而美国传统更偏爱私人的首创精神，更偏爱用司法而非立法的方式发展法律，且美国社会坚持法律和道德之间的严格分离。因此，尽管美国具有最强大的财政给付能力，事实上却并不热衷于承担给付义务。

---

❶ *Allgemeines Landrecht fur die preussischen Staaten von* 1794, Frankfurt: Metzner, 1970, part 2, Title 13. 转引自［美］玛丽·安·格伦顿：《权利话语：穷途末路的政治言辞》，周威译，北京大学出版社2006年版，第49页。

第二章　国家给付义务生成逻辑

国家给付义务是在国家保护义务和尊重义务的基础上发展而来的国家义务类型，其随着消极自由向积极自由、自由权向社会权演变而登上历史舞台。亦即，自由法治国主要要求国家尊重和保护公民权利，而社会法治国增加了对国家通过给付保障人民生存的要求。这是自由法治国随着经济社会的发展不断调适的结果，社会法治国秉承了自由法治国的宪政秩序而又增加了风险社会和生活政治的内容。风险社会和生活政治为国家给付义务的产生提供了社会基础和政治条件，但具有社会法治国性质的国家给付义务由国家的人道主义援助或慈善演变成为一种法律义务，是在宪政秩序中实现的。在明确国家给付义务在国家义务体系中的位置和其本身的生成逻辑的基础上，有望对国家给付义务的内涵进行合理界定。

第一节　风险社会是国家给付义务生成的前提

自由主义者对国家给付义务持不同程度的否定态度，恰如洪堡所说"国家不要对公民的正面福利做任何关照，除了保障他们对付自身和对付外敌所需的安全外，不再向前迈一步"。❶ 以资本主义市场逻辑为基础的工业化发展，既促进了生产力的飞速发展，也加剧了个人的生存风险并导致社会整体失控，将人类推入风险社会之中。面对广泛存在的，并非由自己引起、不可预知、不可控制的社会风险造成的生存威胁，人民必然要求国家给付予以帮助与保障（1919 年俄罗斯宪法和德国魏玛宪法使之成为法定基本权），风险社会为国家给付义务的产生提供了社会基础。

一、风险社会：市场化引发的生存危机与社会失控

市场逻辑纵容风险的产生、造成风险的扩散，市场化引发的风险社会最先体现为个人的生存危机，并逐步导致社会失控。

---

❶ [德] 威廉·冯·洪堡：《论国家的作用》，林荣远、冯兴元译，中国社会科学出版社 1998 年版，第 54 页。

风险社会从什么时候开始，是从外延入手了解风险社会的一个重要途径。已有的风险社会论述都没有对此作明确界定，但风险社会在时间上都与现代性有关，如贝克认为"现代性正是从古典工业社会的轮廓中脱颖而出，正式形成一种崭新的形式——（工业的）'风险社会'"。❶ 吉登斯认为"现代性总是涉及风险观念"❷，并将风险区别为外部风险和人为风险两种类型，"在工业社会存在的头两百多年里，占主导地位的可称之为'外部风险'"❸ 在某个时刻（从历史角度来说，也就是最近），我们开始很少担心自然能对我们怎么样，而是更多地担心我们对自然所做的。这标志着外部风险所占的主导地位变成了被制造出来的风险占主导地位。❹ 吉登斯也肯定风险社会是建立在工业社会基础之上的。工业社会以市场为逻辑，风险社会是市场化的发展和演变。

　　工业社会市场化的发展，开启了风险社会的最初表现形式——生存风险。风险概念伴随市场个人主义逻辑出现，前工业社会的传统文化中并没有风险的概念。❺ 处于上升时期的市场自由主义主张放任主义，激励个人去竞争市场以获得最佳社会效果。这一主张主要基于两个方面的考虑：第一，改善自身生活条件是人生的主要目标，"每个人都应该首先和主要关心自己；而且，因为他比任何其他人都适合关心自己"。❻ 因此，追求个人满足本身就是一种社会的善。第二，市场机制能主导有序的社会生活，"市场成了一种没有立法者的调节社会秩序的法律"❼，政府只承担"守夜人"的角色。市场化促使劳动力在内的所有生产要素转化成商品，改变传统的生活方式和社会保障方式，在推动和保障工业化发展的同时，导致了个人和家庭的生存危机（市场竞争失利和经济危机）。正是这种对个人价值充分肯定和对市场利润无限追逐的逻辑，导致生存风险的复杂化及其在世界范围内扩张。

　　风险社会相对工业社会逻辑的演变，推动了风险社会充分表现——社会失控的出现。风险社会对工业社会市场逻辑的改变主要表现在两个方面：第一，

---

❶ ［德］乌尔里希·贝克：《风险社会》，何博闻译，译林出版社2004年版，第2页。
❷ ［英］安东尼·吉登斯：《失控的世界》，周红云译，江西人民出版社2001年版，第22页。
❸ ［英］安东尼·吉登斯、克里斯多弗·皮尔森：《现代性——吉登斯访谈录》，尹宏毅译，新华出版社2001年版，第192页。
❹ ［英］安东尼·吉登斯：《失控的世界》，周红云译，江西人民出版社2001年版，第232页。
❺ 所有以前的文化与文明包括世界上最伟大的早期文明都主要存在于过去。他们使用运气、命运或者上帝的意志等概念，现在，我们倾向于用风险来替代这些概念。安东尼·吉登斯：《失控的世界》，周红云译，江西人民出版社2001年版，第45—46页。
❻ ［荷］伯纳德·曼德维尔：《蜜蜂的寓言：私人的恶德与公众的利益》，肖聿译，中国社会科学出版社2002年版，第310页。
❼ ［法］皮埃尔·罗桑瓦龙：《乌托邦资本主义》，杨祖功等译，社会科学文献出版社2004年版，第50页。

社会关注的重心从短缺社会的财富分配逻辑向风险性逻辑转变，工业社会关注通过市场机制获得物质财富，而风险社会更加关注防控社会风险的可持续发展。第二，风险内容上的转变，工业社会对风险的关注主要集中在由市场引发的经济风险，致力于对已经表现出来的负面效应的补偿和救济。风险社会与工业社会在逻辑上的演变，根源于工业社会风险的累积和伴随着人类改造世界能力的增长而增长的风险破坏力。采取措施防止或者纠正一个错误，往往冒着犯更大错误的风险，即用一个更大的错误去纠正前一个错误。由于奉行市场化的资本主义工业社会坚持以工具价值替代目的价值、以形式正义替代实质正义、以对物的信赖替代对人的信赖，当代风险与控制风险的循环使社会陷入失控状态。"在现代化进程中，生产力呈指数增长，使危险和潜在的威胁释放达到了一个我们前所未有的程度"。❶

从市场个人主义角度诠释风险社会，旨在以厘清工业社会和风险社会的关联为基础明晰风险社会中国家给付义务的内生逻辑，这一逻辑建立在区分个体生存风险和社会安全风险的范式之上。从风险承担主体的角度考察，个体生存风险是市场个人主义主导的市场秩序带给个人的经济风险，即指作为商品的劳动力在由市场引起的竞争风险和周期性经济危机中遭受的个人或家庭生活困顿。社会安全风险是人类作为一个整体面临的各种不断增加的现代社会不确定性和风险性，即由各种始料不及的"副作用"造成的社会性的紊乱和不安全，对其典型的描述有"各种新的风险有如悬在人类头顶的达摩克利斯之剑，现代社会发展模式本身就是一个巨大的自杀装置"❷。

个体生存风险由资本主义市场引发，并在市场的不断发展中走向激化。社会安全风险也是如此，"西方的现代化用市场的疯狂替代了人类需要有节制的满足，现代工业文明无节制增长的模式，与地球资源的有限性从根本上是不相容的，它的生产力的扩张具有如此大的毁灭人的生存环境的潜力，最终导致这种文明体系的全面崩溃"❸。现代国家既要在宏观上加强调控职能挽救市场失灵，也要从微观的角度对个人基本权利进行适当给付，以保障个体基本生存和维护社会安全。

二、救济个人困境保障生存：国家给付义务的逻辑起点

保障公民权利是国家的合法性依据，国家必须针对个人生存风险进行适当

---

❶ [德]乌尔里希·贝克：《风险社会》，何博闻译，译林出版社2004年版，第20页。
❷ 刘岩：《风险社会的理论新探》，中国社会科学出版社2008年版，第77页。
❸ [德]乌尔里希·贝克：《属于自己的生活》，法兰克福：Suhrkamp出版社1995年版，第83页。转引自刘岩：《风险社会的理论新探》，中国社会科学出版社2008年版，第75页。

给付以确保公民生存权，保障基本生存的国家给付义务亦是个人本位的彰显。自由主义者反对国家提供生活帮助主要依据以下理由：其一，对个人能力的充分相信；其二，对国家干预个人福利的担忧，既认为国家给付最终导致权力扩张侵害个人自由，也认定国家给付注定无效；其三，如个人竭尽所能仍不能保证基本生存需要，应行使防御权重建社会秩序而不是通过国家给付保障。自由主义者片面强调个人的主观能动性，忽略外因对内因客观存在的反作用，排斥国家对个人生活福利的给付，加剧了个人参与市场竞争的风险。在风险社会发展中，自由主义的观点倍受质疑，国家被要求对市场失利者提供生存给付，以维护无差别的个人自由和尊严，这是给付义务生成逻辑的起点。

（一）市场化引发生存风险

市场化是资产阶级成功建立工业秩序的动力和标志，市场化带来的社会变革对个体生活产生了重大影响，虽实现了部分资产阶级思想家所追求的自由、平等，但把社会个体尤其是以劳动力商品形式存在的无产劳动者及其家庭推入生存风险之中。

市场在社会发展中具有重要的历史意义。市场作为一只看不见的手首次登上历史舞台，是与国家对立存在的，在政治上具有革命性。市场化之前，国家维护的是绝对特权、重商主义的保护主义和无所不在的腐败。市场革命极力倡导自由、平等，是取消阶层、不平等和特权最好的手段。国家维持了阶层，市场则有可能使阶层社会解体。[1] 市场在生活中则具有解放性，其被认为是自立与勤奋的最佳保护伞，激发和保护了资产阶级的创造激情。"只要不加以干预，市场的自律机制会通过确保劳动者自由就业保证自身福利，私人生活也可能会受到不安定、危险与陷阱的困扰，在原则上也可能出现贫困或者无助的现象。但是，这不是体制的错，而只是个人缺乏远见且不能节俭的结果。"[2]

市场化包括物质产品的市场化和劳动力的市场化两方面内容，劳动力的市场化是资本主义市场与其他形态市场的本质区别，也是资本主义工业社会个人生存危机的根源。劳动力市场化即劳动力演变成商品，亦即劳动者由生产关系的主体演变为生产关系客体的过程，人的商品化是资本主义自由秩序的基础，加强资本主义积累的动力机制。物质产品市场是社会分工的产物，劳动力市场则是劳动者和生产资料分离的结果。只有当劳动者自由到除了劳动力本身一无

---

[1] Smith A., *The Wealth of Nations* (1776), ed. E. Cannan, London: Methuen, 1961, pp. 232 - 236. 转引自［丹麦］哥斯塔·埃斯平-安德森：《福利资本主义国家的三个世界》，商务印书馆2010年版，第14页。

[2] ［丹麦］哥斯塔·埃斯平-安德森：《福利资本主义国家的三个世界》，商务印书馆2010年版，第56页。

所有，为了生存不得不到市场上出卖力气的时候，劳动力才真正成为商品，即被市场化。从独立生产者变成无产的工资收入者，在市场之外的生存就受到威胁，是作为商品的劳动者生活失去保障的开始。

劳动力的市场化，劳动者不仅与生产资料分离，且传统的生活方式和社会依存关系被打破，个体陷入市场风险的生存危机中。市场化把个人依存的社会关系由身份演变为契约。在非市场化社会，个人依附于家庭、教会等社会基本组织保持相当程度的自给自足，劳动者不必完全依赖工资收入来维持生计。而在完全市场化社会，劳动合同取缔家庭、教会或者统治者的庇护，决定个人的生存能力。劳动力沦为商品，个人的生存所需完全商品化。商品化削弱了单位工人的地位。作为商品，人们容易受到他们无法驾驭的力量的控制，无论患病等很小的社会危机，还是经济周期等宏观事件，都有可能使商品遭到破坏。作为商品，工人处于离散状态，他们是可以替代的，很容易就可以被辞退。❶ 市场以利益最大化作为行为标准，依附于劳动合同的个体生存便陷入不可确定状态。并且，市场原则坚持的自由就业植根于自由主义的教条而非社会实践，本身具有虚假性，给个人生存带来直接而非潜在的风险。

全球化市场经济的兴起，企业向"节约"生产的转向导致劳动力市场变化，不稳定的间歇性就业日益取代传统的正式、完全就业，劳动者及其家庭的生存风险加剧。以劳动力市场非标准化就业安排为典型的"弹性"口号和"零库存"运动的发展，使企业更倾向于缩减工人工资和雇用临时劳动力，兼职、临时工和非正式合同雇用迅速增加。这些非正式就业形式使得劳动者无法享受依附于传统就业的失业保障、附加福利、家庭贷款和寻求工会救助的权利。杜里瓦哲认为，随着临时性工作的膨胀，劳资关系进入一个新的时期，医疗保险和就业保险全部转移到工人及其家庭身上。❷

（二）国家给付是应对生存风险的必然选择

"风险是市场社会的典型特征，公民将受到风险之苦并产生特定需要，而国家则负有为他们提供援助和支持（不管是用钱还是用物）的明确义务。"❸ 为了解决劳动力商品化给劳动者个人和家庭带来的生存风险，理论界从商品本身出发，提出"去商品化""降商品化"以及"行政再商品化"等概念，旨在以国家给付的形式确保市场失利者的基本生存。而在实践层面，福利国家成为

---

❶ ［丹麦］哥斯塔·埃斯平－安德森：《福利资本主义国家的三个世界》，商务印书馆2010年版，第49页。

❷ ［加拿大］R. 米什拉：《社会政策与福利政策——全球化的视角》，郑秉文译，劳动与社会保障出版社2007年版，第29页。

❸ ［德］克劳斯·奥菲：《福利国家的矛盾》，郭忠华等译，吉林人民出版社2006年版，第1页。

发达资本主义国家的发展阶段，充分地将上述概念中反贫困、保障基本生存的理念付诸实践。

去商品化指个人或家庭在市场参与之外，仍能维持社会可接受的生活水平程度。❶ 去商品化的目的是要将社会成员从现金交易关系的桎梏中解放出来，以克服市场上劳动力不可避免的生命周期困局和削弱雇主的绝对权威，增强个人及其家庭生存的力量。劳动力去商品化在实践中往往通过国家制度性的社会保障实现，也通过建立在调节生产关系的劳动合作主义模式中实现。去商品化并非完全消除作为商品的劳动力，而是通过政府作为的方式克服完全市场化的弊端，尽可能地提升劳动者及其家庭在市场之外的生存能力。

降商品化是指给那些不能够参与市场关系的劳动者以补偿保护。在这种情况中，那些不再能够参与市场的劳动力，被允许在一种由国家人为建立起来的条件中生存下来。他们的收入是从财政资源中取得（例如转移支付），而不是通过出售其价值来获得。降商品化和去商品化的区别在于，去商品化的思路源于去商品化社会即中世纪市场参与之外的生存能力，针对所有社会成员而言，降商品化则更强调政府对市场参与不能者的保护。行政性再商品化指在降商品化的基础上，自20世纪60年代中期以来，为了解决商品形式的退化，以政治手段建立起一种合法经济主体能够以商品的形式发挥其功能条件。行政性再商品化、去商品化和降商品化战略的根本不同，不在于强调国家以提供收入保障的形式替代或补偿市场分配，而在于通过国家给付增强参与者的市场竞争力以实现劳动者在市场风险中的有效生存。

去商品化、降商品化以及行政性再商品化都以劳动力的商品化为前提，国家采取积极作为的方式增强劳动者在市场之外的生存能力或者提高劳动者在市场上的竞争能力，其目的都是通过国家给付确保个人的基本生存。加拿大著名的社会政策学家 R. 米什拉认为，经济体系中生产部门越是商品化，则要求补偿性福利政策提供公平尺度、社会保障及文明生活的需求就越强烈。他明确指出随着非正式雇佣关系的发展，劳动力的教育、培训和再培训不能依附于就业，更应该是国家的责任，而不是仰仗公司和雇主。同时，在市场全球化的形势下，因为劳动力不同于资本具有跨国流动性，所以技能的更新和教育培训仍然是国家一项长期的任务——国家政府一项重要的责任。相反，日益加剧的全球化和竞争将要求政府或公共部门在社会保障方面起更重要的作用。减轻非国有部门特别是雇主的福利负担会损害大多数人的收入能力，全球化经济使得政

---

❶ ［丹麦］哥斯塔·埃斯平－安德森：《福利资本主义国家的三个世界》，商务印书馆2010年版，第50页。

府成为承担社会保障责任的唯一稳定的法定机构。❶

福利国家把防止和减少贫困,确保公民最低生活水准落实到制度层面,并通过国家给付的形式切实地化解了劳动者及其家庭的生存风险。国家通过充分就业、普遍社会服务和社会援助三种类型的给付,为避免个人及家庭的生存风险提供了三道防线。第一,以能够维持较高而稳定的就业水平的方式规范市场。就业是大部分就业人口及其赡养人口的主要经济来源,某种形式的充分就业,是保障收入并维持生计的首要来源。第二,国家公共部门针对所有公民,而不仅仅是低收入者提供一系列普遍的社会服务,尤其是教育、收入保障、医疗和住房以及一批个人的社会服务,以满足在充满复杂变化的社会中公民的基本需求。第三,应有一个建立在收入或财产调查基础之上的援助设施的"安全网",以满足特殊需要和减少贫困。❷

三、维护社会安全保障生存:国家给付义务的成长使命

基于个人本位的国家给付义务在于保障市场竞争失利者的基本生存,而面对市场化引起的经济和社会动荡,则要求国家从社会整体出发采取积极措施。国家为维护社会安全所进行的给付,是以社会为本位的。现代性风险不仅导致个人和家庭的生存困境,而且严重影响社会安全,威胁到经济的可持续发展和政治秩序的合法性。因此,在以市场为基础的现代性过分膨胀的风险社会,国家既要针对个体履行给付义务以保障基本生存,也要从社会整体出发履行给付义务确保社会安全。从社会整体出发维护社会安全是社会本位的表现。

(一)国家给付是经济可持续发展的需要

经济持续、稳定、健康的发展,是现代社会发展的基础,也是社会安全的基础。个人生存保障及其程度最终取决于经济的发展水平,但国家给付对基本生存的保障,已成为现代工业社会亦即风险社会经济可持续发展的重要保证。

国家给付改善生存条件,保证劳动力的市场供给,是经济可持续发展的需要。劳动力商品与其他商品不同的地方在于,劳动力必须生存,并且其生存的过程也是再生产的过程。劳动者通过维持生命、健康和体力,以及维持家庭、抚养后代的形式进行再生产。劳动力是生产关系中最重要的因素,缺乏劳动力要素生产无以为继;劳动力供给途径不畅,生产便不得不缩减甚至停滞。随着

---

❶ [加拿大] R. 米什拉:《社会政策与福利政策——全球化的视角》,郑秉文译,劳动与社会保障出版社 2007 年版,第 35 页。

❷ [加拿大] R. 米什拉:《资本主义社会的福利国家》,郑秉文译,法律出版社 2003 年版,第 21—22 页。

工业社会发展而建立起来的社会救助、社会保险和社会福利等生活保障制度，表面上满足人的需要设计，实质上是为了给资本主义增值扫清障碍，前者只是后者的掩盖。❶

从经济学的角度看，以转移支付方式实现的国家给付能有效地干预市场，有利于经济的动态平衡。从宏观方面看，国家给付的主要形式——社会保障收入在经济萧条时期增加缓慢，支出增加迅速，社会保障收入一快一慢的运动会自发地作用于社会总需求，从而具有调节和缓和经济波动的"自动稳定器"作用。凯恩斯认为，完全依靠市场机制的资本主义制度并不具备自我调节的功能，为了补救市场不足，政府必须建立起合适的调节机制进行干预。依据凯恩斯理论的社会政策，将出发点从伦理社会的角度转移到了维护整个现存制度的生存方面来，从"救人"变成了"自救"。因此，国家给付制度已不仅是给穷人撒下的最后一张安全网，也是给现存制度撒下的最后一张安全网。❷

从微观经济学的层面看，社会福利的目的是部分地弥补重要的市场失效行为。正当的医疗保健、住房和少量的经济保障有助于增加工人的生产潜力，而许多公司往往把这些因素看作公共的利益。福利国家弥补了私营部门在他们自己的劳动大军上投入不足的倾向。❸ 国家给付保障大众教育与支持机会平等，可以帮助人们自立。在改革自由主义者看来，为满足公共产品的需要以及出于帮助人们自立而支持更大范围内的国家给付，并不准备打开一条逃离市场之路，只是采取措施以减少社会病患，实现生产的健康发展。

（二）国家给付是政治秩序合法性的需要

哈贝马斯认为，合法性意味着某种政治秩序被认可的价值以及事实上的被承认。❹ 政治秩序的合法性并非总是呈"自然状态"，而是处于不断的调整过程中。技术进步、社会力量对比的变化以及社会思潮的演变，都给以市场逻辑为基础的资本主义政治秩序的合法性带来挑战。

社会契约理论为工业社会初期的资本主义政治秩序提供了合法性论证，风险社会上层建筑的合法性建立在改善生存条件的国家给付之上。在资产阶级革命过程中，启蒙思想家以作为目的、天赋的公民权利摧毁专制政权的合法性，主张人们通过授权建立起一种自由、平等和民主的社会秩序。在社会发展中，

---

❶ 刘岩：《风险社会的理论新探》，中国社会科学出版社2008年版，第120页。
❷ 郑秉文、和春雷：《社会保障分析导论》，法律出版社2001年版，第22页。
❸ 保罗·皮尔逊：《拆散福利国家——里根、撒切尔和紧缩政治学》，舒绍福译，吉林出版集团有限公司2007年版，第1页。
❹ ［德］尤尔根·哈贝马斯：《现代国家中的合法化问题：交往与社会进化》，重庆出版社1989年版，第184页。

人们更加注重公共权力的目的和效用而非公共权力的基础或来源，要求用事实和经验说明问题，政府的实际作为日益成为其合法性的基础。❶ 由于传统的市场逻辑使现代社会陷入"过度的生产—过度的消费—过度的增长"的发展悖论，人类亲手制造的危机和困境直接威胁到自身生存的根基。在风险社会中，国家只有转化相应的法律范式❷，通过适当给付以保障人民基本生存、维护人的尊严、均衡生产负担促进社会正义，现代政治秩序的合法性才得以确立。

资本主义经济的周期性发展，动摇了市场主义信念，导致了主要表现为形式法与福利法冲突的现代资本主义合法性危机。自由竞争资本主义时期的形式法范式，从"理性人"的预设出发，要求国家只充当消极的"守夜人"。其忽视了市场竞争过程和结果的不公平，扩大收入差距，导致了一部分弱势群体的生存危机。福利法范式为缓解上述社会问题而生，其理念是："每个人在法律框架之内可以有做他愿意做的任何事情的权利，只有在这些法律确保法律实质平等意义上的平等对待的条件下才得到实现。"❸ 福利法关注实现自由的法律能力，强化了对弱势群体的特殊保护。为此，政府运用法律机制积极地干预经济和社会生活，如编制规划、管制市场、安排就业、协调财富分配等。❹

随着社会环境的变化，现代国家强化国家给付克服贫困、应对风险以维护制度合法性，政党也以相应方式谋求或巩固执政地位。"上个世纪，西方许多被称为'福利国家'的政府开始制定各种各样的转移支付计划，作为对抗社会主义者压力的堡垒。工业化之后，民主的欧洲和北美，各国政府普遍提供了退休金、老人医疗保健、穷人住房补贴、失业和伤残收入补偿和穷人持续收入的计划，这些计划旨在拔掉'贫困'这根芒刺。"❺

（三）国家给付是社会风险应对的必要

社会风险是社会安全的对立存在，现代社会人为风险取代外部风险成为威胁社会安全的主要因素。社会风险最先也最终侵害个人生存，而对社会风险的应对或化解也只有从人及人的实践角度出发，才可能具有真正效力。人们采取技术、制度等外在措施预防和控制风险，往往产生更多、更严重的风险。通过国家给付改善生存条件，不仅控制社会成员的生存风险，而且提高社会成员素

---

❶ 赵晓芳：《从政府合法性看社会保障》，《社会保障研究》2008年第2期，第158页。

❷ 哈贝马斯认为，西方现代法律有两种范式，一种是合法性源于自身的自由资本主义时期的形式法；另一种是有组织的发达的资本主义时期的福利法。

❸ [德] 尤尔根·哈贝马斯：《在事实与规范之间：关于法律和民主法治国的商谈理论》，童世骏译，三联书店2003年版，第500页。

❹ 高德步：《西方世界的衰落》，中国人民大学出版社2009年版，第376页。

❺ [美] 保罗·萨缪尔森：《经济学》（第16版），萧深译，华夏出版社1999年版，第277页。

质，其是应对日益复杂和膨胀的社会风险的唯一可靠途径。

对现代社会人为风险的控制，要将注重外在的技术和制度控制转变为以内在的识别和应变能力为基础的控制。现代人为风险是人的实践活动本身的产物，离开实践无论从风险意识还是从风险文化去寻找资源，最终都不能得到合理的解决途径。有论者认为，现在社会的实践活动表现出新的特征，即规模的集群化、性质的利害两重化、后果的不可逆化、动力的高度科学技术化、制度安排的复杂化、手段的不可控制化等，现代实践本身的矛盾性和两重化使得社会风险成为当代社会的一种内在品质。因此，应对当代风险要从解决人本身的实践矛盾上加以认识和解决，要加强对人本身的实践改造，要立足于人类的生存和可持续发展对人的实践活动进行反省、约束、控制和协调。❶ 外在控制将促使更多意志之外"副作用"的产生，内在控制提升的是人对风险的处理能力，因此其是安全的。

针对基本权利的国家给付从消极和积极两个方面促进对社会风险的内在控制。国家给付生存条件的改善，一方面表现为通过经济调查，为社会弱势群体尤其是极贫者提供收入保障，确保基本的生存，以防止一部分人受生活所迫采取不经济、不环保、不和谐的生存方式，而产生或加剧社会风险。另一方面，国家针对所有社会成员提供的教育、医疗等服务，将提高社会成员的自立能力以及适应和改造世界的能力，为社会风险的内在控制奠定基础。

结语：国家给付义务——个人本位向社会本位延展的结果

在工业社会基础上发展而来的风险社会，从以消极方式维护社会秩序的"夜警"国家向采取积极措施保障基本生存和社会安全的社会国或文化国转变。旨在满足维护人的尊严需要的国家给付义务正是在这一转变中产生，并逐渐由一种道德和政治上的义务发展为一种法律上的义务。由于国家给付义务最先是为解决个体生存风险、应权利主张而出现，然后发展为维护社会整体安全的必须，成为社会利益不可分割的一部分。因此，国家给付义务兼具个体本位和社会本位的属性，是国家责任以个体本位为基础向社会本位拓展的结果。

国家给付义务的逻辑起点是保障个体的基本生存，因此是以个体本位为基础的。个体本位以个人主义为核心，在个人与社会的关系上强调个人的终极地位，它认为只有个人才是唯一的实体，社会仅仅是由个人组成的简单集合体。个体本位在法律上表现为权利本位，即以权利作为法律的本位，始终把权利作

---

❶ 刘岩：《风险社会的理论新探》，中国社会科学出版社2008年版，第103页。

为法律发展的出发点或重心❶。其主张权利只能是个人的权利、个人权利与生俱来，并以维护人的权利、发展人的权利与实现人的权利为基本要求。面对风险社会中市场化给竞争失利者带来的生存威胁，保障弱者基本生存的国家给付义务正是基于公民与生俱来的生存权利而履行。换言之，国家给付义务首先是个体权利逻辑的产物。

国家给付义务产生的另一个重要原因是维护社会安全，在逻辑上体现了由个人本位向社会本位的拓展。个人本位不仅通过市场逻辑极大地释放了个人的潜能和创造力，而且依据基本权利要求国家保障人的基本尊严，促进了人类社会的飞速发展。但19世纪中叶以后，个人本位的弊端日益暴露，垄断、环境、劳工和消费者等社会问题迭出，经济危机频发，社会秩序极度混乱，社会本位应运而生。社会本位视社会为目的而非手段，关注社会公共权利。其立足于社会需求和个人需求两个方面，致力于社会需求和个人需求的协调发展，要求以约束财产权和自由竞争的形式限制个人权益过度膨胀。在风险社会中，国家依靠国家财政以维护社会安全为目的，调控经济发展（限制经济自由）、均衡生存负担（限制财产权）的行为，正是以社会本位为基础的。这种从社会整体出发，使社会成员尤其是社会弱者最终受益的给付行为，又满足了权利保障要求。因此，国家给付义务又是个人本位向社会本位拓展的结果。

第二节　生活政治是国家给付义务生成的必备条件

政治是社会生活的集中反映，风险社会的发展也推动了政治观念的改变。启蒙性的解放政治并没有带来社会的完全解放，相反，给人类生存带来了一系列后果严重的风险，吉登斯据此提出生活政治超越解放政治并应对现代风险。生活政治对平等观念、国家功能和民主机制方面的不同要求，推动了国家给付义务的产生和成长。

一、引言：生存保障是生活政治的核心内容

生活政治是吉登斯现代性研究的重要成果，建立在对解放政治❷批判反思

---

❶　刘同君：《当代中国法律发展的困境与超越——基于路径依赖视角的考察》，《法学杂志》2010年第1期，第50页。

❷　吉登斯将解放政治定义为"一种力图将个体和群体从其生活机遇有不良影响的束缚中解放出来的一种观点。解放政治包含了两个主要的因素，一个是力图打破过去的枷锁，因而也是一种面向未来的改造态度，另一个是力图克服某些个人或群体支配另一些个人或群体的非合法性统治"。［英］安东尼·吉登斯：《现代性与自我认同》，赵旭东译，北京：三联书店1998年版，第248页。

的基础之上，是针对传统社会风险的一种应对方案。解放政治的目的在于提高行动的自主权，摆脱传统的、过去的束缚，摆脱物质贫困或剥夺。平等问题是解放政治的首要问题，但启蒙理性的"解放政治"未能真正克服社会的等级制、剥削和不平等。启蒙运动以来，解放政治的发展不仅没有把人类带入一个完全解放的社会，而且给人类生存带来了一系列后果严重的风险。作为解放政治的替代性方案，吉登斯提出了生活政治的设想，以实现对解放政治的超越和对高度现代性社会的重建。❶ 关于生活政治的含义，按照吉登斯的理解，生活政治是一种建立在认同政治和选择政治基础之上，谋求更多生活机会、摆脱各种束缚特别是物质贫困约束的政治，也是一种旨在化解面临的生存挑战的政治。

生活政治拓展了政治视域，改变了政治的惯性思维方式。传统意义上的政治与公共领域内的集体决策有关，政治的历史被认为就是公共领域扩张和收缩的历史。❷ 吉登斯认为政治是"用以解决利益对立和价值观抵触上的争论和冲突的任何决策方式"❸，这便把私人领域的决策方式也纳入了政治的领域，扩大了传统政治的范畴。吉登斯指出，他的生活政治就是想避免现代性的宏大叙事、元叙事方式，走出工具理性的思维方式和功利主义的价值态度框架，目的就是要消解整体性、同一性、权威性的习惯做法，把个体的生活方式的选择、自我认同、身体、性、生殖等微观层面与以往国家权力、制度、阶级等宏观层面结合起来，最终将人从现代社会形式的压抑下解放出来。❹ 他认为解放政治仅关注正式制度、着眼于解构传统、摆脱物质贫困束缚是不够的，后现代社会需要一种以关注生活为核心决策的政治来吸引民众对政治的认同。当然，"生活政治不是（或不仅仅是）个人生活的政治，涉及的要素遍及社会生活的许多方面"❺，它涵盖许多相当正统的政治事务。❻

生存问题是生活政治的核心问题，吉登斯提出生活政治的最高目标之一就

---

❶ 郭忠华：《现代性·解放政治·生活政治——吉登斯的思想地形图》，《中山大学学报（社会科学版）》2005年第6期。

❷ [英]杰弗里·托马斯：《政治哲学导论》，顾肃、刘雪梅译，北京：中国人民大学出版社2006年版，第12页。

❸ Anthony Giddens, *Modernity and Self-identity: Self and Society in the Late Modern Age*, Cambridge: Polity Press, 1991, p. 226.

❹ 许丽萍：《吉登斯生活政治范式研究》，浙江大学2005年博士学位论文，第40页。

❺ [英]安东尼·吉登斯：《超越左与右——激进政治的未来》，李惠斌、杨冬雪译，北京：社会科学文献出版社2000年版，第95页。

❻ 比如，劳动与经济活动等领域。为了获得劳动权利、同工同酬的斗争属于解放政治的范畴，而选择做什么工作以及应该把工作和劳动放在生活价值的哪个位置上的决定便属于生活政治的范围；生活政治也不仅仅是个人选择生活方式的问题，它在很大程度上试图解决的是集体面临的挑战。郭剑鸣：《民生：一个生活政治的话题——从政治学视角看民生》，《理论参考》2008年第1期。

是要解决生存问题。吉登斯指出"生存问题关涉人类生活的基本参量，并且由每个在社会活动的场域中'践履'的个体所解答"[1]。20世纪中后期，西方现代性社会遭遇了全球化带来的行为规范问题和生存性问题的前所未有的挑战，全球化颠覆了原有社会秩序、动摇了过去牢固的生活根基，导致行为的本土情境遭受不同程度的摧毁，个人生活产生全面变迁。吉登斯从社会学和认识论层面深入探讨生存意义，并在此基础上为生存保障开具药方：幸福生活得靠自主性的自我的积极努力，同时也需要国家通过积极作为改变穷人和富人的生活方式，摆脱生产主义，转向生产率的发展模式。

从基本生存的角度看，生活政治决定的生活方式多元选择包括个体尤其是处于社会弱势的个体对国家的期待与主张。现代生存问题主要包括两类情形：其一，社会秩序和个体生活变迁带给人们精神上的焦虑和不安全感，这是所有人共同面对的。其二，激烈的竞争给市场失利者带来的基本生存威胁，即维护人的尊严的最低生活需要得不到物质保障。对基本生存的物质保障相较于心理满足应该是更基础、更迫切，也是更容易解决的问题。生活政治的根本着眼点在于边缘和底层，在于个体的生存感受和生存质量。生活政治实在是由下到上产生出来的政治。[2] 如此，基本生存则是生活政治核心的核心。民生是基本生存的中国式表达，有学者阐述了生活政治与民生的关系，认为生活政治以改善民生为政治目标，以民生问题作为政治决策、政治职能和政治资源配置的重心，用民众生活质量指数取代简单的经济发展指数作为评价政治发展的标准的政治模式。[3]

相对解放政治，在生活政治视域下面对基本生存主张，国家行为在目的、内容、保障方式三个方面存在转向。首先，国家行为由维护社会秩序、追求形式公平，转向强调处境最差者受惠、基本生存保障。其次，由弱国家转向强国家，消极福利发展到积极福利。再次，制度民主转向对话民主，为基本生存提供了更好的保障机制。这三种转变使国家在事实上逐渐倾向保障基本生存，为国家给付义务的生成提供了政治条件。

二、形式平等转向实质平等：国家给付义务生成的价值逻辑

平等是基本的社会价值，也是现代政治的原则和目标。形式平等和实质平等两种不同的平等观念产生于不同历史阶段、适用不同情形的价值评价，暗合

---

[1] [英]安东尼·吉登斯：《现代性与自我认同》，赵旭东、方文译，三联书店，1998年，第61页。
[2] 红苇：《"生活政治"是一种什么政治》，《读书》2006年第6期，第102页。
[3] 郭剑鸣：《民生：一个生活政治的话题——从政治学视角看民生》，《理论参考》2008年第1期，第29页。

解放政治和生活政治的区分。国家给付义务便是在生活政治追求实质平等的价值逻辑下产生的。

（一）形式平等转向实质平等是生活政治的内在规定

形式平等和实质平等是两种对立且相互联系的观念。平等是一个基于比较而生成的概念，如普洛透斯脸谱一般，不同角度有不同的表现。形式平等强调法律地位的平等性，反对任何形式的区别对待，即概念化的人——无视人的事实差异的机会平等。实质平等则承认主体之间客观差异，并要求在正义范围内差别对待，即依据个人的不同情形对其人格之形成和发展所必需的前提条件进行实质意义上的平等保障。实质平等是对形式平等的发展。形式平等在人文主义和思想启蒙运动中被推向极致，是资本主义上升时期人的主体性追求与张扬的结果。资本主义秩序建立使得法律面前人人平等成为法律的基本原则和基本社会观念，但是社会弱势者作为人的尊严并不因此实现。对于社会弱势者而言，基于作为人的资格对平等具有更加具体的要求，必须依据存在的事实差别给予适当补偿，以维护和实现无差别的人的尊严。

平等是现代政治的主要内容，生活政治对解放政治的超越，实际是形式平等向实质平等的超越。如果说解放政治是一种生活机会的政治，那么生活政治便是一种实质平等的政治。吉登斯指出"生活政治不是属于生活机会的政治，而是属于生活方式的政治"❶。在以资产阶级反对神权和封建统治为代表的解放政治中，关注的重心是身份平等以及与此密切相关的权利的产生、分配和使用，其目的只能是当时特权时代迫切希望终结区别对待的机会均等。资本主义秩序确定下来后，争取平等地位的宏观政治愿望逐渐转向满足生活要求、提高生活质量的微观政治需要。对生活需求和质量的关切已经超出了从起点和机会出发的形式平等要求，变成了要求从结果和事实角度评价的实质平等主张。

生活政治所指的生活方式正是在政治关怀由宏观转入微观的背景下被提出来的，具体指在不违背道德的前提下为达到自我实现而进行的生活方式选择问题，体现实质平等要求。所有的生活方式的选择，都是有关如何过"美好生活"的决策的选择。作为生活方式的政治，它的实现目标就是为了提高生活质量和个体自主个性的完善。❷ 可见，生活政治关注的并不是法律地位或者纯粹机会层面的形式平等，而是事实上地对生活需要的满足程度和个性发展。这种实质平等要求也体现在不同政治表现形式的区别上，解放政治表现为阶级斗

---

❶ [英]安东尼·吉登斯：《超越左与右——激进政治的未来》，李惠斌、杨雪冬译，社会科学文献出版社2009年版，第14页。

❷ 亢莹：《评述吉登斯"生活政治"思想》，《理论界》2008年第12期，第33页。

争，消灭剥削、压迫和不平等等宏观的、形式的、秩序性的政治活动。而生活政治则表现为在上述基础之上为保障具体生活条件而对诸如失业、社会保障、生态环境等实际生活问题的政治应对。

(二) 实质平等是国家给付义务的主要功能和价值指向

实质平等是建立在形式平等基础之上，对国家提出更高的要求。平等是人类历史上一个永恒的话题，在思想启蒙运动中被发展成为一项天赋的基本权利，并因此成为国家合法性存在的基础，即国家的存在的唯一目的就在于维护和促进公民的平等、自由。形式平等对国家的要求主要表现在尊重和保护两个方面。其中，尊重即是要求国家行为不侵犯和干预等，尤其在制度构建中要确保公民平等资格。因此需要限制国家行为，将国家权力控制在最小的范围之内。保护是指当第三人的行为威胁或侵害到平等时，国家应采取措施避免和干预这种侵害。由于实质平等意味着对弱者的补偿，因此还要求国家为促进平等进行积极给付，即采取积极措施对弱势者予以相应补偿以保障其基本生存或提高其争取平等的能力。换言之，形式平等决定了国家的尊重义务和保护义务，实质平等还对国家的给付义务提出要求。

实质平等决定国家给付义务的产生，不仅体现在对平等观念的发展上，而且体现在适用情形上。实质平等对形式平等的发展，并不因此否定形式平等的价值，形式平等是平等的理性所在，二者适用不同的情形。"一般来说，形式上的平等原理仍然适用于对精神、文化活动的自由、人身的自由与人格的尊严乃至政治权利等宪法权利的保障，而实质上的平等原理则主要适用于以下两种情形：第一，在权利的主体上，男女平等、人种平等和民族平等的实现，就是实质上的平等原理所期待的客观结果；第二，在权利的内容上，实质上的平等原理则主要适用于对社会经济权利的保障，其目的在于使经济强者与经济弱者之间恢复法律内在地所期待的那种主体之间的对等关系。"[1] 可见，形式平等适应对自由权的保障，而实质平等适应对社会权的保障。基本权利的实现依赖相应国家义务履行，自由权主要对应国家尊重义务，而社会权主要对应国家给付义务。

实质平等决定国家给付义务的产生，源自个体之间的事实差别和资源的稀缺性。实质平等在法律地位抑或资格平等的基础上关切事实上的平等状态，将宏观上的形式评价具体到微观层面的内容比较，受更多现实条件的制约。首先，个体的差异事实存在。个人处境是主客观因素的综合结果，即使个人在主观上处于最佳状态，个人禀赋、运气以及所处环境的差别也决定了在同等机会

---

[1] 林来梵：《从宪法规范到规范宪法》，法律出版社2001年版，第107页。

下不同的生活状态和生存际遇。以人的尊严为核心的现代法律体系，排斥丛林法则下的优胜劣汰，强调终极性的人文关怀，必然要求国家通过再分配对弱者的基本生存进行给付保障。其次，人类社会赖以生存和发展的资源总是稀缺的。稀缺不仅存在于原始的或者简单的社会，也是大多数发达的、繁荣的社会的一个基本要素。富裕社会中的稀缺，是对财产、财富、成功之不断增长的期望的一个函数。❶ 资源的稀缺性客观存在意味着竞争失利者生活困境的必然存在。并且优势者占有越多，失利者贫困越盛。资源的稀缺性还导致包括优势者在内的全体人类日益走向贫困的可能。因此，资源危机要求国家一方面采取积极给付以保障失利者的基本生存，一方面要求国家通过再分配均衡生存负担，有效利用资源。

三、消极国家转向积极国家：国家给付义务生成的行为逻辑

消极国家向积极国家转变，是现代政治发展的趋势。以"从根上治疗"替代"问题应对型"的方法解决现代风险是生活政治的实践方式，因此生活政治要求国家采取更多能动措施，即向积极国家转变。增进利益的国家给付行为是积极国家与消极国家的区别所在，也是国家给付义务的表现形式。

（一）消极国家转向积极国家是生活政治的实现方式

消极国家和积极国家的区分是以消极自由和积极自由的区分为基础的。依据柏林在《自由的两种概念》一文中的观点，消极自由是指和强制行为相反的不干涉，虽然不是唯一的善，但就它不阻遏人类欲望而言是最好的。亦即"有多少扇门是向我敞开的""哪些前景是向我开放的，开放程度有多大？"等，在不受他人强制和干涉的情况下从事活动的空间问题。积极自由则指自由是一种理性的自我导向，其不仅仅是缺乏外在干预的状态，而同时意味着以某种行为方式行为的权力或能力。❷ 柏林关于消极自由和积极自由的论述，是对贡斯当现代人的自由的进一步阐述，二者都是现代人相对于国家、受法律保障的个人权利。其中，消极自由主张防御国家权力避免国家侵犯和干预个人活动空间，要求将国家控制在最小范围，即消极国家。积极自由主张国家积极行动增进利益以保障基本生存，要求国家提供个人活动空间，将国家扩张为自由的物质基础，即积极国家。

工业社会的不确定性推动了生活政治的发展，消极国家向积极国家的转变

---

❶ ［澳］柯文·M. 布朗、苏珊·珂尼、布雷恩·特纳等：《福利的措辞：不确定性、选择性和支援结社》，王小章、范晓光译，浙江大学出版社2010年版，第39页。

❷ 应奇：《从自由主义到后自由主义》，北京：生活·读书·新知三联书店2003年版，第105—106页。

满足了生活政治能动性的需要。工业社会的发展使人为的不确定性深深进入日常生活，就"作为命运"的自然经验和社会规范日趋消失而言，不确定性已经使日常生活达到了去传统化的程度。以自主性创造行动为核心，旨在摆脱压迫的解放政治主要面向解决已经发生的事情，即解放政治一方面意味控制国家行为确保个人自由，一方面只在个人自由受到干涉的时候予以被动的保护。日益增长的不确定性使得社会问题剧增，"问题应对型"政治取向是造成"国家失效"的主要原因。"为解放目的设计的福利制度变得手足无措，没有效力，在这个过程中生活政治问题日益凸显，需要指定能动性政治方案来解决这些问题。"❶ 积极福利是生活政治的重要内容，旨在通过切断事情发生根源的方式应对现代风险，主张"从根上治疗"应成为现代生活的选择方式。生活政治不仅要求国家在事情发生后进行积极应对，更重要的是积极采取能动措施防止问题的产生。

吉登斯通过具体事例诠释积极国家能动措施应对不确定性的生活政治取向。在对癌症治疗方面，尽管尚未知道导致癌症的原因，但是如果按照不吸烟、避免在日光下暴晒、制定特定的食谱、在工作中和家里避免接触有毒物质、及早预防等生活方式实践，医疗专家认为就有可能把癌症的发病率降到最低程度。这种"从根治疗"的能动措施也体现了对国家的要求。比如，当代社会中的导致人们死亡、受伤以及残疾的一个重要原因是交通事故，如果制定更能动的政策就有可能大幅度地减少交通事故及所带来的伤亡。这些政策包括严格执行限速、完善交通设计、对其他道路使用者实行更有效的保护、减少私人车辆、增加公共交通。❷

（二）积极国家的给付行为是国家给付义务的履行方式

积极国家从功能主义的视角重新定位国家目的和国家职能。消极国家和积极国家的区分，并不是简单地对应国家行为的作为方式，而是以更深层次的国家行为的功能为标准。消极国家并不排斥国家采取积极行为介入社会生活，其要旨在于保障人民自由和财产权利，所以消极国家的积极行为建立在公域与私域、政治国家与市民社会、国家权力与公民权利截然二分的方法论基础之上，目的或任务在于通过维持治安、限制自由以整备和形成秩序，在行政领域表现为"干涉行政""秩序行政"或"负担行政"。积极国家不仅通过法律程序保

---

❶ [英]安东尼·吉登斯：《超越左与右——激进政治的未来》，李惠斌、杨雪冬译，社会科学文献出版社2009年版，第117页。

❷ Wolfgang Zuckermann, *The End of the road*, Cambridge: Lutterworth, 1911. [英]安东尼·吉登斯：《超越左与右——激进政治的未来》，李惠斌、杨雪冬译，社会科学文献出版社2009年版，第117页。

障人民已有的自由和财产权利，避免不正当的个人利益减损，而且以再分配的方式保障个人基本生存和均衡生存负担。积极国家"却不似自由主义法治国专注于个人财产（关系），而是以'个人劳动'（工作关系）为着眼的社会"。❶ 国家角色转换与社会成员的权利实现紧密相关，积极国家通过增强劳动者的市场竞争能力和为市场竞争失利者提供基本生存保障以降低社会风险的影响，是以增进个人利益、维护安全为目的或任务的。因此，积极国家的积极行为中除维护现有利益保护行为外，还包括增进和发展利益的给付行为，在行政领域表现为"助长行政""给付行政"或"服务行政"。

国家保障基本生存和维护社会安全的功能是通过国家给付行为实现的，这种增益性的国家行为正是国家给付义务的履行方式。利益增加的国家给付行为与利益限制或利益保护的国家保护行为的区别在于，前者"侧重于助成，而非制约；侧重于社会成员利益需求的直接增进，而非经由公共秩序之维护而间接达致利益的满足；侧重于彰显公共机构与社会成员之间供给与需求的良性互动，而非强调公共机构单方意愿的强制性施加；更多诉诸非强制性的方式实现而非依赖命令或其他权力运作方式"❷。国家给付行为满足了依据成员资格而不仅仅是劳动在社会中获取资源的机会，为劳动力市场中被边缘化和竞争失利的群体提供安全保障。"一旦被制度化为正式身份地位安排，就赋予了人们获取社会中一系列稀缺资源的正式应享权利，这些稀缺资源包括基本的经济资源，如社会保障、健康保护、退休金、税收许可等。"❸ 国家针对公民的授益性给付，由一种主观上的道德和政治行为演变成为一种对应公民资格的客观法律行为，国家给付义务便产生了，国家给付行为成为国家给付义务的履行方式。国家给付义务与国家尊重义务和国家保护义务最本质的区别，就在于其增加利益的性质。

四、制度民主转向对话民主：国家给付义务生成的保障逻辑

民主是现代政治中一个至关重要的话题，它既是政治内容、手段，也是政治目标。从以投票为中心转向以对话为中心、从正式政治领域转向"亚政治"领域的对话民主正是生活政治的表现，坚持平等协商的对话民主为国家给付义务的恰当履行提供了机制保障。

---

❶ 陈新民：《公法学札记》，中国政法大学出版社2001年版，第93页。
❷ 罗豪才、宋功德：《公域之治的转型——对公共治理与公法互动关系的一种透视》，载《中国法学》2005年第5期，第11页。
❸ ［澳］柯文·M. 布朗、苏珊·珂尼、布雷恩·特纳等：《福利的措辞：不确定性、选择性和支援结社》，王小章、范晓光译，浙江大学出版社2010年版，第36页。

(一) 制度民主转向对话民主是生活政治的外在表现

对话民主是吉登斯针对自由民主提出的一个政治概念。吉登斯赞成韦伯和博比奥的观点，认为自由民主本质上是一种代表制度，是一种政府形式，以定期选举、全民投票、良心自由以及承担公职或组成政治社团的普遍权利为特征。相较于权威主义或集权主义政治制度自由民主的进步性毋庸置疑，但自由民主制度的局限也不断明显：代议制民主制度国家被指远离选民的团体统治，且往往受制于政党政治的琐事。对话民主"是指双方对对方权威的互相认可，准备倾听他们的观点和想法并与之辨认，这样一个过程是对暴力的唯一替代"❶。在与制度性的自由民主的关系上，吉登斯认为"对话民主不是自由民主的延伸，甚至不是它的补充；不过从一开始，它就创造了社会交流的形式，这可能对重建社会团结是一个实质性的（甚至可能是一个决定性的）贡献"❷。制度民主向对话民主的转换与西方民主实践的现实困境紧密关联。在吉登斯看来，自由民主是与解放政治对应的，"自由民主政体似乎在所有的地方差不多都有麻烦。在许多自由民主制度中我们看到的是政治制度的大规模异化，或者最低程度也是对政治的冷漠，在大多数西方国家，选民的偏爱变得反复无常。许多人觉得政党政治中发生的事情与他们的生活问题或机会没有什么关系。对政治领导人的不满非常普遍"❸。并且，在解放政治二元对立思维的指导下，一个问题的解决总是导致其他更严重问题的出现。走出这种恶性循环的关键在于发展对话民主。对话不仅是消解对立和隔阂的重要途径，而且是在传统、宗教等纽带日益消解的条件下，社会成员达成共识的必要环节。❹

对话民主是吉登斯生活政治观的重要组成部分，对话民主在四个相互联系领域的发展使生活政治得到充分体现。生活政治将政治范畴从公共领域扩及个人生活，将政治视野从宏观层面的权力、制度、阶级等延伸到微观层面的个人生活选择。从民主的角度看，生活政治对解放政治的超越，表现为民主方式从以投票为中心向以对话为中心的转换。首先，在个人生活领域，后传统社会越

---

❶ [英] 安东尼·吉登斯：《为社会学辩护》，周红云等译，社会科学文献出版社2003年版，第61页。
❷ [英] 安东尼·吉登斯：《超越左与右——激进政治的未来》，李惠斌、杨雪冬译，社会科学文献出版社2009年版，第86页。
❸ [英] 安东尼·吉登斯：《超越左与右——激进政治的未来》，李惠斌、杨雪冬译，社会科学文献出版社2009年版，第114页。
❹ 郭忠华：《现代性·解放政治·生活政治——吉登斯的思想地形图》，《中山大学学报（社会科学版）》2005年第6期，第94页。

发展，在性关系、婚姻和家庭中越有可能发展出纯粹关系❶。保持纯粹关系取决于知识和情感的交流，因此纯粹关系必然以对话为前提。❷ 纯粹关系与对话民主的密切联系在于：纯粹关系中的对话要求心理和物质上的自主性，个人之间彼此平等看待的对话是他们彼此相互作用的最重要的形式。而不用强迫并且在占有的"公共空间"中进行对话，属于民主制度的框架（或者民主制度关系的框架），因此个人生活中的"对话"也就是生活政治中民主的表现。其次，在社会运动和自主团体领域，即被认为是深深地卷入个人生活的情感民主领域，为公众对话打开了空间，使之在最大化的松散空间而不是等级结构当中发展自主权。再次，在组织领域，后传统社会由于指挥系统不再能有效地应对不确定性，组织必然恢复对局部知识的重视和扩大对话空间。又次，在全球意义上，对话民主化指的是民主机制的民主化，也是其他对话机制的普及。因为全球政治领域已经出现了超民族国家的政治趋势，国际之间普遍的民主对话就成了必需的政治参与方式。同时，潜在的对话空间也随着世界主义对不同文化和传统的尊重而打开。

（二）对话民主是国家给付义务恰当履行的可靠保证

对话民主建立在自主性和平等地位基础之上，便于接受者基于公民资格主张和监督国家给付义务履行。吉登斯认为实施"对话民主"的社会是一个更激进的民主化社会，"那里有发达的交往自主权，这种交往构成对话，并通过对话形成政策和行为"❸。在对话民主的社会生活中，必须承认并尊重每个人都是独立和平等的，而且通过对话协商而非压制、暴力的手段来解决问题。对话民主将限定在正式政治领域的米勒的商议民主概念中的公开讨论发展到"亚政治"领域即生活领域，但坚持商议民主概念中对主体的平等尊重原则。"商议民主的概念，强调的是所有观点都听得到的公开讨论过程可以使结果（如果这种结果被看作反映了先于它的讨论）合法化的方式，而不是作为为寻找正确答案的被发现过程。"❹ 对话民主也并不追求普遍共识，只是为相关主体提供一个承认他人与自己同等权力的交往平台。国家给付义务指向的对象虽

---

❶ 纯粹关系是一种为了自己的利益而缔结和保持的关系——因为它可以生成与他人或其他组织发生联系的补偿。

❷ [英] 安东尼·吉登斯：《超越左与右——激进政治的未来》，李惠斌、杨雪冬译，社会科学文献出版社2009年版，第90页。

❸ Ibid., p. 115. 转引自许丽萍：《吉登斯生活政治范式研究》，浙江大学2005年博士学位论文，第85页。

❹ David Miller, *Deliberative democracy and Social choice*, ed. D. Held, Prospects for Democeacy, Cambridge: Polity Press, 1992, p. 55.

然在事实上往往是社会弱势人群,但其平等的社会地位和独立人格并不因此受到影响。因此,在基于国家给付义务履行所形成的交往平台上,国家给付义务的相对人针对国家给付义务履行的内容、范围及方式提出主张,并对国家履行给付义务的具体给付行为进行监督,此正是对话民主的表现。

对话民主以平等对话的机制实施民主,为确保国家给付义务的适当履行提供保障。首先,对话民主强调人人参与,确保国家给付义务的履行保障到每一个人的权利。对话民主更表现为一种广泛参与的直接民主,其最首要的优势便在于能够避免代议制民主是否真正反映民众利益的嫌疑。因为在对话民主中每一个主体的利益和意志都能在讨论中得到体现,能够很大程度地实现对每一方利益的尊重和保护。国家给付义务的履行一方面必须以社会资源为基础,另一方面国家给付的目的既在于保障个人的基本生存也在于维护社会整体安全,只有在人人参与、平等协商的民主机制中,才能确保处于社会弱势地位的人能够获得国家的充分给付,同时避免个人不在社会安全的强势话语下被动地接受给付或因为国家不适当的给付而减损自身利益。其次,对话民主竭力营造轻松、平和的环境,保证不滥用政治权威和暴力,通过公开讨论的方式来解决问题,有利于国家给付义务的履行更真实地反映各方面的意志。民主的效果不仅与参与程度有关,而且受参与形式影响。对话民主采取协商的方式本身就为相互容忍、相互理解奠定了基础,与国家给付相关的各方通过充分的讨论,能够为国家给付义务履行创造更好的环境。特别是通过讨论深化对生存困境和造成生存困境的现代风险的认识,坚持反对各种类型的原教旨主义,反思社会制度,促进国家给付制度的建立、健全。

第三节 宪政秩序是国家给付义务生成的决定因素

法律本身就蕴含着社会生活和政治生活存在的和追求的价值,同时作为一种规范手段又对相关价值具有促进作用,社会生活和政治生活的变化最终集中到法律并通过法律反映出来。国家给付义务在风险社会和生活政治中的生成逻辑便反映在宪法关系中。宪法是公民权利的保障书,宪政秩序是宪法在社会生活中的运行,其型塑、巩固、发展了基本权利对国家义务的决定地位。社会权是公民权利的重要组成部分,国家给付义务基于保障社会权产生,并由社会权的积极受益功能决定。宪法关系是法律关系的特殊表现,探索国家给付义务生成的法律逻辑,必须从法律关系入手。

一、法律关系：权利义务对应逻辑、价值本位以及作用重心

法律实现即权利享有和义务履行，权利义务作为法律内容，二者的关系对法律实现具有重要意义。权利义务的关系不仅包括权利义务在逻辑上的关联，而且涉及"法本位说"和"法重心论"中权利义务的状况。对国家给付义务探索的目的在于保障社会权，厘清权利义务关系是确认国家给付义务在目的、价值、技术上可行的基本前提。

（一）法律关系角度：权利义务对应

"没有无义务的权利，也没有无权利的义务"是马克思对权利义务一致性、统一性逻辑的经典诠释，其已成我国学界定论。上述表述最早出现在马克思撰写的《协会临时章程》引言中，被认为是马克思列宁主义的权利和义务观念，揭示权利和义务的本质、特征和发展规律，并科学地说明资本主义国家和社会主义国家权利和义务的区别与联系。❶ 权利义务互相统一的逻辑成为普遍共识的原因还在于其体现了辩证唯物主义和历史唯物主义的哲学方法。但是，非马克思主义法学事实上也强调权利和义务之间的关联。霍菲尔德在研究权利义务问题时确立了相互对立的四组概念，它们分别是权利和义务、特权和无权利、权力和责任、豁免和无能力。其中，权利和义务是相互关联的。英国法理学家奥斯丁在讲到"相对义务"时，也认为"'权利'与'相对义务'二词是相互关联的表示。它们标志着从不同方面出发加以考虑的相同的观念"❷。凯尔森在谈及法律关系中的权利义务时也指出："这种意义上的'权利'不过是义务的'关联'。一个人以一定方式行为的权利便是另一个人对这个人以一定方式行为的义务。"❸

权利义务逻辑相关的观点也受到一些质疑。周旺生教授在《被误解的马克思名言》一文中，针对马克思"没有无义务的权利，也没有无权利的义务"的名言提出两点质疑：其一，这一句话并非马克思的本意和初衷❹；其二，对这一句话的理解绝对化了。周教授认为："权利和义务的密切关联是普遍的事实，但也不是绝对的。权利和义务分离或分开而两相独立存在的时候，也是存

---

❶ 张光博：《权利义务要论》，吉林大学出版社1989年版，第4页。
❷ ［奥］凯尔森：《法与国家的一般理论》，沈宗灵译，北京：中国大百科全书出版社1996年版，第87页。
❸ ［奥］凯尔森：《法与国家的一般理论》，沈宗灵译，北京：中国大百科全书出版社1996年版，第87页。
❹ 这句话最早出现在马克思所撰写的《协会临时章程》引言部分，但是这句话是马克思在起草委员会其他委员的坚持下加入章程的引言部分的。

在的。"❶ 周教授用一个先天性痴呆，此后终生未愈的例子证明权利和义务不仅可以分离，而且可以永恒分裂。因为这样的残疾个人在法律上终生只享有权利，例如生存权等，但却终生不存在应当由其履行的法律义务。也有学者从客观权利和客观义务、主观权利和主观义务的角度，经过具体分析得出论述权利义务的关系不能一概而论，笼统地说权利和义务相对应而存在的结论。❷ 西方学界也有"不完全责任义务不赋予权利"的说法，并以此来区分义务性质，认为"完全强制义务，是别人有与它相当的权利的义务；不完全强制性义务，是不发生任何权利的义务"❸。

对权利和义务的关系需要具体分析。一般认为，权利与义务具有二重关系：一方面是一个人的权利与他人的义务的关系；另一方面，则是一个人的权利与他自己的义务的关系。❹ 前者即人与人之间的法律关系，权利义务关系包含在法律关系中。霍菲尔德认为"所有法律关系都可以归结为'权利'和'义务'，且这些范畴足以用来分析即使是最复杂的法律利益问题"。❺ 在法律关系中，权利和义务是对应的，即一方主体权利的实现，必然存在相应主体义务的履行。在法律意义上，"不完全责任义务不赋予权利"的观点经不起深究，并不能据此否认法律关系中权利义务的对应性。穆勒指出"人们知道伦理学家把道德上义务分作两类，完全强制性的义务与不完全强制性义务，第二种是指那些虽有义务性，但什么时候实行可以随我们的意思的义务，就像慈善或仁恩，固然我们应该实行，但并不是一定要对某个人，或在某个时候实行"❻。可见，穆勒所谓的不完全强制性是慈善或仁恩，而不完全责任义务指的是行善的义务、良心的义务，是伦理学而非法学的概念。后者即主体自身内部的权利与义务的关系，亦即主体享有权利是否也负有义务的或者主体享有的权利与义务是否对等的问题。基于主体个体的生理及心理状况，主体之间所享有权利和承担义务的情况可能并不一致，而且主体自身享有的权利和承担的义务也并不一定对等。上文中周旺生教授举例说明权利与义务之间的关联并不绝对，所指的正是这种情况。

综上，至少在法律关系中，即不同主体之间，权利和义务是对应存在的。

---

❶ 周旺生：《被误解的马克思名言》，《北京日报》2006年1月23日。

❷ 尽管它们之间有很密切的联系，但并不是一定的义务必然有一定的权利相对应，也并不是一定的权利必有一定的义务相对应。韦绍英：《"权利义务一致性"评析》，《法学评论》1988年第5期，第11页。

❸ [美]汤姆·L.彼彻姆：《哲学的伦理学》，雷克勤等译，中国社会科学出版社1990年版，第301页。

❹ 孙英：《权利义务新探》，《中国人民大学学报》1996年第1期，第37页。

❺ 沈宗灵：《现代西方法理学》，北京：北京大学出版社1992年版，第146页。

❻ [美]汤姆·L.彼彻姆：《哲学的伦理学》，雷克勤等译，中国社会科学出版社1990年版，第301页。

一方权利的实现，必然依赖另一方相应义务的履行。依据法律关系中权利义务的对应逻辑，保证相应义务的恰当履行是实现权利的基本方略。

（二）法律价值角度：权利本位

权利义务的关系不仅体现在二者本身的逻辑关联上，而且反映在法的价值和法的作用中。即在价值层面法应当以何者为本位（法本位说），在法的作用层面法应当以何者为重心（法重心论），本位和重心显然涉及权利义务之间的主辅、轻重的关系。"法本位"和"法重心"从不同角度表现权利义务关系。"'重心论'和'本位说'的问题指向是不同的，打个比方，'重心论'认为，钢琴的主要构件是琴弦；'本位说'则认为，钢琴应以能弹奏出优美华丽的乐曲为目的。"❶

"法本位"是与法的价值相关的命题。"法的本位"是关于在法这一定型化的权利和义务体系中，权利和义务何者为起点、轴心或重心的问题。"权利本位"是"法以（应当以）权利为其起点、轴心或重心"的简明说法，"义务本位"是"法以（应当以）义务为其起点、轴心或重心"的简明说法。❷ 在语义上，权利一般被看作"自由""利益"的代名词，而"义务"则被理解为约束、负担和不利。权利和义务分别对应自由与秩序两种各自独立的价值，"权利就是对人们自由地安排和实施一定行为的法律保障，义务就是要求人们不得使行为超出秩序之外的法律限制"❸。权利本位的法在于保障和实现自由、利益，视自由为首要价值的、确保自由实现的法本身也是一种社会目的。义务本位的法在于维护社会秩序，法本身只是社会控制的工具或手段。因此，权利本位的法体现法的目的性价值，而义务本位的法体现的是法的工具性价值。

法本位从义务本位向权利本位发展是历史的必然，也是社会进步的表现。工具性价值的义务本位法是以不独立的人格和不平等的地位为基础的，被认为是自然经济的产物，是一种血缘性的身份义务法。在古代，社会法作为控制、规范社会的手段，立法者根据身份和地位差别使下层群众承担大量义务性规范来实现自己的目的，义务本位法是法的最初形式。社会和法律的进化有其普遍规律，必须经历在时间上是继起、不能跳越的三个阶段，即义务本位——个人本位——社会本位。在义务本位之下，只有抽象的团体观念和伦常之下的身份观念，没有独立人格的观念。而在西方法中，不论是对于个人本位的立法，还

---

❶ 北岳：《"义务重心"与"权利本位"辨析》，《中外法学》1992年第3期，第18页。
❷ 张文显：《从义务本位到权利本位是法的发展规律》，《社会科学战线》1990年3期，第135页。
❸ 北岳：《"义务重心"与"权利本位"辨析》，《中外法学》1992年第3期，第19页。

是处于较高阶段的社会本位立法来说，独立人格的观念，都是第一块基石。❶目的性价值的权利本位法从人的尊严出发，以承认、尊重人的独立、平等、自由为基础。权利本位法是非身份反血缘的权利法，其核心就是承认和保护法律面前人人平等和人的价值至高无上，使每个人在个性、精神道德和其他方面的独立获得充分与最自由的发展。"权利本位法"相对"义务本位法"是一个巨大的历史进步，它反映着商品经济取代自然经济在社会关系上引起的根本性变革。

"权利本位法"在法的规范结构上或法律关系中不是不要义务，而是在法定的权利之间的关系上确立了权利的主导地位。❷ 在权利与义务的关系上，权利本位论者坚持：其一，权利是义务得以存在的前提和根据；义务来源于权利，从属于权利。其二，权利是目的，义务是手段；权利的保障与实现必须依赖义务的设立和履行，义务的设立和履行服从和服务于权利的保障与实现。其三，权利是义务的逻辑前提，决定着义务的内容和作用。

由"权利本位"可知，权利是目的，义务是手段，义务来源于权利，义务的内容由权利规定。

（三）法律作用角度：义务重心

"法重心论"关注的是如何增进法律实效、提高法律的可操作性，是与法的作用相关的命题。"法本位说"从目的与手段、第一性与第二性的角度考量权利与义务的关系，其涉及法律主体的地位及权利义务分配等与社会正义及法律本质相关的价值问题。区别于形而上的价值问题，"法重心论"关注的是法律形而下的效力及运作问题，即法律的作用，是形而下的技术问题。法的首要作用是指引和规范行为，形成一种有序、稳定的社会秩序。法律通过设置或确认权利义务来调节社会关系，但破坏、损害客观社会关系的只能是承担义务的一方。因此，法律对客观社会关系的保护应侧重于义务的描述、规定和要求义务履行。法律无论在体现社会管理机关对社会的控制，还是社会对社会管理机关的反控时，都要侧重义务规定以及保证义务履行。❸ 从法的作用看，法律总体是社会控制的工具，而社会控制功能主要体现于法的义务性规范。因此，法律的重心在于义务设定、保证义务履行。

---

❶ 李启成：《从义务本位和社会本位的区别看中国法律的"进化"》，《博览群书》2006年第8期，第55页。

❷ 马新福：《法社会学原理》，长春：吉林大学出版社1999年版，第132页。

❸ 北岳：《"义务重心"与"权利本位"辨析》，《中外法学》1992年第3期，第18页。

"义务重心说"主要与法的技术问题相关。❶ 法律与道德、习惯等其他社会规范的根本区别就在于法律的可操作性,而在法律规范中,"法的义务规定以明确的语义指明人们必须行为的事项和不得行为的事项,为人提供比法的权利规定更多的信息"❷。简言之,法律的可操作性主要在于法的义务性规范。张恒山教授认为,可操作性是指当法律意图保护的某一社会关系受到妨碍、侵害时,司法机关可以根据法律的规定,追究妨碍者或侵害行为实施者的责任,使该社会关系得到保护。对于如何增加法律的可操作性,张教授指出:当法的价值目标确定之后,立法者首先应将侧重点、注意力放在法的义务规范以及违反这些义务规范所要遭致的不利后果的精心设定上。其次,立法者对权利规范的设置,都应当更加重视对应的义务规定以及相应的违反义务的不利后果的规定。再次,比较权利规范和义务规范,义务规范更应该得到完整、翔实、准确的表述。由于在义务规定中可以有逻辑地推论出对应的权利,因此从立法技术去考虑,出于精炼法律文字的需要,在某些地方省略权利规定。❸

由"义务重心"可知,在法的实效方面,义务比权利更为重要,权利要以义务做保障。因此,从义务角度探索权利保障,不失为一种更为有效的方法。

二、宪法关系:基本权利与国家义务的对应、价值以及作用

公民基本权利与国家义务是法律关系中权利义务对应逻辑在宪法上的表现。在宪法关系中,公民基本权利本位和国家义务本位都是对国家权力本位的超越,从而体现了宪法作为人权保障书的价值,基本权利本位强调基本权利对国家义务内容的决定性,国家义务本位指向国家义务对基本权利保障的可操作性。由此,在国家和公民关系中,国家义务对公民权利具有根本的保障作用。具体分析宪法领域中国家义务与公民基本权利的关系,是推演国家给付义务生成的法律逻辑的基础。

(一)宪法关系:基本权利到国家义务再到国家权力

宪法作为根本法调节公民和国家之间的关系,其主要内容是保障基本权利限制国家权力。目前,宪法理论大多不凸显国家义务,而将基本权利与国家权力对应,认为基本权利是目的,国家权力是手段。这看似基于宪法关系的特殊

---

❶ 张恒山:《论法以义务为重心——兼评"权利本位说"》,《中国法学》1990 年第 5 期,第 30 页。
❷ 卓泽渊:《法的价值论》,北京:法律出版社 1999 年版,第 384—385 页。
❸ 张恒山:《论法以义务为重心——兼评"权利本位说"》,《中国法学》1990 年第 5 期,第 30—32 页。

性，相对于一般法律，宪法内容中突出了国家权力要素，而将国家义务囿于国家权力之中。事实上，这是对宪法关系的误读。

基本权利直接对应国家权力、国家义务是国家权力的必要限定的主张，来源于社会契约理论。"天赋人权"的启蒙思想宣扬人人生而平等、独立，并且享有与生俱来的平等权利。为了保护天赋的自由与平等，以及促进人类社会的共同福祉，社会成员自愿组成国家，并让渡一部分权力给民主选举产生的国家机构，国家权力由此而生。基于公民授权产生的国家权力的唯一目的就是保障公民权利，并且通过维护社会秩序、确保社会安全直接服务于公民权利。如此，国家权力行使既不能逾越公民授权的范围，也不能违背其产生的目的，否则公民就会收回授权，因此国家权力本身负有一定的义务，即受国家义务限制。可见，在社会契约视域下，基本权利、国家义务和国家权力三者之间的关系是由基本权利到国家权力再到国家义务，而且国家义务只是为了拘束国家权力，并非直接与基本权利关联，这与法律关系中权利义务对应逻辑不符。

在宪法关系中，基本权利、国家义务和国家权力三者之间的关系应该是由基本权利到国家义务再到国家权力。亦即在公民与国家的关系中，"权利产生了对国家义务的需要，为满足这一需要权利进一步产生了国家权力；权利的需要决定国家义务的范围，并通过国家义务进一步决定国家权力的范围"❶。近代个人主义国家观确实认为国家的目的在于保护个人权利，但主张公民权利首先产生国家义务，国家为履行义务才拥有权力。狄骥认为"个人主义学说主张个人拥有一种可以要求国家为某些行为或不为某些行为的权利，这不仅是指国家不得干涉个人的自治性，也不仅是指国家必须履行其所有的义务，而且还是指国家必须将其自身组织为一种尽可能保障其义务之实现的实体"❷。在国家权力与国家义务的关系上，狄骥更是明确指出国家享有权力的根据是其所必须履行的义务。"那些统治者们只有出于实施他们的义务的目的，并且只有在实施其义务的范围之内，才能够拥有权力。"❸

因此，正如龚向和教授指出，国家义务与公民权利的关系事实上已经成为主导国家与公民关系的主轴，国家义务与公民权利应成为现代公法体系的核心内容和现代公法学的基本范畴。❹

---

❶ 陈醇：《论国家的义务》，《法学》2002年第8期。

❷ [法]莱昂·狄骥《公法的变迁·法律与国家》，郑戈、冷静译，沈阳：辽海出版社、春风文艺出版社1999年版，第235页。

❸ [法]莱昂·狄骥《公法的变迁·法律与国家》，郑戈、冷静译，沈阳：辽海出版社、春风文艺出版社1999年版，第444页。

❹ 龚向和：《国家义务是公民权利的根本保障——国家与公民关系新视角》，《法律科学（西北政法大学学报）》2010年第4期，第1页。

（二） 宪法价值：国家权力本位到公民权利本位与国家义务的本位嬗变

法本位涉及法的价值指向，国家本身及国家与公民之间权利义务两个方面以哪一方面为本，即对"本位"的不同评价，体现了对国家与公民的不同价值定位。从国家角度出发，出现了从国家权力本位逐渐走向国家义务本位的发展趋势；从公民角度出发，呈现出从公民义务本位逐渐走向公民权利本位发展趋势。❶ 而在国家与公民的关系方面，则出现了国家权力本位到公民权利本位再到国家义务本位的发展趋势。

国家权力本位到公民权利本位的转变，是天赋人权和主权在民理论的发展和实践的结果，也是公民作为宪法关系中的目的性主体的内在要求。在专制社会中，即"义务本位法"时代，个人只是神的奴婢或封建阶层的附庸，受身份限制对个人强调的是义务的负担而不是权利的享有。国家与公民的关系以国家权力和公民义务为主轴，并以国家权力为本位，国家不对公民负有义务，公民也很少针对国家享有权利。人文主义和宗教改革运动肯定了人的价值和尊严，张扬了人的个性，突破了人的身份限制。随即出现的主权在民思想不仅使个人成为平等的权利主体，而且成为国家的主人。为了实现保护公民权利和维护公民地位的目的，在国家权力内部实现分权制衡，致使国家权力不至于恣意扩张和任意倾轧个人利益，而恪守国家义务的目的和范围。如此，个人权利不仅在理论上得到张扬，在实践中也得到切实保护，最终实现"义务本位法"向"权利本位法"的转变。"权利本位法"表现在宪法上，公民权利成为国家权力的终极目的和最终限定，国家与公民关系由国家权力本位转向公民权利本位。在宪法关系中，公民权利本位彰显了基本权利的目的性价值，决定国家权力的国家义务，因此成为保障公民基本权利手段，其内容由基本权利需要决定。

国家权力本位到国家义务本位的转变，是专制国家向宪政国家转变的必然结果，也是国家作为宪法关系中的工具性主体的内在要求。任何法律关系主体都是权利义务主体，国家权利通常用国家权力表达。在国家本位的专制国家中，国家与公民之间是统治与被统治、专制与被专制的关系，国家主要通过强制力实现对民众的控制。因此，国家权力至高无上，而国家很少负有义务，国家权力所负的义务也以更好地实现专制为目的。在专制国家的权力义务中，以国家权力为本位，以人民主权为逻辑起点的宪政国家，在控制国家权力的基础

---

❶ 龚向和：《国家义务是公民权利的根本保障——国家与公民关系新视角》，《法律科学（西北政法大学学报）》2010年第4期，第4页。

上建立起来。宪法明确规定公民权利神圣不可侵犯,实现公民权利的国家义务是国家权力存在的合法性依据。因此,宪政国家的权利义务,对于国家本身而言,是以国家义务为本位,国家权力作为国家义务的手段存在。

从公民权利保障的效果看,公民与国家的权利义务关系可以进一步实现从公民权利本位向国家义务本位的转变。公民权利本位和国家义务本位都体现现代宪政理念,具有共同的价值指向——尊重和保障公民权利,是同一问题不同侧面的表现。公民权利本位肯定公民平等身份及主权者地位,张扬公民基本权利的目的性价值,主要从观念上保障公民权利。国家义务本位凸显国家对公民权利的义务负担,限定了国家权力运作的目的、范围和幅度,主要从实践操作的角度为公民权利提供有效保障。在现代民主法治国家中,基于人的尊严享有平等的、不可剥夺的权利已成为共识,法律制度也无不确认和保障人的平等权利。在宪法关系中,当公民权利本位已经深入人心及内化为制度构建时,为了使公民权利从形式上和理论上落实到社会生活中,或者使公民的法定权利更有效地转变成现实权利,可将视线转向国家义务本位。

(三) 宪法作用:国家义务是公民权利的根本保障

在宪法关系中,公民权利本位和国家义务本位都体现宪法人权保障的价值。与一般的"法本位"不同,宪法中的国家义务本位以反向及间接的方式体现宪法价值——以国家义务为本位实则彰显对应的公民权利的本位地位,并明显表现出宪法操作上的"义务重心"倾向。在宪法作用视域下,国家义务作为衔接公民权利和国家权力的桥梁,对公民基本权利的保障具有根本性。

首先,从宪法上公民权利与国家义务的对应关系看,国家义务对公民权利的保障具有终极性。在宪法上公民和国家是相互对应的权利义务关系主体,公民权利和国家义务的关系适应主体之间权利义务的对应逻辑——"没有无权利的义务,也没有无义务的权利"。有公民权利存在,就意味着有相应的国家义务存在;有公民权利实现,就意味着相应国家义务的恰当履行。并且,由于公民权利实现是一种结果状态,而国家义务履行往往表现为一个过程,因此国家义务履行并不一定导致公民权利实现。但是,不履行国家义务势必不会出现相应公民权利实现的情况。总之,在公民与国家的关系中,无论以何种方式,从哪个角度出发保障公民权利,最终都要落实或者表现到国家义务及其履行上。因此,国家义务及其恰当履行,既是制约公民权利实现的瓶颈,也是实现公民权利的关键。保障公民权利可以而且应该从对其具有终极性的国家义务及其履行出发。

其次,从国家义务对国家权力的决定性看,国家义务对公民权利的保障具有高效性。所有公民基本权利的实现都依赖于相应国家义务的履行，国家权力是国家义务保障和促进公民权利的工具和国家义务履行的表现。对公民权利的保障可分为两类：其一，确保公民权利免受国家权力的侵害，主要要求国家不作为，或者要求国家权力行为不超越权限和滥用权力。其二，为避免其他主体对权利的侵害或实现凭个人能力无法实现的利益，要求国家积极作为，但在国家在保护和增进公民利益的行为中，也要避免国家权力行使越权和滥用给公民权利带来的侵害和干预。可见，保障公民权利首先要面对的便是控制国家权力，在这个基础上才能依靠国家权力保护和增进公民利益。

国家义务决定国家权力，能够实现对国家的有效控制。第一，增加国家权力的精神负担，一方面国家义务肯定权利本位基础之上的控权思想，消除国家权力的特权记忆，培养国家权力的回应意识和服务意识；另一方面，它有利于纯粹国家权力行为动机。第二，国家义务不仅限制国家权力行使目的，还限定具体国家权力行为边界。一方面，国家义务对国家权力具有明示作用，包括对权力的性质、行使范围的明确规定；另一方面，制约国家权力，国家权力行使如果逾越义务界限，义务就会构成对国家越权行为进行惩罚的依据。第三，国家义务内容决定国家权力范围，国家权力跟随国家义务分置而分离，削弱国家权力的潜在威胁。

再次，从国家义务本身的可操作性看；国家义务对公民权利的保障具有现实性。从技术角度看，强制性、精确性的义务性规范较之诱导性、宣告性的权利规范更具有可操作性，或者说法律的可操作性主要在于义务规范的可操作性。国家义务不仅可以通过强制性义务性规范明确国家权力行使的界限、时间和程序，为国家行为提供清晰的运行路线，而且可以利用排除性义务规范限定国家权力行使的任务和行为指向，规范国家权力的自由裁量空间，等等。在立法上，将对公民权利规范的重心转向对应国家义务规范的设置，尤其是加强对程序方面国家义务规范的设置，这是完全可以实现的。行政权力运行比较规范的地方往往具有相对发达的行政程序立法，这就是一个很好的证明。立法上对国家义务规范设置越合理、越精确，国家权力运行越规范，对国家权力的监督越有力，公民权利便越有保障。

三、基本权给付请求权功能：国家给付义务生成的法律逻辑

法律关系中权利义务的对应逻辑在宪法上表现为公民基本权利与国家义务的对应，公民基本权利需求决定国家义务内容，国家义务基于其与公民基本权利的对应关系和自身的可操作性，对公民基本权利保障具有根本作用。具有社会法治国性质的国家给付义务就是为满足保证人的尊严最低限度的社会权的需要而产生，并受其决定。

（一） 对基本权利与国家义务对应关系的探索

基本权利与国家义务在逻辑上的对应关系并没有在惯常使用的基本权利种类和国家义务类型之间清晰地表现出来，厘清基本权利与国家义务之间的对应关系，需要在找准合适对应点的基础上构建对应框架。

1. 传统基本权利分类与国家义务类型对应的错杂性

依据基本权利与国家义务的对应逻辑，基本权利分类应该也存在相对应的国家义务类型，但传统基本权利类型化的特点使得基本权利与国家义务的对应并不严谨。传统宪法学将基本权利作自由权、平等权、社会权、参政权的划分，虽然具有一目了然的优点，但其缺点在于将各种权利的性质绝对化，尤其是对于自由权的性质，几乎都采取"防御权"的解释方式，忽略了其他定性的可能。❶事实上，按照传统方式划分的基本权利类型，在性质上具有综合性。比如平等权既具有防御权的性质，也可以进行受益权的解释。基本权利性质上的综合性也导致了对应国家义务的复合性。也就是说，"每一项基本权利都可能具有几个层次的性质，对应几个层次的义务，权利和义务的对应不是'一对一'，而是'一对多'"❷。

通常所说的自由权与国家消极义务以及社会权与国家积极义务的对应也只是相对的，"实际上，所有的权利既有'积极'的相关义务，也有'消极'的相关义务"❸。日本学者大沼保昭进一步指出："在传统的理解上，社会权使国家负有积极的义务。这种理解只强调满足的义务，而忽视了尊重、保护和促进的义务等其他方面。而且，将自由权理解为国家的消极义务的传统性认识，也只强调了国家对自由权尊重的义务，而忽视了自由权的其他方面。这任何一种认识都忽视了国家为人权综合性实现所负义务的复合性特征。"❹具体来说就是"自由权和社会权之分不在于国家的义务是积极还是消极，而在于两种义务在两种情形下的地位和作用。社会权以国家的积极义务作为主要手段达到期待利益的保护、促成和提供，以国家的消极义务作为次要手段达到现有利益的尊重；自由权以国家消极义务为主要手段、国家积极义务为次要手段达到现有

---

❶ 翁岳生教授祝寿论文编辑委员会：《当代公法新论——翁岳生教授七秩诞辰祝寿论文集》（上），元照出版有限公司2002年版，第34页。

❷ 张翔：《基本权利的规范构建》，高等教育出版社2008年版，第39页。

❸ [美] 杰克·唐纳利：《普遍人权的理论与实践》，王浦勋译，中国社会科学出版社2001年版，第113页。

❹ [日] 大沼保昭：《人权、国家与文明：从普遍主义的人权观到文明相容的人权观》，王志安译，生活·读书·新知三联书店2003年版，第221页。

利益的尊重"❶。

2. 基本权功能与国家义务层次单一对应关系的提出

"基本权功能"是对基本权利传统分类方式的一种颠覆，它使得对基本权的解释更具有弹性，不同的"基本权利功能"与国家义务类型之间是逻辑对应的。以基本权利功能为分析元素探索基本权利对应的国家义务类型，即被张翔教授称为"元研究"的工作。这一工作为了避免一项基本权利具有多重性质而造成的与其国家义务对应关系上的多层次性，将各种基本权利的性质作进一步拆分，以单纯的"基本权利的功能侧面"而不是以具有复合性的基本权利为研究对象。通过"基本权功能"对基本权利的多重性质进行分层，因为每个层次的性质都是单一的，因而该基本权利每个层次上针对的国家义务也是单一的。亦即基本权利各功能层次所针对的国家义务是单一的。据此，张翔构建出基本权利功能与国家义务对应的关系（见图2-1），即认为基本权利具有防御权功能、受益权功能和客观价值秩序功能，三者分别对应国家消极义务（尊重义务）、国家给付义务和国家保护义务。

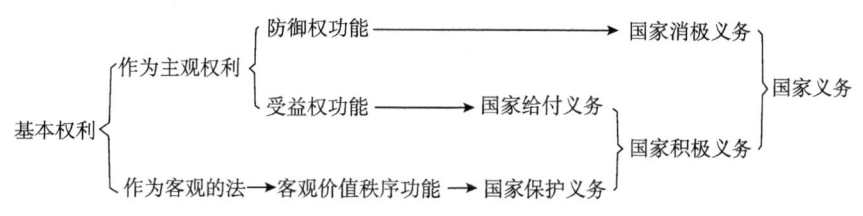

图2-1 基本权利功能与国家义务对应的关系❷

3. 对基本权功能与国家义务对应关系建构的分析

在上述基本权利功能与国家义务对应关系的建构，为从基本权利需求推演国家义务类型提供了思路。但是，在这一构建中还需对基本权利功能和国家保护义务做进一步的理解和分析。

首先，基本权利功能方面。不同学者从不同的角度对"基本权功能"有不同的界定。德国宪法学者Albert Bleckmann通过不同的观察方式列举出十二种基本权功能：防御权、分享权（派生给付请求权）、制度性保障、程序性保障、价值秩序、客观规范、行动授权与宪法委托、社会行为规范、国家的保护义务、消极基本权与基本义务、正当化功能和和平与正义功能。❸ 台湾学者张嘉尹认为Albert Bleckmann使用的"功能"概念过于歧异，所以无法体系化，

---

❶ 龚向和：《作为人权的社会权：社会权法律问题研究》，人民出版社2007年版，第18页。

❷ 张翔：《基本权利的受益权功能与国家的给付义务——从基本权利分析框架的革新开始》，载《中国法学》2006年第1期，第24页。

❸ Albert Bleckmann, *Staatsrecht II – Die Grundrechte* 4. Aufl. 1997, s. 247 ff.

他主张依据基本权利功能的一般论述，将其所列举的十二种功能限缩为防御权、给付请求权、制度性保障、秩序价值、第三人效力与放射效力、组织与程序保障、国家的保护义务这七项。H. D. Jarass 依据基本权功能追求的目的将其类型化为五种：防御功能、不歧视功能、给付功能、保护免受第三人侵害功能、放射功能，并将它们作为组织程序与形构的交叉式基本权功能。❶而台湾学者许宗力则认为基本权功能，包括防御权功能、受益权功能、保护义务功能、程序保障功能、制度保障功能这五种。❷

基本权利具有主观权利和客观法的双重性质，亦即主观与客观（法）面向，德国宪法学在做基本权功能分类时，常以主观、客观（法）面向作为第一次分类标准，然后再将基本权利的各功能类归其下。上述构建中将基本权利客观面向所属的诸功能统归于客观价值秩序功能，与基本权利主观面向所属的防御权功能和受益权功能并列，仅从分类的形式上看并无不当。但是，在"元研究"中之所以以基本权利功能而不直接以基本权利作为研究对象，就是为了克服基本权利多重性质的弊端。而建构中将基本权利客观面向所属的各功能即不同性质的层次又集中到客观价值秩序功能之下，不仅没有坚持"元研究"方法的彻底性，也势必摆脱不了多层次对应关系的困扰。

其次，国家保护义务方面。国家保护义务存在两种理解，一种认为作为客观原则基本权利的客观面向把实现基本权的义务加诸国家，这种由基本权利客观面向直接导出的国家义务就是保护义务。如保护义务是指基本权利的"客观价值秩序功能"所针对国家的所有义务，包括制度性保障义务、组织与程序保障义务，以及其他各种排除妨碍的义务。❸一种认为国家保护义务是国家采取积极措施确保公民权利免受第三人侵害的义务。如"国家保护义务与基本权的防御作用表面上看是相对立的，然而它们的目的相同，都在于确保基本权利免受任何侵害，只不过防御作用是针对国家，而保护义务是针对私人之侵害"❹。又如"'国家保护义务'与'基本权利的防御权功能'二者不同之处在于：'基本权利的防御功能'是针对'来自国家的侵害'，要求国家'不作为'；至于'国家保护义务'，则针对'来自第三人之侵害'，而要求国家须采

---

❶ H. D. Jarass, *Bausteine einer umfassenden Grunndrechtsdogmatik*, in：AöR120, 1995, s. 347 ff.

❷ 具体而言，即消极要求国家不作为、不干预的防御权功能，积极要求国家提供给付或服务的受益权功能，课与国家积极采取措施以保护基本权免受第三人侵害的保护义务功能，积极课与国家提供适当程序以落实基本权保障的程序保障功能，以及课与国家提供适当制度保障、以帮助基本权之实现的制度保障功能等。许宗力：《宪法与法治国家行政》，元照出版有限公司2007年版，第184页。

❸ Christian Starck：《基本权利之保护义务》，李建良译，载《政法大学评论》第五十八期（1997），第34页。

❹ 陈慈阳：《宪法学》，元照出版有限公司2005年版，第357页。

取一定之作为"❶。针对第三人侵害的国家"保护义务"不仅得到宪法学界的承认，其在国际人权学界也得到更为广泛的承认。艾德在其著名的"义务层次理论"中认为，政府对人权负有尊重、保护和实现的义务，其中，"保护的义务要求政府防止第三方对这些权利的侵犯"❷；日本学者大沼保昭教授也认为，保护的义务是指国家防止和阻止他人对个人权利侵害的义务。❸

宜将国家保护义务界定为国家针对第三人侵害的义务，亦即基本权利保护功能对应的，而不是基本权利客观价值秩序对应的国家义务。第一，从基本权利客观价值指向即基本权利客观面向界定国家保护义务，与国家尊重义务和国家给付义务不对称。客观价值秩序仍然包括不同面向或功能，所以凭此界定的国家保护义务也具有多层次性，尊重义务和给付义务对应的都是单一的功能，其义务本身也不能再区分，所以三者不是同一级别的义务。第二，从基本权利客观面向角度界定国家保护义务不能化解与基本权双重属性理论的矛盾。基本权利的主观面向和客观面向对应权利主体不同的主张能力，基本权利的客观面向直接拘束国家，权利主体不能据此向国家提出主张。但是基本权利客观面向中公认的保障公民权利免于第三人侵害的部分在实践中明显是可主张的，并且是契约国家最初始的目的。第三，以基本权利保护义务功能界定国家保护义务，更能从熟知的行为方式、行为对象等角度理解和区分尊重义务、保护义务和给付义务之间的关系。

（二）对基本权功能与国家义务对应关系的进一步澄清

基于对上述问题的考虑，对基本权功能与国家义务的对应关系有待作进一步考察。在探讨基本权功能对应的国家义务之前，应先将国家义务根据基本权主客观面向的双重属性作相应的国家主观义务和国家客观法义务的区分，将国家保护义务界定为保护基本权利免受第三人侵害的义务。在此基础上再对基本权利客观法内涵的主观化、基本权利受益权功能的范畴以及国家客观法义务的性质和作用作充分分析，从而构建出合理的基本权功能与国家义务对应关系框架。

首先，依据基本权利客观法内涵的主观化，基本权利保护义务功能具有典型的主观权利属性。基本权利客观法内涵中不仅仅包含客观法义务，可能还包

---

❶ 法治斌、董保城：《宪法新论》，元照出版有限公司2006年版，第137页。

❷ [挪] A. 埃德：《国际人权法中的充足生活水准权》，载于刘海年：《〈经济、社会和文化权利国际公约〉研究》，中国法制出版社2000年版，第226页。

❸ [日] 大沼保昭：《人权、国家与文明：从普遍主义的人权观到文明相容的人权观》，王志安译，北京：生活·读书·新知三联书店2003年版，第217页。

含相应的主观权利。❶ 基本权利的主、客观面向都是以基本权的"基本原则"为基础的,基本权的基本原则是指将基本权规定的意义抽离出行为主体、行为内容以及义务主体,就可以得到一个"基本原则"——利益应予保障的规范性命题。❷ 围绕该"基本原则",基本权利主观面向赋予权利主体主张的权利,对应国家的主观义务——基于权利主体要求与否及多少产生的相应义务;而基本权利客观面向直接规定义务主体的作为义务,即国家的客观法义务。基本权利客观法内涵直接拘束国家,至少具有强化基本权利效力、协调多方基本权利主体的利益以及服务集体利益的客观作用,因此其显得与基本权利主体的具体主张无关。但是,反对者指出,任何对国家具有拘束性的基本权利义务,原则上都具有与其相对应的主观基本权。

Alexy以"基本权个人主义"为理由,主张对基本权利客观法内涵主观化。"基本权个人主义"认为,基本权的目的在于保护个人,而非保障客观秩序与集体权利。这并非是主张不存在基本权的集体利益,该利益也并非独立的保障目的,而是具有保障个人的工具性质。❸ 国家与基本权利客观法对应的客观法义务,虽然不涉及基本权利主体的具体权利主张,但是却是以保障基本权利为目的,因此权利主体可以向国家提出该义务的主张。这便成了"基本权客观法内涵"主观化的可靠依据。"基本权客观法内涵"主观化指的是,基本权客观法内涵除了课与国家行为义务之外,也赋予可以请求国家履行该义务的主观权利,亦即相应于该客观法内涵的主观权利。❹

保护义务是主观化最高的"基本权客观法内涵"。"基本权客观法内涵"主观化也具有一定的界限,Alexy认为"主观化"应止于主观基本权理由终止之处。Alexy的这一说法对"界限"的界定非常抽象,却从反面说明了"基本权客观法内涵"的主观化的条件或者"基本权客观法内涵"的主观化程度标准。"基本权客观法内涵"相应方面是否可以主观化或可在多大程度上主观化,需要依据主观基本权理由的充足、明确与否及程度确定。学界公认的"基本权客观法内涵"有保护义务、组织与程序保障以及制度性保障三项,其中要求国家预防、排除和救济第三人侵害的基本权主张最为充足、清晰。学界

---

❶ 翁岳生教授祝寿论文编辑委员会:《当代公法新论——翁岳生教授七秩诞辰祝寿论文集》(上),元照出版有限公司2002年版,第58页。

❷ 比如,言论自由权的内涵是人有对抗国家侵害言论的自由,如果将此基本权规定的意义抽离出行为主体、行为内容以及义务主体,就可以得到一个类似"言论自由应予保障"规范性命题的"基本原则"。

❸ 翁岳生教授祝寿论文编辑委员会:《当代公法新论——翁岳生教授七秩诞辰祝寿论文集》(上),元照出版有限公司2002年版,第58页。

❹ 翁岳生教授祝寿论文编辑委员会:《当代公法新论——翁岳生教授七秩诞辰祝寿论文集》(上),元照出版有限公司2002年版,第57页。

对保护义务的主观化毋庸置疑，如"基本权利（的国家）保护义务意味，人民可以根据基本权向国家请求保障其基本权利所保障的法益，以免受到其他人民的侵害"❶。在现实生活中，保护义务也是完全可以主张的。

基于保护义务的高度主观化，可以将与保护义务对应的基本权利客观面向的保护义务功能纳入基本权利主观面向之下。

其次，受益权功能宜作积极受益权和消极受益权功能之分。积极受益权功能即给付请求权功能，对应国家给付义务；消极受益权功能即国家保护义务功能，对应国家保护义务。受益权指基本权主体从国家积极行为中获取利益的权利或者要求国家实施积极行为以使自己受益的权利。由此，按照国家积极行为针对的情形将受益权的实现分为两种情形：其一，国家实施的积极行为增进基本权利主体的利益，积极受益；其二，国家实施的积极行为避免或救济了他人对基本权利主体现有利益的侵害，确保了已有利益免于减损，消极受益。积极受益权通过国家依赖高度政治衡量的有限国家资源分配利用的给付行为实现，对应基本权利的给付请求权功能，消极受益权通过国家排除侵害的保护行为实现，对应基本权利的保护义务功能。有观点认为受益权功能所针对的乃是国家积极义务，也就是国家要以积极作为，为公民权利的实现提供一定的服务或给付，所给付的内容可以是保障权利实现的法律程序和服务，也可以是对公民物质上、经济上的资助。❷ 其中，物质和经济上的给付典型地对应着积极受益权功能，法律程序和服务给付如属增加公民利益即对应积极受益权功能，而如属保护已有利益则对应消极受益权功能。

然而，学界往往将消极受益排除在受益权功能范畴之外，将受益权功能限定为积极受益。如受益权功能又称给付请求权功能，基本权若具有此项功能，作为基本权主体的人民即得直接根据基本权规定，请求国家提供特定经济与社会给付；人民即有请求国家提供给付的权利。相对地，国家负有提供给付的义务，自不待言。❸ 又，基本权真正的（或原始）的给付作用应是指，由自由法治国转变为社会法治国时，由宪法社会国得出的基本权应有的"社会作用"，也就是经由国家给付行为来促进与满足国家团体成员利益之追求，并改善个人

---

❶ H. H. Klein, *Die grundrechtliche Schutzpflicht*, in：DVB1 1994, s. 490. 转引自翁岳生教授祝寿论文编辑委员会：《当代公法新论——翁岳生教授七秩诞辰祝寿论文集》（上），元照出版有限公司2002年版，第51页。

❷ 李建良：《基本权利理论之构成及其思考层次》，载《人文及社会科学集刊》1996年第九卷第一期，第39—83页。张翔：《基本权利的规范构建》，高等教育出版社2008年版，第77页。

❸ 许宗力：《宪法与法治国行政》，元照出版有限公司2007年版，第187页。

与社会经济上的不良状况。❶ 也有观点将基本权的受益权功能按照个人要求国家给付的内容的不同，划分为消极受益权和积极受益权，其中消极受益权功能是基本权利受到损害时公民被迫要求法院保障的功能，积极受益权功能是为实现公民权利国家直接提供给公民的某项利益，并据此将基本权利受益权对应的国家给付义务划分为司法救济义务和物质给付义务。❷ 这一观点虽将保有已有利益的诉讼请求权界定为消极受益权，但将与之对应的国家排除侵害的司法救济义务归属为增进公民权利的给付义务之中，容易造成对国家义务分类的混淆。

学界之所以在对受益权功能的界定中没有考虑消极受益权的情形，一个重要的原因是在传统观点中，给付请求权功能属于基本权利主观面向，而基本权利保护义务功能公认为属于基本权利客观面向。上文已经论述了基本权利保护义务功能的高度主观化，将其纳入基本权利主观面向即不存在理论障碍，也能更好地回应现实中普遍存在的基本权利保护主张。

再次，只有主观面向的基本权利功能才决定国家义务层次，客观面向的基本权利功能只在于保障相应国家义务的履行。亦即与客观面向的基本权功能对应的国家义务只是国家义务层次的组成部分，而非独立的国家义务层次。依据基本权利与国家义务的对应逻辑，基本权利需求决定国家义务内容。基本权利主观面向表述的是权利主体对国家的主张，而基本权利客观面向表述的是直接拘束国家行为的效力。因此，基本权利需求内容都概括在基本权利主观面向的防御权功能和受益权功能之中，基本权利客观价值秩序功能本身并没有需要满足的利益内容。比如，组织与程序保障功能，对应的是国家设置组织与程序来实现基本权利的义务，然而组织与程序本身并不构成基本权利需要满足的法益。因此，主观面向的基本权功能对应国家的主观义务，客观面向的基本权功能对应国家的客观法义务。国家的主观义务是对基本权利需求的满足，国家的客观法义务是对国家主观义务履行的保障。因此，国家义务层次的性质是由国家主观义务决定的，亦即国家义务层次由主观面向的基本权功能决定。

从国家客观法义务看，与之对应的基本权利客观秩序价值功能即客观面向的基本权功能并不区分国家义务性质，而存在于国家义务的每个层次之中，其性质由所属的国家义务层次决定。国家客观法义务对基本权利实现非常重要，但并不与基本权利需求本身对应，而是国家主观义务履行的条件和机制保障。

---

❶ 在此所谓的"改善"还包括防止更为恶劣状况的出现，特别还要保护现存的参与享有可能性，并依此去创造较好的生活状态，而且要以国家的力量来对社会资源为合乎公平与正义的重分配或至少使国家成员对非属于个人自由领域内之现存在的团体资源有参与享有之可能性，以便使此资源作为个人生活条件的基础。陈慈阳：《宪法学》，元照出版有限公司2005年版，第367页。

❷ 张翔：《基本权利的规范构建》，高等教育出版社2008年版，第80，83—98页。

在当代社会条件下，人民想要实现基本权利常常需要依赖法律已经形塑出来的实现基本权利的前提，特别是制定与基本权利实现密切的组织、程序法规以及组织机制。就比如某甲去商店购买大米，商店为了保证某甲顺心满意地实现购物目的，不仅要依据某甲的要求按质按量地提供所需大米，而且还需要为大米提供包装袋、进行包装，有的还告知烹调方法以保证大米最佳的食用效果。商店除提供大米之外的其他行为尽管某甲没有提出要求，但对于完成这次交易必不可少，因此交易本身要求商店必须为之。并且，在该次交易中，卖方履行的仍然是卖米的义务，而不是提供包装袋的义务或者包装的义务。也就是说，在交易中商店针对某甲主张提供大米的义务是主义务，根据交易本身要求所实施的行为是附随义务，附随义务不可或缺，但其性质由主义务决定。

基于以上论述，基本权利功能与国家义务的对应关系逐渐明朗，我们可以构建出以主观面向的防御权功能、给付请求权功能和保护义务功能为主，以客观面向基本权功能为辅的基本权功能与国家义务对应关系框架（见图2-2）。

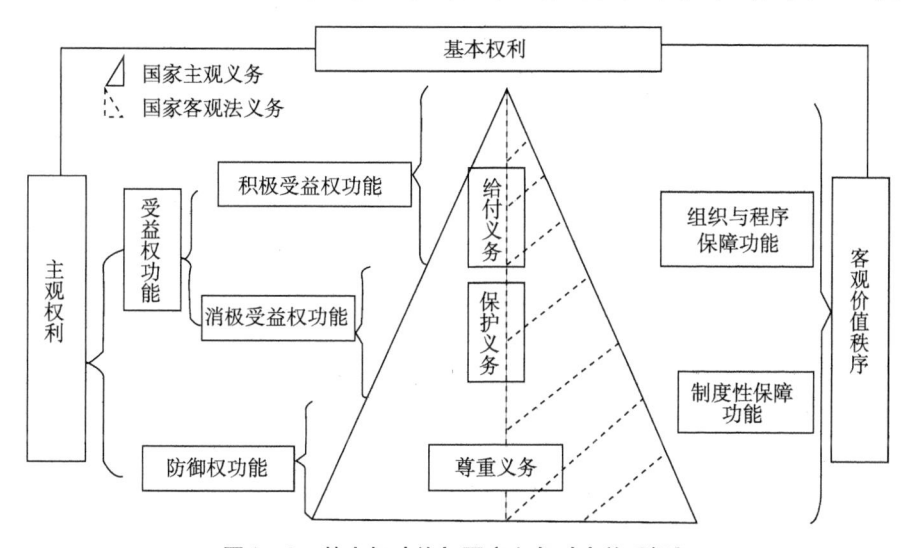

图2-2　基本权功能与国家义务对应关系框架

注：积极受益权功能即给付请求权功能，消极受益权功能即保护义务功能。

如图所示，基本权利功能与国家义务的对应关系框架主要包括以下几方面的内容。

① 基本权利具有主观权利和客观价值秩序的双重属性，亦即基本权利的主、客观面向。主观面向的基本权功能和客观面向的基本权功能分别对应国家主观义务和国家客观法义务。

② 基于"基本权利客观法内涵"的主观化，宜将"基本权利客观法内涵"中具有高度主观化的保护义务功能纳入主观权利面向，基本权利保护义

务功能具有消极受益性。

③ 基本权的受益权功能便包括积极受益权功能和消极受益权功能,即给付请求权功能和保护义务功能。

④ 在基本权功能中,只有主观面向的基本权功能才决定国家义务性质,区分国家义务层次。客观面向的基本权功能存在于每一项国家义务层次中,其性质从属于所属的国家义务层次。

⑤ 基本权利的积极受益权功能对应国家给付义务,基本权利消极受益权功能对应国家保护义务,基本权利防御权功能对应国家尊重义务。

⑥ 每一项与基本权利主观功能对应的国家义务层次,都包含与基本权客观功能对应的国家义务——制度性保障义务、组织与程度保障义务。

(三) 社会权的积极受益权功能决定国家给付义务

从基本权利决定国家义务原理,以及基本权功能与国家义务的对应关系,已然明确基本权的积极受益权功能即给付请求权功能对应国家给付义务,亦即国家给付义务是由基本权给付请求权功能决定。而且,国家给付义务的内容除受基本权给付请求权功能决定的国家主观义务外,还包括保障该国家主观义务履行的国家客观法义务,即为满足基本权利主体给付要求必不可少的组织与程序保障义务和制度性保障义务等。然而,基本权利给付请求权功能从何而来,仍然是在法律上探讨国家给付义务产生逻辑不容回避的问题。

给付请求权功能是与防御权功能相对应的概念,是基本权利内涵扩展的表现和结果。基本权防御权功能,指基本权赋予人民一种法的地位,当国家侵犯到人民受基本权所保护的法益时,可直接根据其基本权规定,请求国家停止其侵害,以防御基本权法益免遭国家恣意干预。防御权功能亦称侵害停止请求权功能。这种侵害停止请求权功能,反射到国家的一方,国家即负有停止侵害的不作为义务。❶ 防御权功能是基本权利最原始、最主要、最首要的功能。从基本权利理念史,亦即基本权保障最终得以进入宪法的历史过程来看,基本权利最原始及主要目的就在于确保人民的自由财产免受国家干预。在没有自由的时代,人民奋斗的目标当然是从无到有争取国家对人民自由的承认,亦即单纯地争取对自由的拥有。至于享有自由之后究竟是否具备行使自由权所需的物质经济条件,或是否另外借助国家在程序和资源方面的支援使基本权得以落实等问题,在当时,若非无从想象,就是视为奢望,不敢想象。❷ 随着整个政治经济社会条件变化,防御权功能的绝对地位受到质疑,基本权利发展出给付请求权

---

❶ 许宗力:《宪法与法治国行政》,元照出版有限公司2007年版,第184页。
❷ 许宗力:《宪法与法治国行政》,元照出版有限公司2007年版,第186页。

功能。当享有自由权而行使自由权却受到经济条件限制的时候，对一般市民而言，重要的其实不是对自由的防御反而是要求国家经济与物质给付的提供。给付请求权拓展了基本权利的内涵。"基本权在今日的意义，除了消极请求不受侵害之外，尚涉及在何种程度上，可请求国家财物上的给付或请求其他公共设施的提供或准备之分享权问题。"[1]

给付请求权功能基于社会国理念，其目的在于维护合乎人性尊严的基本生存。防止国家侵害、确保人民主权者地位的防御权无论在思想启蒙阶段还是在今天的社会生活中，都对基本权利保障发挥着重要作用。但是，仅从防御权功能的角度理解或解释基本权利，并不足以有效保障人之为人的尊严。有人甚至挖苦说，防御权只是保障人民"在巴黎的桥下睡觉"的自由，它基本上只对一小撮无须求助于国家，凭一己财力便能生存的富人有意义而已。在防御权功能高涨的时代，人民认为只要排除国家的侵害以及维护必要的社会秩序安全，个人便能凭借自身努力过上自由生活。然而，19世纪中叶以来，工业化的发展带来了层出不穷的社会问题，个人能力及其主观因素不再被视为生存困境的唯一或主要原因。社会法治国要求国家积极干预社会生活，改善社会生活条件和保障基本生存。这里所谓的"改善"不仅意味着提供越来越好的生活条件，还包括防止更为恶劣状况的出现，特别还要保护现存的参与享有可能性，并依此去创造较好的生活状态，而且要以国家的力量来对社会资源为合乎公平与正义的再分配，至少使国家成员对非属于个人自由领域内之现存在团体资源有参与享有之可能性，以便使此资源作为个人生活条件的基础。同时，基本权利也发展出为满足维护人的尊严的基本生存需要，凭借公民身份请求国家给付的权利，即给付请求权功能。

第四节　国家给付义务的生成逻辑决定其保障社会权的内涵

以梳理对国家给付义务在保障基本权利的国家义务体系及其历史发展为基础，通过对国家给付义务本身的生成逻辑的分析，可以将国家给付义务的内涵概括为以下几个方面。

一、国家给付义务是与社会权对应的国家义务

国家给付义务由基本权利积极受益权功能所决定，而积极受益权功能是社

---

[1] 李惠宗：《宪法要义》，元照出版有限公司2001年版，第95页。

会权特有的功能，所以国家给付义务与社会权对应的国家义务。

积极受益权功能是社会权特有的功能。从基本权利积极受益权功能的产生看，积极受益权功能是由在人类对主体地位的确立之后由对形式上的自由、平等追求转向对实质生存状况的关注过程中基本权利内涵扩展而来，这种基本权利内涵的扩展不仅仅是与基本权利内容的扩展——社会权产生简单的契合，实际上是囿于社会权之中的。社会权是以自由权为基础，是对自由权的超越，其表现就在社会权兼具防御权功能和积极受益权功能，如果自由权亦具有积极受益权功能，则社会权就没有产生的必要。从基本权利积极受益权功能的目的看，基本权利受益权功能的目的在于以增加经济性利益的形式克服生存困境，均衡社会负担，这正是社会权所主张的内容，而自由权等其他权利旨在实现意志、行为的自由等，是与积极受益权功能不相容的。

有学者承认基本权利受益权功能与社会权有密切联系，并不为社会权专属。在当代的基本权利体系中，受益权功能并不只是社会权的功能，其他权利也具有受益权功能。❶ 这一观点源自对基本权利功能界定本身的局限，根源在于对"自由法治国"和"社会法治国"理念的混淆。有研究指出，"防御权功能目的是排除国家可能对基本权利进行的侵害，是要求国家不作为，体现的是'自由法治国'的理念；而受益权功能的目的则是要求国家在公民基本权利的实现中承担更为积极的交涉，通过各种积极的作为去帮助基本权利的实现，所针对的是国家的作为义务，体现的是'社会法治国'理念"❷。概括可见：第一，防御权功能只针对国家本身侵害，故要求国家以不作为保证；第二，受益权功能对应国家帮助权利实现的所有作为义务，即包括保护义务和给付义务；第三，防御权功能体现"自由法治国性质"，受益权功能体现"社会法治国"理念，由此可推出保护义务体现"社会法治国"理念。

然而，一般认为，给付义务才体现社会法治国性质，消极义务和保护义务都具有防御权性质。社会法治国理念旨在增加利益、维护生存，自由法治国理念旨在维护现有利益、确保自由。❸ 并非所有国家的作为义务是增加利益的，国家的防止第三人侵害的保护义务就只保护现有权利，是自由法治国理念的体现。同时，基本权利防御权功能也不只是在国家的消极义务中体现出来，在保

---

❶ 比如，传统上被认为是自由权的生命权，在当代宪法理论中可能意味着要求国家承担积极的义务，如提供食物、提供保健服务、提供医疗，等等。张翔：《基本权利的规范构建》，高等教育出版社2008年版，第45页。

❷ 张翔：《基本权利的规范构建》，高等教育出版社2008年版，第77—78页。

❸ 社会法治国体现的是对社会弱势群体的生存照顾理念，主张以再分配方式干预社会资源分配，均衡生存负担维护实质意义上的社会正义。而自由法治国强调自由竞争，要求国家作用仅限于维护社会秩序，即以国家力量对抗侵害行为，保障自由。

护义务的行使中，国家权力也要求控制在法定的范围和按照法定的程序履行，并且有的还具有被动性，因此保护义务体现的也是防御权性质。

而认为对于典型的生命权来说，国家也被要求承担如提供食物、提供保健服务、提供医疗等积极的义务体现社会法治国理念的看法，首先混淆了作为自由权的生命权与作为社会权的生存权的内涵，其次是没有明确积极义务中的保护义务和给付义务区别。

综上，国家给付义务是只与社会权对应的国家义务。

二、国家给付义务是社会法治国性质的国家义务

在对国家义务的界分中，是否具有社会法治国性质，是明确给付义务的关键。

社会法治国是在自由法治国的基础上发展起来的法治国家形态，二者体现两种不同类型的法治国精神。自由法治国是基本权防御功能高涨的巅峰时期，人民以基本权利对抗国家的干预或者侵害，要求国家对自由权承担消极的尊重义务。但是，自由法治国原则下的国家义务并不是要求国家退缩到纯粹消极不作为的地位以排除国家的积极作为，还要求国家以积极作为的形式构建一个有序的社会环境防止第三人的侵犯，这就是国家的保护义务。自由法治国思想的核心是避免国家对人民自由权利的侵害，尊重义务和保护义务体现了这一思想。

与之相对，给付义务体现的则是社会法治国原则，它要求国家在公民基本权利的实现中承担更为积极的角色，通过各种积极的作为去帮助基本权利的实现。因为工业化进程中，贫富悬殊与社会安全等社会问题日渐紧迫。只有国家介入社会生活领域，承担起处理有关社会正义和安全的问题，履行照顾人们基本的生计维持、整个社会安全，以及消弭严重的社会贫富悬殊的作为义务，积极向社会法治国转变，才能保障所有个人都能获得符合人性尊严的最低生存条件，使人们能维持起码的生活水准。

自由法治国性质的尊重义务和保护义务所保障的利益，相当于自由权的利益，是现有利益，是为自我保存。而社会法治国性质的给付义务所促成和提供的那部分利益，则属于作为社会权的利益，是增加的利益，是为自我发展。因此，从体现的法治国家性质角度，可以将国家给付义务和尊重义务与保护义务作明确的界分。

三、国家给付义务只属于国家积极义务的一种

将全部受益权功能对应的国家义务都称为给付义务，未免混淆给付义务与积极义务的关联。"受益权功能所针对的乃是国家的积极义务，也就是国家要

以积极的作为，为公民基本权利的实现提供一定的服务或者给付，所给付的内容可以是保障权利实现的法律程序和服务，也可以是对公民在物质上、经济上的资助。"❶ 上述观点很容易造成一种误解，凡是国家以积极作为的方式履行的义务都是给付义务。

基于国家义务的行为状态，通常将国家义务划分为消极义务和积极义务。消极义务指国家不得干预、妨碍个人自由的不作为义务，是国家尊重和维护自由权的基本手段。积极义务指国家以作为的方式，为保障个人自由和满足个人利益提供条件、资源的义务，是国家促进和实现社会权的主要手段。因为"每个人都对其天然的自由享有平等的权利，不受制于其他任何人的意志或权威所约束的权利"❷，在公民与国家的关系中，必须保证个人享有某些不被国家侵犯和干预的个体权利和自由。这种权利和自由不是国家赋予的，而是先于国家存在且是其存在的前提，国家必须尊重这些权利和自由，并以不作为的方式予以保证。

以消极的方式尊重和保障公民基本权利，是国家履行义务的根本和首要方面。但是，国家积极义务的履行也至关重要，进入政治社会后，国家必须采取积极措施保护基本权利免受第三人侵害以替代私力救济，便产生了依靠国家积极作为的保护义务。保护义务包括程序和实体两个方面：程序意义上的保护义务指，国家为保护人民基本权利免受第三人侵害而建立正当程序的作为义务，即"政府用纳税人的费用建立并维持易接近的、综合的、相对透明的法律机构，在这里，公开、明白易懂繁琐的司法程序得以展开"❸。实体意义上的保护义务是指有关国家机关对侵权行为进行约束或根据一定价值标准对权利争议行为进行评判。

在特定情况下，特别是随着时代的发展，国家采取积极措施确保维持人的尊严的最低生存需要对基本权利更具实质和现实意义。19 世纪的自由市民阶层要求国家管的越少越好，国家积极行为仅限于防止第三人侵害。19 世纪中叶，农业社会进入工业社会，也带来不少社会问题，城市人口集中所产生的居住、交通、生活困难亟待解决，尤其是大规模经济危机的爆发和两次世界大战造成的生活困顿，迫切要求国家采取积极行为保障人们的基本生存。只有这种国家以确保人作为人的尊严为出发点，给予基本物质和经济利益的积极作为方式，才是国家的给付义务。

---

❶ 李建良：《基本权利理论体系之构成及其思考层次》，载《宪法理论与实践》（一），学林文化实业有限公司1999年版，第63—67页。

❷ ［英］洛克：《政府论》（下篇），叶启芳、瞿菊农译，商务印书馆2003年版，第34页。

❸ ［美］伊利：《民主与不信任——关于司法审查的理论》，朱中一、顾运译，法律出版社2003年版，第34页。

并非所有国家以积极行为方式履行的义务都属于给付义务，也并不是所有国家以积极作为方式履行的义务都对应基本权利的受益权功能。"人民之权利受国家侵害而向国家请求除去侵害之结果或申请国家赔偿，或是基于特别牺牲而向国家请求损失补偿，这些都是基于防御权而来的结果。"❶ 可见，国家针对基本权利的既不出于通过保障基本生存维护人的基本尊严、也非保护权利人免受第三人侵害的积极作为行为，实际上属于与基本权利防御权功能对应的尊重义务的履行。

四、国家给付义务并不必然对应公民的请求权

上文已经论及，任何类型的国家义务都由主观义务和客观法义务组成，具体国家义务的性质由与基本权利功能对应的主观义务决定。因此，国家给付义务并不必然对应公民请求权。但有观点基于国家给付义务受基本权利主观面向的受益功能决定而生成，因此认为"只有人民可以直接向国家请求的才属于给付义务"❷。该命题不仅没有考虑到作为客观法的给付义务，而且涉及给付义务的界定标准及其外延的扩展，是确切理解给付义务需要进一步探讨的问题。

如果对给付义务的界定以其产生依据为准，给付义务对应的基本权利具有主观公法权利的属性，即个人得以依据自己的意志向国家主张，国家必须按此要求作为。因此，国家为帮助或促进公民基本权利的实现而承担的积极义务有很多，但并非所有的积极义务都属于给付义务的范围，受相关请求权的严格限制。

与国家给付义务对应的主观权利称为给付请求权。"'给付请求权'的概念包括至少两种类型的权利：'原始给付请求权'与'派生给付请求权'，'原始给付请求权'一般又称'社会权'，主要是针对现实基本权的物质条件而发，认为基本权的保障应该延伸到实现基本权的前提，乃是社会法治国原则的精神之下对于基本权的'扩张解释'。'派生给付请求权'，则是从平等权保护衍生而来，认为一旦国家创设了制度或奖励的体系，用来帮助人民实现其基本权，则基于平等权的保障，每个人民原则上应该都可以请求分享其内容。"❸

然而，宪法条文本身欠缺对请求给付权实践性及具体性的规定，给付请求权（原始给付请求权）应属于主观或客观面向在学界尚有不同看法。Hoyst

---

❶ 转引自李惠宗：《宪法要义》，元照出版有限公司 2006 年版，第 134 页。
❷ 张翔：《基本权利的受益权功能与国家的给付义务——从基本权利分析框架的革新开始》，载《中国法学》2006 年第 1 期，第 27 页。
❸ 张嘉尹：《基本权理论、基本权功能与基本权客观面向》，载翁岳生教授祝寿论文编辑委员会：《当代公法新论——翁岳生教授七秩诞辰祝寿论文集》（上），元照出版有限公司 2002 年版，第 54 页。

Dreier将"给付请求权"归类为"基本权利客观法内涵",将其与"组织与程序保障"相提并论。[1] 坚持以请求权作为给付义务存在的前提,将使给付义务处于尴尬的境地,至少不足以凸显给付义务的国家使命。

在现代国家中,国家对给付义务的承担是不可或缺、客观存在的,实际上已超越了给付请求权的争议独立存在。如果以义务的社会法治国性质作为界定给付义务的核心标准,给付义务则不受请求权的限制,但其外延却可能因此扩展到国家在基本权利客观面向拘束下对公民实施的积极授意行为,这就产生了给付义务与基本权利客观面向决定的国家义务的关系问题。

基本权利客观面向,即基本权利客观法内涵,通常被认为包括基本权利第三人效力、保护义务、制度性保障和组织与程序保障等方面。在基本权利客观面向中,除由其直接决定的保护义务和与国家义务无关的第三人效力外,制度性保障和组织与程序保障是否产生国家义务,尚待考察。

有观点将保护义务作狭义和广义的理解,狭义的保护义务指国家确保基本权利免受第三人侵害的义务,而"广义的保护义务是指基本权利的'客观价值秩序功能'所针对的国家的所有义务,包括制度性保障义务,组织与程序保障义务,以及各种排除妨碍的义务"[2]。义务是强行性规则下必为的一种行为状态,而基本权利客观面向往往被看作理念、精神、目标和原则。如基本权利客观面向是"存在于'人性尊严'与'人格'之中,是一种对人权尊重的理念"[3],是立法、行政、司法行为的精神准则[4],是包括公权力在内的全体人类所应共同追求之目标[5],是"立法机关构建国家各种制度的原则,也构成行政权和司法权在执行和解释法律时的上为指导原则"[6]。所以,保护义务只能限于狭义的理解。

从理论上看,作为理念、精神、目标和原则的基本权利客观面向,只有在第三人侵害的情况下才基于自由法治国理念产生国家保护义务。但是,随着社会的发展,社会弱势地位者越来越容易陷入生存的困境之中,凭借个人自身努力难以达到满足人的尊严的最低需要。在这种情况下国家自动担此重任,不仅

---

[1] Hoyst Dreier, *Dimensionen der Grundrechte*, s. 42. 转引自张嘉尹:《基本权理论、基本权功能与基本权客观面向》,载翁岳生教授祝寿论文编辑委员会:《当代公法新论——翁岳生教授七秩诞辰祝寿论文集》(上),元照出版有限公司2002年版,第55页。

[2] Christian Starck:《基本权利之保护义务》,李建良译,《政大法律评论》第58期。

[3] 法治斌、董保城:《宪法新论》,元照出版有限公司2006年版,第136页。

[4] BVerfGE 39, 1 (41). 转引自法治斌、董保城:《宪法新论》,元照出版有限公司2006年版,第136页。

[5] 李建良:《基本权利理论体系之构成及其思考层次》,《宪法理论与实践》(一),学林文化实业有限公司1999年版,第68页。

[6] 张翔:《基本权利双重属性》,《法学研究》2005年第3期,第25页。

对个人的请求予以援助，而且主动地对这一类状况承担救济义务，比如我国针对农村孤寡老人的"五保制度"。

这一现象反映了两种相互关联的发展趋势，一方面，主观权利客观化，国家对公民某些基本利益的满足变被动为主动，导致该方面的主观权利事实上退化；另一方面，制度性保障和组织与程序保障下国家的积极作为，衍生出国家义务的属性。在上述新生的历史条件下，如何利用社会法治国性质标准应对众多国家积极实施的授益性行为给给付义务界分带来的挑战呢？界定给付义务，必须综合权衡社会法治国性质国家义务的三个标准：其一，利益指向，为了自我发展的增加利益，而不是保持现状的维护利益；其二，利益内容，是物质上或经济上的利益；其三，利益程度，满足基本生存需要而不是达至幸福。

综上所述，基本权利给付义务是指，在公民和国家的关系中，国家以积极行为方式履行体现社会法治国性质的义务，公民就此享有维持人性尊严基本的物质或服务等经济性利益。亦即，国家给付义务旨在以增进利益的形式保障公民社会权。

第三章 国家给付义务价值

国家给付义务受社会权的积极受益功能决定，因此社会权的价值决定国家给付义务的价值。人的尊严是最上价值、最高法价值，是基本权利的价值核心，不同性质的基本权利凸显人的尊严不同侧面的价值。国家给付义务旨在维护社会权指向的基本生存需要，体现的是实质主义人尊严的价值。实质主义人的尊严价值是具有终极意义的目的性价值，这是国家给付义务与同样具有满足社会权需求作用但体现工具性价值的国家福利的根本区别，也决定了国家给付义务保障社会权的有效性。

第一节 国家给付义务价值：实质主义的人的尊严

国家给付义务旨在以增进利益的形式促进和保障社会权所规定的基本生存，所以国家给付义务所体现的人的尊严与一般所称的人的尊严范畴不同，它是一种以基本生存保障为基础的实质主义人的尊严观。而传统的形式主义人的尊严观，总是把自由、平等作为人的尊严首先推导出的初始价值，将基本生存保障看成是其衍生。

一、形式主义的人的尊严观的发展和内涵

人的尊严概念的提出与人的解放密切相关。人类历史上一个相当漫长的过程中，个人在权威的重压之下并无独立的人格，在社会关系中处于客体地位，在法律上只是义务的承担者而不是权利的享有者。例如，亚里士多德认为人是政治动物，只能借助城邦制度才能成就其德性，也就是说个人只能依附于城邦而不是独立的存在。在基督文化中，个人只是"原罪"的载体、上帝的奴婢。在封建社会中，人口与土地以及其他财产一样，只是封建阶层利益的组成部分。人文主义的发展推动了人的主体意识的觉醒，经历宗教改革和思想启蒙运动，人逐渐从宗教和世俗权威中解放出来。人的解放是一个不断"关注自身、注重人"的过程，人从社会关系的对象提升到一切存在的核心，人作为尊严的存在的地位决定其他存在物的价值。其根据就是人具有人之所以为人的内在价值和尊严。正如布鲁纳多·拉蒂尼说："上天下地万事万物都是为人造的，

而人是为人本身造的。"❶

现有的人性尊严概念主要从概念化的人出发，注重人的尊严对自由、平等等形式上的规定。基于人的尊严与人的解放的关系，所以人的尊严中的人是抽象的、概念化的人，是先验的存在，因此注定将"人性尊严"作为一个实质的、先在的概念去界定。比如，从人的尊严的来源角度看，康德说"在人性容许的范围内，唯有道德具有尊严"❷。席勒也认为"尊严是道德所固有的，就它的内容而言，尊严一定要以人对自己本能的支配为前提"，所以，"通过道德力量统治本能，是精神的自由，而精神自由在现象中的表现就叫尊严"❸。从人的性质角度看，康德将人是目的视为绝对命令，"这样行动，无论是对你自己还是对其他任何人，在任何情况下都要把人永远作为目的，绝不仅仅当作手段"❹。从法律地位的角度看，"人性尊严无论何时何地都应在法律上被加以实现。它的独立基础在于：人之所以为人乃基于其心智；这种心智使其能有能力自非人的本质脱离，并给予自己的决定去意识自我、决定自我、形成自我"❺。

先在的人的尊严概念首先强调的是其主体是单个的人。非单个人的尊严容易导致对整体利益和尊严的重视，而忽视个人的利益和尊严。"'人的尊严'中的'人'，是剔除了身份、能力、信仰等外在条件的每一个具体的个人，它不是指人类的尊严或整体的尊严，更不是少数人的尊严或统治者的尊严，它是将尊严的荣光落实于每一个具体的个体身上。"其中，具体的人并不是现实生活中反映客观条件的社会人或事实人，强调不是集体的人、联合的人，而是单个的人。有人特别以人类尊严和人性尊严的区别强调单个人的主体性，台湾学者李震山认为"人性尊严，即是人的尊严或指个人尊严，一般并不将之称为'人类的尊严'，主要是在强调个人之独立性，以及个人间之差异性，但也不因而否定'多数人的尊严'，或其他'动物类'尊严之存在"❻。

其次强调的是"理性"——自主选择和不受"侮辱"。受不同国度不同文

---

❶ ［意］雅各布·布克哈特：《意大利文艺复兴时期的文化》，何新译，商务印书馆1979年版，第351页。

❷ H. J. Patton, *The Moral Law*: *Kant's Ground work of the meta physic of morals*, London: Hutchinson, 1948, pp. 96 - 97.

❸ 弗里德利希·席勒：《秀美与尊严》，张玉能译，北京：文化艺术出版社1996年版，第142—146页。

❹ H. J. Patton, *The Moral Law*: *Kant's Ground work of the meta physic of morals*, London: Hutchinson, 1948, p. 91.

❺ Durig. In: M/D/H/S, GK, Art. 1 Abs. 1, Rd. 18, 1994. 转引自蔡维音：《社会国之法理基础》，元照出版有限公司2008年版，第27页。

❻ 李震山：《人性尊严与人权保障》，元照出版有限公司2000年版，第3页。

化背景影响，对人的尊严往往会有不同理解。强调对人的尊严进行主观理解的观点把"尊严"与理性选择联系起来，认为真正的人的尊严只被那些可以进行自主选择的人享有，"自主性"是人具有尊严的标志。而坚持对人的尊严进行客观理解的观点认为，"尊严"就是不受侮辱，也即人们有权不受到在他们所属的文化或是社群中被视为不敬的对待。在这一理解中，"保护尊严就不允许对任何类型的人有任何歧视，无论有无知觉，无论是否已经出生，无论是否已经成年。当提到尊严的时候，就是指与每个人都联系在一起的尊严。因此，它不取决于是否有个人的自由，相反，它先于个人自由，并且是个人自由的前提条件"❶。在美国宪法的概念体系中，尊严的概念强调的主要是其主观的方面，相反，欧洲的宪政文化则强调"保护所有的人类的尊严，不带歧视地保护每个人"❷。

人的尊严与国家的关系上，先在的人的尊严概念强调个人对国家而言具有优先性与独立性，要求国家尊重和保护人的尊严。"人的尊严既非由国家，也不是由法律制度所创造并授予的，它所依赖的是人自身的主体性，所以，尊严是每个人应当享有的权利，而且优先于国家法律所规定的所有权利。法治国家并不能为人提供尊严，但可保障人的尊严。"❸ 基于人的尊严，个人不仅相对于国家具有先在性，而且具有参与国家事务和在国家中实现自我的资格。康德就专门指出："必须把公民看作是该国的成员，有参与立法的权利，不能仅仅作为别人的工具，他们自身的存在就是目的……"❹ 同时，国家必须保持必要的宽容，为人的尊严保留足够的空间，一方面是尊重被保护人的尊严，另一方面禁止侵害人的尊严。《德国基本法》第1条规定，尊重和保护人的尊严是全部国家权力的义务，最主要是基于对纳粹经验的反省，禁止以"物化"即不将人当作人来看待的方式对待人类。

可见，现有人的尊严概念是以对抗整体主义和集体主义的个人主义为基础的，体现的是强调地位和机会平等、选择自由的逻辑，主张消极国家，这些都体现了形式主义的要求。因此，我们可将现有对人的尊严的理解归纳为形式主义人的尊严观。形式主义人的尊严观具有启蒙性和解放性，瓦解了教权和皇权的腐朽统治，将人类由黑暗的中世纪推向自由、权利高涨的近现代，是近现代人类文明高速发展的根本动力；同时也促进了基本权利的形成和保障，极大地改善了人类的生存状况。

---

❶ [意]布斯奈里：《意大利私法体系之概观》，载《中外法学》2004年第6期。
❷ 胡玉鸿："人的尊严"的法理疏释》，《法学评论》2007年第6期，第7页。
❸ [德]乔治·恩德勒等：《经济伦理学大辞典》，王淼洋等译，上海人民出版社2001年版，第322页。
❹ [德]康德：《法的形而上学原理——权利的科学》，沈叔平译，商务印书馆1991年版，第182页。

二、实质主义的人的尊严概念的提出

但是,随着时代的发展,形式主义的人的尊严观的弊端日渐展现,形式主义的人的尊严观应当向实质主义的人的尊严观转变。实质主义的人的尊严观提出人的尊严的根本目的在于张扬个人的地位和需要、改善个人的生存状况。具体的人的尊严观念具有相应的历史使命和历史背景,形式主义的人的尊严观念的历史使命已经圆满完成,而其面临的历史背景也发生了深刻的变革。

一方面,经自由主义的发展和资本主义制度的推崇,人的尊严观念经历了从无到有、从弱到强的过程,已成为社会共识,并且受到法律的普遍承认和保护。人的尊严被视为权利正当性的依据[1];被誉为现代宪法的"核心价值"[2];李震山教授把"人性尊严"称为"宪法秩序之基础",又称为"基本权利之核心范围"[3];为《德国基本法》约束国家权力之最高构成原理[4]。人的尊严作为基本权核心概念不断被写入宪法,据统计已有30余国宪法规定"人的尊严"[5],即使在宪法中没有规定的美国,"人的尊严"在实务上也日益成为个人自由和权利的源泉。[6]

另一方面,资本主义制度取缔封建制度,个人的平等地位和自由受到法律的确认和保护,但随之而来的诸多社会问题,使人类生存状况面临新的挑战。在主张自由、平等的资本主义社会之前,人类生存状况最大的问题便是人没有受到应有的尊重,面临的最大威胁来自以国家为代表的权威的恣意干涉和侵害。此时,主张人的尊严主要是形式上的要求,如平等的地位和机会,以及抵抗国家的权利。而资本主义取得胜利以后,基本上满足了个人在形式上的追求。但是,资本主义将人类从自给自足的农业社会推向工业社会,不仅打碎了原有的社会秩序和社会保障,现代化的负面效应也带来了许多前所未有的、不可预知的风险。人类的生存面临的挑战一方面表现为由社会差距造成的弱势群

---

[1] 万其刚:《论人的尊严作为人权正当性根据》,中国政法大学2007年博士学位论文。

[2] [日]芦部信喜:《宪法学Ⅰ(宪法总论)》,有斐阁1992年版,第46页。

[3] 李震山:《人性尊严》,《法学讲座》2003年第17期,第2—17页。转引自萧淑芬:《基本权利基础理论之继受与展望——台日比较》,台北:元照出版有限公司2005年版,第56页。

[4] 萧淑芬:《基本权利基础理论之继受与展望——台日比较》,台北:元照出版有限公司2005年版,第51页。

[5] 如1949年联邦德国基本法、1962年韩国宪法第5次修改案、1993年俄罗斯宪法、1997年波兰宪法、1978年西班牙宪法、1975年瑞典宪法、1959年突尼斯宪法、1996年南非宪法、1991年卢旺达宪法、1992年沙特阿拉伯宪法、1992年以色列宪法。参见:李累:《宪法上"人的尊严"》,《中山大学学报(社会科学版)》2002年第6期,第129页。

[6] Thurgood Marahall, *A Tribute to Justice William J. Brennan*, 104 Harvard Law Review, 1990. 转引自李累:《宪法上"人的尊严"》,《中山大学学报(社会科学版)》2002年第6期,第129页。

体的生存困境；另一方面表现为能源、生态以及人类自身可持续发展的压力。这时，人的尊严要求的不再是形式上的地位保障，而是实质性的利益满足。

　　社会背景的变迁，决定人的尊严概念中出现实质正义需求。正如人类社会的进步是一个文明积淀的过程，人的尊严观念的发展也是对已有认识的进一步深化。实质主义人的尊严建立在形式主义人的尊严的基础之上，主张从现实生活而不仅仅是法律地位上满足人的需求，对个人的生存状况给予实际利益的关怀而不仅仅是自由选择的机会。总之，实质主义人的尊严旨在给予个人，尤其是处于弱势地位的个人以实质性的利益保障，以确保其事实上的自由。

　　实质主义的人的尊严首先表现为形式的个人充实为实质的个人，即人的尊严主体由概念化的、先在的个人具体化为反映先天禀赋和资源占有差异等社会生活信息的个人。实质的个人是形式的个人的表现。形式上的个人是从人的本质角度对人的表述，而人的本质蕴含在各种差异性的人的具体规定之中，比如男、女、老、少、病、残、健、贫、富、贤、愚等。实质的个人正是这些具体规定的叠加，不同具体规定的叠加，甚至相同类别的具体规定不同排列组合的叠加，都会形成不同的实质的个人的情形。作为人的尊严的主体个人，不能只是区别于整体和集体的个人，而且应该是现实生活中形形色色、千差万别的具有丰富个性的个人。

　　在以概念化的个人为主体，从自主选择和反歧视的角度理解人的尊严的形式主义人的尊严，并不足以体现出人的尊严的普遍性。从自我选择的角度看，胎儿、婴儿、严重智力障碍者和没有希望恢复的昏迷者等没有自我意识的人，是否是人的尊严的主体？从反歧视的角度看，对于那些没有意识能力或者丧失辨别能力而无从体验侮辱、无法感知尊严的人，是否是人的尊严的主体？在实质主义人的尊严观念中，便不存在这样的疑问。李震山先生指出："人性尊严之权利主体系每个人，其不该因年龄及智慧之成熟度而有别。"[1]

　　实质主义的人的尊严强调基本生存是人的基本内涵。既然实质主义人的尊严中的人是现实生活中具体情形各不相同的个人，虽然这些人拥有相同的地位、享有同样的自由，但生存处境却相差悬殊。有些人被迫以一种不平等的地位或以牺牲自主选择的代价谋求生存，或受生活条件的限制根本就没有意识到自己的平等和自由，而没有受到人之为人的对待，以一种工具或物化的形式存在。因此，人的尊严不仅在于主观层面的自由选择和客观层面的反歧视，而且是以物质资源保障为基础的。保障人的尊严，首先应使个人的基本生存所需得到满足。有学者对人的尊严的理解，已经开始注意到基本生存的重要意义，并将其纳入人的尊严的内涵。我国台湾地区学者陈清秀认为，人性尊严可具体表

---

[1] 李震山：《人性尊严与人权保障》，元照出版有限公司2000年版，第15页。

现在下述几项：①作为个人人格的独立价值的尊重；②一身专属性事务的自主决定；③个人私人领域的尊重；④维持具有人性尊严的生活；⑤自治与自决。❶ 蔡维音则将人的尊严划分为五项基本价值：自主的人格发展；安全；基础生存所需；平等；福祉的最大化。❷

实质主义的人的尊严观念，不仅要求国家尊重和保护人的尊严，而且要求国家促进人的尊严。因为实质主义的人的尊严把基本生存纳入人的尊严内涵，而国家对基本生存的保障，不仅表现在本身不侵犯和排除其他人对其侵害，还要求以再分配的方式为个人努力失败者提供直接的物质帮助和提供改善生存条件的公共设施和项目。在台湾地区学者周志宏对人的尊严的反面定义中，"对人性尊严之贬损"便包括国家没有对人的基本生存提供积极保障的情形。未能提供或保障"适合于人类的生存基础"，这是指破坏现在及将来人类适于生存的精神或物质环境，以致未能提供或保障"符合人性尊严之最基本的生存条件"❸。

总之，从公民和国家的关系角度看，在形式主义的人的尊严视域下，国家对人的尊严承担尊重义务和保护义务，以确保人的自由空间和已有的利益。而在实质主义的人的尊严视域下，国家除尊重、保护之外，还承担了给付的义务，即通过再分配的方式保障基本生存。

三、实质主义的人的尊严观的价值体系

"基于人的尊严在人本身所处的核心地位，以及在宪法学上的核心价值，以人的尊严为标准的正当评价具有绝对性。"❹ 人的尊严作为正当评价的绝对性标准，来源于其绝对性的价值规范。因此，以宪法为基础的整个法律体系都应当以人的尊严作为最基础的价值决定，并将法律体系的诸多保护意旨、保护目标统一到由这一最基础的价值决定的具体层次中。亦即以人的尊严的具体价值层次作为法律体系保护目的的上位概念，不同的法律保护目的和国家目标都是具体价值层次的衍生物，任何法律保护目的和国家目标都可以归类到至少其中一个人的尊严的具体价值层次之下。

---

❶ 陈清秀：《宪法上人性尊严》，载《李鸿禧教授六秩华诞祝寿论文集》，月旦出版社股份有限公司1997年版，第99页。

❷ 蔡维音：《社会国之法理基础》，正典出版文化有限公司2001年版，第33页。

❸ 周志宏：《学术自由与科技研究应用之法律规范》，载《李鸿禧教授六秩华诞祝寿论文集》，月旦出版社股份有限公司1997年版，第544页。

❹ 龚向和、刘耀辉：《农民宪法权利平等保护的正当性》，《东南大学学报（哲学与社会科学版）》2011年第1期。

需要是人的本质属性[1]，人的尊严根本的价值决定在于肯定及满足人的需要。不同的人有不同的需求及满足方式，实质主义人的尊严的主体是充满生活规定的现实人。表现在两方面：其一，生理面向的人，生理意义上的人的需求通过物质资料满足。其二，社会面向的人，社会关系中的人的需求从个人的主体性和自我决定的尊重得到满足。因此，可以从生理人和社会人的不同需求角度构建实质主义人的尊严的价值体系。在需要理论中，需要是人类行动与互动的先决条件，在社会参与中实现。康德认为要人去做一件事情必须有生理、身体、心理、心灵的能力去执行，身体有活动力，心灵有选择力，才有可能自主。多伊和高夫在此基础上将人的需要作身体和自主两分，生理上的生存（身体健康）需要和精神自主需要。[2] 本文提出的生理和社会面向的人的尊严价值契合了身体和自主对需要的二分，自主存在于社会关系中。

（一）生理面向的人的尊严价值

生理面向的人的尊严，指以一种体面的方式维持个人生存，身体健康能够获得适当的保障。从反面看，个人没有被迫以有损人格的方式谋求生存或者放任对身体健康的伤害（包括由于不能获取适当的医疗条件所遭受的疼痛或受一般性疾病的折磨）。生理面向的人的尊严的价值，主要包括基本生存保障和社会安全。

1. 基本生存保障

生理面向的人的尊严价值主要指基本生存保障，基本生存既是作为价值的人的尊严的附着物，也是最低限度的人的尊严。在马斯洛的需求层次理论中，生理需求是最基层的需要，是指维持个体生存与种族繁衍的需求。如个体对水、食物、空气、睡眠、母性等的需求。马斯洛认为，只有这些最基本的需求满足到维持生存所必需的程度后，其他的需求才能成为新的激励因素。阿尔德夫（C. P. Alderfer）把需要分为生存需要、关系需要和成长需要等三种。生存需要是最基本的需要，是对个人基本物质生活条件的满足。生理需要处在需要层次中的最基层位置，决定满足生理需要的基本生存是最低层次的人的尊严。

基本生存保障虽然在人的尊严价值中处于最低层次，但对于人的尊严却至关重要，没有基本生存保障实质主义人的尊严荡然无存。自由主义者认为由"人的尊严"首次推出的两个初始的价值是"自由"和"平等"，这是因为他们只从个人的主体性与自我决定的角度理解人的尊严，而忽略了人的存在是以

---

[1] 《马克思恩格斯全集》（第三卷），中共中央马克思、恩格斯、列宁、斯大林著作编译局译，人民出版社1982年版，第514页。

[2] 彭华明：《西方福利理论前沿》，中国社会出版社2009年版，第40页。

生存所需的确保为前提的。"基本需要必须被满足，这样才能做其他任何事情。"[1] 马克思也认为"当人们还不能使自己的吃喝住穿在质和量方面得到充分供应的时候，人们就根本不能获得解放"[2]。在社会生活中，个人对生存基础所需的保障——包括物质与非物质的经济性利益，主要通过自己努力获取。为实现对生存条件的确保，必要时甚至需要外来的协助维护。这种外来协助的主张，主要基于公民资格针对国家提出的。

基本生存保障的价值具有消极和积极两方面的内涵。在消极方面，基本生存保障指对个人所拥有的、基础维生所需资源的保护，亦即不侵犯个人既有的、为个人发展所必需的生存基础。人的存在本身是一切自由发展的前提，也是国家得以维持的基本条件。因此，国家不侵犯个人生存是国家正当性的前提，也是所有国家作用的前提，是不容置疑的绝对要求。这种要求具体表现为国家不得侵犯人民生存所需的资产及生产工具，不能对生存必要物资加以征收和课以捐税等。

积极方面的基本生存保障，是指当人民无法自力维持生存时，要求国家提供基本的生存所需物资。基本生存保障的积极内涵要求国家为个人生存提供最后保障，国家通过社会再分配予以实现，这期间势必对其他人的自由行使加以若干限制。"个人的基本自由权因其行使与社会共同体至其他人发生密切之关联，国家为调和此种个人基本权行使可能发生之冲突，随意立法形式将诸多自由基本权予以社会化。自由权社会化的结果，将原本比较弱势的族群，获得较多的保护，但相对使原属较强势的族群之基本权受到限制。"[3]

基本生存保障价值可以在对懒惰者和素行不良者的平等生存保障中具体化。国家是否对虽然具有劳动能力，但无劳动意愿者、懒惰者以及其他不努力维持生计者和平时行为不端者提供生存保护？一般认为，若对这些人的基本生存实行保障，就会产生依赖保障而无劳动积极性的惰民，将有损社会的善良风气，阻碍国家的健全发展。这种看法一方面延续着将国家对弱者的救助和保障当成慈善的思维，而没有将基本生存的维持看成一种人的尊严的价值表现；另一方面，一贯地忽视人的尊严的生理面向，生理面向的人的尊严价值仅在维护人的生命以及符合人的本质的生命状态，至于基本生存因何需要保障则暂且不问。

2. 社会安全

作为生理面向的人的尊严价值层次的安全，是从基本生存的维度描述对生

---

[1] R. Plant, *Needs, Agency and Rights*, in: Charles G. Sampford and D. J. Galligan（eds.）, *Law Rights and the Welfare State*, London: Croom Helm, 1986, p. 29.

[2] 《马克思恩格斯全集》第42卷，北京：人民出版社1979年版，第368页。

[3] 李惠宗：《宪法要义》，元照出版有限公司2001年版，第91页。

理机能正常状态的维持,其强调的不是对国家侵害的防御,而是要求国家的积极保障。

生理面向的人的尊严规定的社会安全,是从基本生存保障价值中推演出来的,指对基本生存有保障的一种状态。一般意义上的安全是指现有的社会正常秩序的被维护状态或者对现有利益的被保护状态。社会安全主要指疾病、生育、失业及老年等的失利者的经济安全,通过采取必要的措施以达到保护、维持、改善和复原失利者健康与工作能力。社会安全价值最终体现在"每个人都应该在不受耻辱和没有不合理的障碍的条件下与其他人进行一般的日常交流。每个人都能够在不损害其人格尊严的条件下满足其基本需要。不得使任何人生活在只能通过降低自己的人格和丧失自由的方式,如通过乞讨、卖淫或被迫奴役,来满足自己的需要的条件之下。"❶

制度中的社会安全价值最早体现在俾斯麦所构建的社会保险体制中,后来逐渐在西方社会中扩散。早在1908年,后来成为英国首相的丘吉尔在写给英国贸易部的信中便提及保障劳工意外事故、疾病与老人的经济安全,因而他主张为了劳工的安全政府应成立"社会安全机关"。1935年,美国制定《社会安全法》,体现了罗斯福关于政府应该对大萧条表现出更多人性关怀的信念。

(二) 社会面向的人的尊严价值

社会面向的人的尊严指人在社会关系中的主体地位以及自主和自决的能力,是人的社会性的需要。需要具有社会性,在社会中人和人的需要,以及满足需要的实践活动,都具有社会性。社会关系和社会实践活动一经产生,便会反过来决定生产和需要。❷

1. 自由

自由是一种不受拘束的状态,对自由的理解中可能被普遍忽略的问题是,自由是以拘束的存在为前提的。自由存在于社会关系当中,要使一个人获得自由,必须至少存在两个人。自由表示一种不对称的社会对抗,只有当人们渴望逃避的依附关系存在时,才能说有些人是自由的。"自由自其产生以来,就一直代表两种截然不同的社会状况的共存:想要获得并享有,就意味着从一个相对低等的社会状态升迁至另一个较为优越的状态。这两种社会状态中差异颇多,但在其所有对立的差异中,有一种差异是自由的特性造成的,并凌驾于其

---

❶ [挪威] A. 艾德:《国际人权法中的充足生活水准权》,载刘海年:《〈经济、社会和文化权利国家公约研究〉——中国挪威经社文权利国际公约研讨会论文集》,中国法制出版社2000年版,第206页。

❷ R. Plant, *Modern Political Thought*, Oxford, Cambridge: Blackwell Publishers Ltd., 1991, pp. 186 – 218.

他差异之上，那就是由他人意志决定的其行为与由自己意志决定其行为之间的差异。"❶

由此，自由的核心在于"自我决定"，即一个有尊严的人必须不受外来的控制，能够独立地、自我负责地去形成自己的生活，发展自己的人格。自我决定在不同的生活领域中表现出不同的面貌：在政治生活领域有言论、集会和游行示威的自由，以及组成政党的自由等；在经济生活领域也有多种多样的表现，如个人处分财产的自由、企业经营自由，以及劳动者的集体自主协商的自由等；在宗教信仰领域则表现为信教和不信教的自由、信哪一种或哪一教派的自由，以及是否参加宗教仪式的自由等。从自我决定的角度看，自由即按照人们自己的道路去追求人们自己的好处。而从自由的反面看，所谓的公民自由和社会自由探讨的就是社会所能合法地施用于个人的权力的性质和限度。在密尔看来，自由包括两个基本的原则：第一，个人的行为只要不涉及他人的利害，个人就有完全的行动自由，不必向社会负责。他人对这个人的行为不得干涉，至多可以进行忠告、规劝或避而不理。第二，只有当个人行为危害到他人利害时，才对个人的行为有裁判权，也才能对个人施加强制力量。❷

自我决定体现的是一种消极的自由，主要是形式主义的人的尊严的要求，实质主义的人的尊严决定的自由是包括并强调积极的自由。从公民与国家关系看，积极自由体现的不是公民对国家权力的防御，而是要求国家采取积极行动以增进自己的利益。依据自由主义传统观念，国家的作用在于为社会成员提供创造利益和实现利益的社会秩序，个人是否获得利益、在何种程度上获得利益以及所获利益是否能满足需要暂且不问。即国家不介入个人空间，也不干预个人生活。消极自由的理念受到社会变迁的挑战，国家对个人自由的工具性作用，增加了提供和促进实现自由条件的内涵。当个人在通过自身努力不足以维持生计的时候，便有要求国家维持自身基本生存的自由。这种积极的自由，同样是个人主体地位的体现，也是自我决定的体现。

2. 平等

平等是基于比较产生的概念，是社会最基本的价值，也是宪法最基本的决定，前面的论述有所涉及，这里只对与社会面向的人的尊严最为相关的禁止差别待遇和差别补偿略做介绍。

禁止差别待遇，是指对于本质上相同的事物，不得予以不同的对待。除非有与事物本质相适合的正当化理由，国家不对相同的事物针对不同的人进行不

---

❶ [英]泽格蒙特·鲍曼：《自由》，杨光、蒋焕新译，吉林人民出版社2005年版，第1页。
❷ [英]约翰·密尔：《论自由》，许宝骙译，商务印书馆2009年版。

同的评价和对待，即对国家恣意行为的禁止。因为平等要求对个人利益的保护要防止国家恣意的差别待遇，也就是对国家行为的防御。至于是否"恣意"如何判断，可以从形式和实质方面作不同的考量。禁止差别待遇重点在于防止制度上的差别对待，立法平等是法律平等最内在、最本质的要求，如果在立法上被区别对待，实际生活的平等更将荡然无存。

差别补偿，指在正当性指导下国家给予处于社会弱势地位的群体某些"优待"，以平衡其先前的缺陷，促进其竞争机会。相对于"差别待遇的禁止"是消极地禁止对相同事物恣意地作不同处理，差别补偿基于现实差别，要求国家积极改善社会弱势者的处境，以达成机会的平等。差别补偿在很大程度上依赖于经济基础，如果没有一定的经济实力，则通过国家对社会资产以再分配形式实现的种种差别补偿将难以实现。

（三）生理面向的人的尊严价值与社会面向的人的尊严价值的关系

生理面向的人的尊严价值是社会面向的人的尊严价值的基础，社会面向的人的尊严价值是生理面向的人的尊严价值的保障。"然而人的自我决定自由的行使，是与社会条件相关的，人人若缺乏社会生存的基本条件，就是拥有再多的自由形式空间也没有意义；一个一无所有，甚至无法自力维生的人，其所享有之言论自由、信仰自由，甚至支配所有物的自由，都与拥有华厦的富人并无轩轾，但这种自由的保护对他们却无法发生实质上的作用，他们更迫切需要的是行使自由的前提要件，亦即最基础的社会生存保障。"[1] 罗斯福也强调不虞匮乏的自由和免除恐惧的自由，是人民享有发表言论、表达意见的自由，以及以自己的方式崇拜上帝的自由的先决条件。但是，并不是基本生存所需得到了满足便足以说明人是尊严的存在了，基本生存的满足只是人的尊严的最低层次，仅仅是保障了实质主义的人的尊严载体的存在，这种载体是不是有尊严的载体，还必须在社会关系中进行考察。只有当其处于社会关系的主体地位，并且自主决定受到尊重的时候才真正地享有人的尊严。

第二节　国家福利的工具性价值与国家福利批判

与国家给付义务一样，以社会保障为基础的福利国家用于纠正市场作用的

---

[1] 蔡维音：《社会国之法律基础》，元照出版有限公司2001年，第35页。

福利给付也有保障社会权的效果❶。福利国家为战后经济的恢复做出了巨大贡献，但20世纪70年代后，资本主义再次陷入困境之中，社会各界对福利的批判日趋严厉。诸多对福利给付的直接攻击，是对福利给付有失公允的欲加之罪，还是对福利给付固有缺陷的诘难？国家给付义务与福利给付是何关系，其是否也面临与福利给付相同的社会反应？如果对福利给付的批判能为国家给付义务所避免，其依据何在？上述问题都可以在植根于不同价值的国家给付义务与国家福利的比较中寻得解释，这一过程也将深化对国家给付义务实质主义的人的尊严价值的理解。

一、对国家福利批判的批判

福利给付是由财政转移支付实现的，与国家干预相辅相成，因此受到自由主义者基于现实和理论等多角度的批判，本文主要从经济发展、社会文化和个人权利三个角度进行概括。

（一）福利给付并非经济低迷的罪魁祸首

认为福利给付是造成资本主义新一轮经济低迷的依据，主要有以下几点：

其一，福利给付导致的高财政支出不仅导致财政赤字而且削弱资本积累，福利国家的发展被视为资本累积速度的刹车器。庞大的福利开支吞噬了应用于投资和扩大再生产的资金，德国在1970—1996年间福利开支占国民生产的比重由26%增加到33%，而同期国内总投资额却由25.5%降至21%。❷ 高夫更是明确指出，政府支出与公共事业是使英国经济生产力低速增长与贸易赤字缓慢平衡的罪魁祸首。❸

其二，高工资影响福利国家的产品竞争力。福利国家的劳动力成本偏高，高劳动力成本决定了福利国家产品在日益激烈的国际经济竞争中面临巨大的价格压力，使得福利国家产品在竞争中处于劣势。

其三，高福利引发的高税收导致资金转投和资本流出。以德国为例，由法定社会保险和依据劳资协议规定的福利项目构成的工资附加部分占劳动力成本

---

❶ 主要表现在三个方面：第一个方面是保证个人和家庭的最低收入，不管他们的工作和财产的市场价值如何；第二个方面是使个人和家庭能够应对某些导致个人和家庭危机的"社会突发事件"（如疾病、老龄和失业），缩小其不安全程度；第三个方面是不歧视公民地位或等级，确保他们在人们认可的一定社会服务内获得可得最高水平的服务。丁开杰、林义选编：《后福利国家》，上海三联书店2004年版，第2—3页。

❷ 此处统计数据和关于"社会政策"改革的讨论，见杨直："新社会市场经济倡议"，《德国研究》2002年第2期，第7—32页。

❸ ［英］高夫：《福利国家的政治经济学》，古允文译，台湾巨流图书公司，1995年版，第108页。

的52%，因此德国的工资水平是中欧国家的10倍。由于政府试图对居民利息征收代扣所得税，导致大量资金流向邻国卢森堡。德国企业纷纷把投资转向海外，1995年，德国工业的向外投资超出国外投资者对内投资达370亿德国马克。❶

福利给付及福利国家体制下的高工资固然会影响到资本积累和财政负担，这种福利对经济的影响程度应该与福利水平相关。问题在于，不仅高水平的瑞典福利国家模式遭到非议，而且低保障给付的美国社会保障制度也受到同样的攻击。但是，福利给付使资本主义经济陷入"滞胀"困境的观点，至少存在以下几方面明显的缺陷。

首先，重创福利国家经济的资本转投和流出最主要的原因并不是福利国家的高税收，而是生产国际化滋生的"交易定价"策略❷为跨国公司提供了足够多的避税机会。1990年，美国国会的一项调查显示，被调查的大约40家外国公司中有一半以上实际上已经十多年没纳税了。1987年本是一个经济繁荣的年份，美国却有59%的外国公司的财务报告显示为不赢利，因此没有纳税。在1994年的前三年里，他们的收入增长了50%，其纳税却仅仅增长了2个百分点。❸在澳大利亚，减少利息支付和使用交易定价策略是国家税收流失的主要原因。1993年到1994年，60%的跨国公司（既有外国公司，也有本国公司）宣称没有赢利，也没有缴税。❹税收改革的实践为上述观点提供了很好的证明。从20世纪70年代以来，大多数经合组织国家降低了个人所得税的最高税率和公司税，但资本转投和流出并没有得到有效遏制。

其次，福利批评者只注意挖掘福利给付对经济可能存在的不利影响，却没有兴趣了解福利给付促进和维护经济发展的事实。福利给付通过对贫困者的经济援助，增强他们的购买能力，帮助解决消费不足问题，减少失业，保障了经济健康发展。同时，福利给付保障了社会弱者的基本需求，促进了劳动力素质的提高，不仅为经济发展保障了劳动力供给，而且为现代经济的快速发展提供了智力保证和动力支持。

再次，产品竞争力和财政赤字并不必然与福利给付相关。在知识经济时代

---

❶ [加] R.米什拉：《社会政策与福利政策——全球化的视角》，郑秉文译，劳动与社会保障出版社2007年版，第82页。

❷ 跨国公司的发展以及商品生产和劳务不断国际化，改变了商品价格由市场决定的机制，商品被出售或者交换的价格直接由跨国公司决定。即跨国公司可以通过利润最小化来调节这些交易的价格，实际上是指在高税收的国家账面上表现出亏损，而在公司税收低或者没有公司税的国家账面上表现为赢利。这一技巧为跨国公司提供了很好的避税思路。

❸ [加] R.米什拉：《社会政策与福利政策——全球化的视角》，郑秉文译，劳动与社会保障出版社2007年版，第44页。

❹ CCPA, 1997, p.3.

和信息时代，产品的竞争力主要体现在科技附加值上，出现劳动力成本影响产品竞争力是科学技术远不及今天的工业革命时期的论点。20 世纪 90 年代，美国的财政赤字有过实质性的缩减甚至消失，但这更多地归功于经济的繁荣和国家税收增加，而不是社会福利支出的削减，尽管后者也起到一定程度的作用。[1]

（二）福利给付并不必然引发福利病

福利给付没有有效解决贫困问题，而福利依赖、恶性刺激等副作用却滋生了一系列福利病。

首先，福利腐蚀独立人格。福利对个人及其家庭生活的保障，促使个人丧失事业上的进取心和对家庭的责任心。乔治·吉尔德说，如果男人"不能成为一个供养者，那么他们只能依靠肌肉和生殖器"，没有女人的男人"对他们自己和社会都是有破坏性的"[2]。家庭责任是男人道德规则的来源，在家里逃避责任，在市场上也未免如此。[3]

其次，福利瓦解家庭生活和社区生活。福利减轻了男人的供养责任，而家庭也减轻对男人的依赖，导致了男人对家庭不负责的态度，高非婚率、单亲家庭以及犯罪就是结果。[4] 国家提供的福利保障替代了邻里之间的相互依存，以致"现在所有的邻里关系都被损害了"[5]。

再次，福利给付不是缩小而是扩大和固化贫困。从 20 世纪 70 年代中期以来，大多福利国家的相对贫困水平上升，甚至有人认为贫困者不是市场制度的牺牲者，而是福利依赖在社会和经济环境中固定化和制度化的结果。

又次，福利使工人摆脱工作压力影响工作效率。据调查，瑞典职工平均每天的出勤率在 20 世纪 60 年代不到 10%，到 80 年代上升到 25%。福利性住房阻碍了劳动力的合理流动，慷慨的失业保险使失业者缺乏再就业动力。[6]

批判者试图从福利给付的角度去解释福利国家所有的社会问题，未免会有因先入为主而导致的夸大其词以及对其他原因视而不见的嫌疑。就所受诘难最

---

[1] [加] R. 米什拉：《社会政策与福利政策——全球化的视角》，郑秉文译，劳动与社会保障出版社 2007 年版，第 48 页。

[2] George Gilder, *Naked Nomads*: *Unmarried Men in America*, New York: Quadraangle, 1974, p. 114.

[3] [英] 安东尼·吉登斯：《超越左与右——激进政治的未来》，李惠斌、杨冬雪译，社会科学文献出版社 2009 年版，第 29 页。

[4] [英] 安东尼·吉登斯：《超越左与右——激进政治的未来》，李惠斌、杨冬雪译，社会科学文献出版社 2009 年版，第 111 页。

[5] Charles Murray, *The Emerging British Underclass*, London: Intitute of Economic Affairs, 1990, p. 4.

[6] 粟芳、魏陆：《瑞典社会保障制度》，世纪出版集团 2010 年版，第 30 页。

多的福利依赖而言，正如西方马克思主义者高夫所说，资本主义福利国家产生福利依赖的原因是多方面的，有的是福利制度本身设计的问题，有的是政策执行过程中出现的问题，而福利接受者个人因素也是原因之一，不能完全归咎于福利给付水平过高和范围过宽。❶ 当然，福利给付水平过高和范围过宽，在一定程度上对福利依赖产生催化作用，但这不是福利给付本身的问题，而是给付标准的问题。福利国家不合适的给付标准恰恰是由于福利国家作为政治妥协和经济工具的角色造成的，给付标准不是由一种具有终极性的目的价值决定，而是受处于不断变化之中的工具理性决定。

福利依赖和福利的恶性刺激对个人特别是贫困者独立人格的腐蚀，是批判者的另一个重要论点。批判者所犯的错误在于将个别以福利替代自立的特例当成普遍的社会现象，只从福利可能腐蚀而不从更重要的福利维护和促进人格的角度观察问题，并天真地将理论逻辑作为论证的依据而忽视实践经验。自由发展建立在假想的机会平等基础之上，贫困者的人格事实上受客观条件限制，国家对贫困者的给付帮助其摆脱生存困境而获得独立能力，使其有条件从一个福利的接受者成为一个社会的积极贡献者。针对贫困者的给付义务虽然在物质上使其对国家有依赖性，但给付义务的履行能增进受益者行使权利的能力，从而使贫困者在心理上更具独立性，这种独立性在现代民主法治国家中正是一个成熟公民应当具有的基本品格。❷

同理，福利依赖确实不利于贫困状况的改善，但也没有可靠的证据表明减少或取消福利有利于贫困的改善。相反，贫困引发的社会排斥和社会歧视问题，反过来又加深贫困已成共识。"通过经济的援助，可以让贫困者享受到普通人能够享受到的家庭生活和社会参与，从而解决贫困导致的社会排斥和歧视问题。"❸ 这将是改善贫困问题的可靠方式。

瓦解家庭生活和社区生活的罪魁祸首不是福利而是商品化，福利有利于弥合商品化给人类带来的硬伤。商品化把个人挤入无情的"丛林法则"市场，个人的商品化在道德上是堕落的，社会腐败、一盘散沙而且迷失了方向❹。福利是在商品化瓦解了建立在温存和美德基础上的传统依存关系后，维护个人生存的最后防线，是市场关系下社会融合和社会合作的基础。福利给付增强社会成员的参与意识，防止社会的离心倾向，并能够把少数成员和不同文化的成员

---

❶ 彭华民、张晶：《新马克思主义论福利国家内在矛盾与重组》，《国外社会科学》2009年第1期，第9页。

❷ 陈国刚：《福利权研究》，中国民主法制出版社2009年版，第111页。

❸ Carl Wellman, *Welfare Rights*, Totowa, New Jesey: Rowman and Littlefield, 1982, pp. 65 – 66.

❹ ［丹］哥斯塔·埃斯平 - 安德森：《福利资本主义国家的三个世界》，商务印书馆2010年版，第51页。

纳入一个社会整体中。如英国人认为,英国的国民保健服务较之其他服务对增强英国的社会凝聚力做出的贡献更大。❶

(三) 福利给付并不侵犯个人权利

依据福利给付侵犯个人权利的观点,福利给付通过国家强制性转移支付实现,然而,有人认为福利给付的强制征收侵犯了纳税人的自由。这一观点反映出两个根本的权利理论缺陷。

其一,它建立在自由主义反对国家干预的理论构建之上,但却违背了自由主义权利平等的原则。人人生而具有同等的权利,但上述观点注意到富人的权利却没有意识到穷人也是平等的权利主体。任何现实中的权利都不是绝对的,必然受到正当的限制,正当的权利主张之间发生冲突,一般按照权利位阶和比例原则等进行裁判。基于福利给付的强制征收,反映了穷人权利和富人权利的冲突,具体而言即"富人使用自己多余的资源满足奢侈需要的自由和穷人从富人那里获得基本食物需要的自由"❷。基本需要自然较奢侈需要处于更高的位阶,强制征税是对富人财产必要的、正当的限制,而不是侵犯。

其二,福利侵犯自由权利的观点,暴露了传统的、狭隘的权利视野。具有防御功能的自由权作为第一代人权,是古典自由主义者极力宣扬的权利形态。随着社会实践的发展,权利范畴不断拓展,产生了具有受益权功能的第二代人权——社会权,以及作为集体人权的第三代人权。同样作为个人权利,社会权是对自由主义权利观念的纠正。按照古典自由主义者的观点,生命权只是一种不被不公正杀害的权利和要求国家保护生命不受第三人侵害的权利。而在社会权的话语中,它却是一项从国家那里接受维持生命最基本的物质资源的权利,国家对生命权的责任不仅仅是消极的尊重和保护,还在于积极地满足。因此,认为国家通过转移支付实施福利给付侵犯个人权利的观点,事实上只看到个人的自由权而没有看到个人的社会权。如上述征税是对个人自由权的正当限制,而福利给付是对个人社会权的保障。

另外,适当的福利给付不仅不会侵犯个人权利,而且能更有效地保护个人权利。给付义务的行使创造良好的社会秩序,即通过保障贫困者的基本生活需要,避免因生存压力损害社会秩序和安全,从根本上有利于对财产权和人身权等个人权利的保护。同时,公共性给付能够提高社会成员特别是贫困者的受教育水平和健康水平,有利于社会整体经济、文化的发展,从而为个人提供更好的生存环境,促进个人的全面发展。

---

❶ Richard Morris Titmuss, *Commitment to Welfare*, London: Routledge, 1976, p. 59.
❷ 陈国刚:《福利权研究》,中国民主法制出版社 2009 年版,第 101 页。

从以上分析可见，福利给付所消耗的国家财政与经济低迷并无必然联系，对个人生活的照顾并不必然滋生社会福利病，而福利给付侵犯个人权利的看法也不堪一击。据此，至少可以肯定，国家对基本生存的保障不一定滋生经济、社会和法律问题。然而，为什么福利给付如此备受争议？

二、国家给付义务与国家福利的关系

对福利给付备受争议的原因，我们可以通过探讨福利给付与同样对基本生存具有保障作用的国家给付义务的关系做进一步分析。

（一）福利国家福利与给付义务的同质性

福利国家已经成为先进资本主义国家的一种发展形式，通过福利给付满足急难者的基本需求和促进社会公平是福利国家的基本功能和表现形式。从外在特征上看，福利国家以承担保障公民基本需求方面的法定责任为制度表征。[1] 福利国家的中心问题，从一方面讲，是社会保障项目，它旨在消除以各种形式威胁就业人口的贫困圈；从另一方面讲，是为需求者提供公共帮助。[2] 也有论者指出，福利供给只是福利国家的必要非充分条件。即使福利给付由政府负责，亦未必为福利国家，在于政府行使的公权力是否有权为公共利益或社会利益限制个人基本权。[3] 国家给付义务作为一种社会法治国性质的义务，旨在赋予国家改善生存条件的法律责任以维护和促进人的尊严。可见，无论从哪一角度理解福利国家，福利国家的福利给付总在内容和功能上与国家给付义务相契合。

第一，从给付的内容上看，福利国家的福利给付都围绕着给付义务保障特定弱者基本生存和平衡社会成员生存负担两个基本方面展开，并且与给付义务一样福利国家的福利给付都是通过国家再分配以财政转移支付的方式实现。本文探讨的福利给付仅限于由国家提供的经济福利，任何模式福利国家组织和支出的福利给付项目都包括对不同群体生存需求方面的特殊要求，不同模式福利国家在福利给付项目上有不同倾向。理查德·蒂提马斯依据再分配倾向将福利国家区分为"制度性"福利国家和"剩余性"福利国家，更清楚地反映出福利给付正是给付义务改善生存条件的表现。制度性福利国家主要依赖广泛的项目，利用公共服务法规，试图减少不同阶层或者地位不同的群体之间的差异，

---

[1] H. Girvetz, *Welfare State*, in: International Encyclopedia of the social Sciences, 1968, vol. 16, s. 512.
[2] ［美］尼古拉斯·施普尔伯：《国家职能的变迁：在工业化经济体和过渡性经济体中的私有化和福利改革》，杨俊峰、马爱华、朱源译，辽宁教育出版社2004年版，第40页。
[3] 葛克昌：《国家学与国家法：社会国、租税国与法治国理念》，月旦出版社股份有限公司1996年版，第59页。

从而大体上或部分地限制市场对生活机会的影响。剩余性福利国家的目标是建立一个需经家庭资格审查的"安全网",而不是提供普遍全面的福利,其原因是国家不愿意干预市场机制,结果在保障贫困者基本需要的同时也巩固了社会分层的市场机制。❶依据理查德·蒂提马斯的提法,针对市场带来的生存风险,制度性福利国家倾向于履行公共性给付义务以平衡生存负担,而剩余性福利国家则倾向于履行特定性给付义务以保障基本生存。

第二,从给付目的和结果上看,福利国家的福利给付契合了给付义务维护社会安全和促进公平的目标,并且事实上改善了资本主义发展过程中不断复杂的生存条件。尽管福利国家的福利给付在作为一种制度抑或结构在安排上主要出于资本主义政治和经济考虑,但也承载了解决贫困和公平等社会问题的使命。福利国家"必须承担防止贫困和不幸"❷,把"实现充分就业、公平分配和确保全民最低限度生活水准作为公共政策的最重要的社会目标"❸。福利给付在刺激经济增长的同时,也保障了弱者的生存安全,并对平衡社会生存负担缩小社会差距发挥重要作用。按照德国经济学家的分析,德国福利制度至少使德国的收入差距缩小了35%。如果用基尼系数来衡量,在国家通过福利制度进行再分配之前,德国的基尼系数为0.436,通过国家福利制度实行再分配以后为0.282。❹

第三,福利权理论的产生和发展疏通了福利给付和国家义务之间的联系,为国家给付义务提供了法理依据的同时赋予了某些福利给付的法律强制性。资本主义制度把人从封建专制和神权的桎梏中解放出来,弘扬并保障人权。公民权利最初仅限于具有防御功能的政治权利,国家对特殊社会成员的生存关照只是一种慈善。社会权主张的出现拓展了国家的责任,"赋予政治权利是把人作为公民放在一个特定的政治共同体中,承认社会权则是使他有可能分享一个功能完备的社会所提供的人民生活必需的各方面的服务,个人原本只有基于劳动或者财产才能获得这些服务"❺。社会权对国家给付义务的规范表现为两种形式:其一,作为具体权利规定对应的国家给付义务。如《魏玛宪法》第145条规定国家保障受教育权的义务;《经济、社会和文化权利国际公约》规定国

---

❶ Richard Titmuss, *Social Policy*, New York: Pantheoh, 1974. 转引自[英]保罗·皮尔逊:《拆散福利国家——里根、撒切尔和紧缩政治学》,舒绍福译,吉林出版集团有限公司2007年版,第6页。
❷ Anthony Crosland, *The Future of Socialism*, London: Jonathan Cape, 1956, p. 85.
❸ 高鹏怀:《历史比较中的社会福利国家模式》,北京:中国社会出版社2004年版,第7页。
❹ Johannes Schwarze and Maeco Harpfer, *Are People Inequanty Averse, and Do They Prefer Redistribution by the State?* DIW Berlin Discussion Paper No. 285, 2002.
❺ [德]弗兰茨·科萨韦尔·考夫曼:《社会福利国家面临的挑战》,王学东译,商务印书馆2004年版,第123页。

家具有采取"最大程度上使用他们的资源""逐步"落实工作权、基本生活水准权、社会保障权等义务。其二,作为宪法原则赋予国家增进公民权利的积极义务,如《德国基本法》第20条第1款规定德国是社会福利的联邦国家。"福利权同社会权的区别在于,前者往往同具有特殊需求的社会物品有关,后者则更为普遍"。❶ 随着社会权的发展,特别是在宪法中的体现,使得福利国家的福利供给成了国家给付义务履行的表现形式。

(二)福利国家及其福利与给付义务的异质性

福利权将在内容和结果上相契合的国家福利给付和国家给付义务有机结合起来,但二者产生的根源不同,表现形式也不尽一致,从本质上说是两个不同的东西。

第一,从产生根源及体现的价值属性看,国家给付义务表现为一种基于人固有尊严的目的性价值,而福利国家及其福利则表现为源于经济和政治选择需要的工具性价值。国家给付义务作为公民权利的对应存在,具有限制和约束国家的作用,是根本性和概括性权利原则——人的尊严视域中权利义务相互依存逻辑的衍生物。而福利国家及其福利是资本主义发展到一定阶段基于自身矛盾所形成的一种手段性选择,其最初是经济刺激方案,也是一种政治妥协的产物。加拿大著名的社会工作学者R.米什拉曾明确指出福利国家的经济和政治根源,他认为在20世纪60年代曾盛行技术和经济决定论的福利国家理念,在70年代出现了截然相反的"政治重要"学派,并开始关注政治对福利国家的影响。

首先,福利国家是挽救经济危机和刺激经济发展的制度安排,其发祥于福利经济学的"边际效用递减规律",最终在凯恩斯的"国家干预"理论推动下出现。根据"边际效用递减规律"❷,一定数量的货币带给穷人的福利远远大于富人,国家干预国民收入分配,使富人将收入的一部分转移给穷人,就会增加社会的经济福利,从而有利于经济社会的稳定。凯恩斯认为,有效需求决定生产和就业状况,有效需求不足将导致经济危机与失业的发生。因此,预防和解决以大量失业为标志的经济危机,就需要政府的宏观干预。政府除指导和鼓励消费以扩大消费需求、通过投资社会化和积极财政刺激经济外,更重要的是建立福利国家制度通过福利给付保障收入体系以确保有效需求。

其次,福利国家是现代资本主义多种政治势力多方面妥协的结果。一般认为,福利国家是战后资产阶级面对力量不断壮大的无产阶级,被迫采取的

---

❶ 胡敏洁:《福利权研究》,法律出版社2008年版,第10页。
❷ 即货币收入越多,增加一单位货币收入所带来的满足程度越小;相反,货币收入越少,增加一单位货币收入所带来的满足程度越大。

"社会矛盾的政治解决方式"❶。福利国家建立在承认工会在集体谈判和公共政策制定等方面作用的结构之上,能有效限制和减少劳资冲突,具有替代毁灭性的阶级斗争和缓和阶级矛盾的作用。从具体的福利项目看,"从更广泛的意义上讲,右翼党派对充分就业福利国家的接受,除了其他一些因素之外,主要是左翼党派力量不断增强的结果"❷。也有观点认为,福利国家是社会主义执政党对私有制的妥协。❸在瑞典模式中,社会民主党力图把平等和公正的分配机制与私人所有制相结合,其核心实际上是社会民主党和私人资本主义之间的一种"历史妥协"。还有一种重要的观点认为,福利国家是资产阶级对二战时期做出巨大牺牲的工人阶级的承诺和补偿的兑现。另外,公众舆论作为民主制中的一种特殊政治势力,对推动国家福利发挥着重要作用。❹总之,"社会民主治理和工人阶级的流动性作为潜在的因素,无论在质上和量上都对福利国家的发展产生了深刻的影响"❺。

第二,从内容及其表现形式上看,国家给付义务包括产品性义务的给付和程序性义务的给付,而福利给付仅指国家给付义务中的产品性义务给付。以人的尊严为价值目标、公民权利为立足点、社会法治国性质为标尺界定国家给付义务,既包括国家以产品的形式直接满足公民经济利益需要的行为,也包括国家为组织、提供和管理这些产品而实施的程序性行为。即只要是国家为改善生存环境而实施的增进公民社会权利的行为,无论是以直接提供经济利益的方式还是间接促进经济利益提供的方式,都是国家给付行为。福利国家往往从直接满足公民经济需要,亦即公民收入保障的角度理解福利给付,将福利给付仅限于特定福利项目的提供。对福利给付的这一界定与福利国家的价值定位有关,作为化解经济和政治矛盾的手段,侧重从关注福利给付对需求满足的结果,很少从行为本身考察,这是导致福利批判的一个重要原因。

第三,从履行对象上看,与国家给付义务的平等给付相区别,福利国家的给付是以男性为主导的家庭模式为基础的,体现和巩固了女性的依附性。国家

---

❶ [德]克劳斯·奥菲:《福利国家的矛盾》,郭忠华等译,吉林人民出版社2006年版,第1页。
❷ [加拿大]R. 米什拉:《社会政策与福利政策——全球化的视角》,中国劳动与社会保障出版社2007年版,第5页。
❸ [瑞典]卡拉斯·埃克隆德:《现代市场经济理论与实践:"瑞典模式的经验与教训"》,刘国来译,沈阳:北京经济学院出版社1995年版,第257页。
❹ 从6个欧洲国家1990年的统计数据看,98%的被调查者要求政府提供卫生保健(98%的人要求提供给年纪大的人,85%的要求提供给失业者),75%的被调查者要求政府提供工作,74%的被调查者要求缩小收入差别。参见 Huseby B. M., *Attitudes towards the Size of Goverment*, in Borre O. and Scarbrough E. (eds.), Oxford: Oxford University Press, 1995, pp. 94 – 96.
❺ [加]R. 米什拉:《社会政策与福利政策——全球化的视角》,中国劳动与社会保障出版社2007年版,第52页。

给付义务是针对公民基本权利的给付，因此在给付对象上具有普遍性和平等性。福利国家的福利给付是以家庭主妇式婚姻模式上的家庭内部分工，即男性终身就业而女性只是偶尔就业的人类生存常态为基础的。在德国的法定医疗保险中，妻子随着丈夫收入比例缴纳的保险费而享受连带保险。贝弗里奇设计的福利国家方案和以前的保险计划一样，是建立在已婚男人养家糊口、挣工资，已婚女人承担没有报酬的家庭照料活动的假定家庭范式之上的。德国1957年的养老金改革保留了仿效公务员法的全额寡妇养老金，也是以妻子不就业为前提的。❶

从以上国家给付义务与福利国家福利的比较中，可见，虽然福利权在宪法上的确认使得福利国家的福利给付具有了一定程度的法律属性，但二者的产生根源不同，它们的关系表现在两个方面：一方面，给付义务是一种法律义务，福利国家的福利给付更多地表现为一种政治义务和道德义务。另一方面，二者都具有满足基本生存需要的功能，并且福利给付中具有法律属性的部分是国家给付义务的表现。

三、工具性价值属性是福利被批判的根源

通过以上考察，拨云见日，可以发现对福利批判有两个主要原因。

首先，国家福利基于资本主义政治和经济的工具性需要而产生，福利给付容易成为资本主义自身固有矛盾导致的困境的替罪羊。福利国家对福利给付作为政治妥协和经济刺激手段的期待过高，将其视为解决资本主义一切问题的灵丹妙药。然而，资本主义存在着一种不断强化的"自我瘫痪"倾向，即使价值单位的商品形式不断趋于瘫痪❷，福利制度和福利给付并不能有效解决资本主义本身的缺陷必然导致的困境。也有观点认为，福利国家同时服务于两个不相容的目标，所以福利国家的福利给付必然不能有效解决资本主义国家问题。"一方面福利国家必须为资本积累和资本主义的再生产创造条件，但同时又承担着缓和社会阶级矛盾和维护社会秩序的合法化功能。在经济景气时，为私人资本积累提供公共支出和通过社会再分配维护大众忠诚的矛盾潜伏着，一旦经济陷入停滞和衰退，经济合理性和政治合法性对资源的不同要求将会产生冲突。"❸ 无论因资本主义本身弊端还是福利给付与资本主义的不兼容，福利给付

---

❶ [德] 弗兰茨-科萨韦尔·考夫曼：《社会福利国家面临的挑战》，王学东译，商务印书馆2004年版，第48页。

❷ 这种"自我瘫痪"倾向表现在，资本主义的发展使越来越多的资本找不到投资渠道，使越来越多的劳动力找不到就业机会，使越来越多的商品无法销售出去，等等。参见 [英] 高夫：《福利国家的政治经济学》，古允文译，台湾巨流图书公司，1995年，第48页

❸ 郭忠华：《资本主义困境与福利国家矛盾的双重变奏》，《中山大学学报（社会科学版）》2007年第5期，第77页。

都无法如愿地、长效地缓和资本主义危机，自然被沦为首要的迁怒对象。在这一点上，从人的尊严出发满足人的基本生存需要的国家给付义务是完全可以避免的。

其次，国家福利植根于政治和经济需要，容易导致福利给付的恣意性，而恣意的福利给付难免产生对积极性的消极刺激造成养懒汉事实。政治和经济因素都可以导致国家在福利给付上的恣意性。资本主义福利国家实行的都是政党政治，其执政方针和执政理念在较大程度上受选民偏好的影响，政党为了取得执政地位迎合选民要求在政党竞争中也不可避免，因此福利给付的内容和程度都难以确定。在经济方面，当经济景气的时候，福利给付的压力较小，容易满足增加福利给付的要求。福利给付的恣意性和福利给付利益的特点相结合，自然产生批判指向的社会福利病。与国家给付义务相比，福利给付对相对人而言就是直接利益的授予，给付的恣意性又使得这种直接的经济利益没有固定的限制，造成领取福利比依靠工作更能保证高生活质量的状况，腐蚀独立的人格。而国家给付义务与福利给付不同，不仅包括授予直接利益的产品性给付，而且包括间接授予利益的程序性给付，并且依据国家给付义务维护基本生存的宗旨，具有一定的基准，有为处于生存困境之中的弱势群体提供自立的条件之利，而无滋生依赖心理之弊。

综上所述，福利及福利给付广遭非议，是与其自身的问题分不开的。而其自身问题的根源在于它是基于资本主义的政治和经济需要而产生，这也是与同样具有保障基本生存作用的国家给付义务的本质区别。因为国家给付义务能避免福利给付保障基本生存的不足，所以国家给付义务能有效保障社会权，这正是国家给付义务的价值——人的尊严决定的。

第三节　实质主义的人的尊严与国家给付义务有效性

20世纪70年代中期以后福利国家开始出现各种各样的困难，对福利国家困境的解释莫衷一是，❶ 依据国家福利的工具性价值及福利给付本身存在问

---

❶ 有的从实践和理论分别阐述福利国家困境，实践方面表现为福利国家的贫困与依附文化，官僚机构膨胀产生的政治危机，以及全球化、风险社会、社会分工变化、人口老龄化对福利国家的挑战。在理论上表现为新右派和新马克思主义的福利国家危机论以及福利国家的伦理困境。刘丽伟：《政治学视域下的福利国家研究》，黑龙江大学2010年博士学位论文。有的则从经济、行政和社会领域阐述福利国家困境的表现。李艳霞：《福利国家的政治学分析——以公民资格为视角》，吉林大学2004年博士学位论文。还有的从福利国家的内在结构阐述福利国家困境的表现。郭忠华：《资本主义困境与福利国家矛盾的双重变奏》，《中山大学学报（社会科学版）》，2007年第5期。

题，可将福利国家的矛盾概括为公平与效率的价值矛盾、市场和干预的运行矛盾以及个人与国家的责任矛盾三个主要方面。在国家给付义务价值指导下，依靠国家财政、授益性的国家给付义务能有效地避免上述矛盾，切实保障基本生存，促进社会权实现。

一、差别补偿平衡公平与效率的价值矛盾

以公平为导向的福利国家同时又是以效率为基础的，公平与效率之间的矛盾成为福利国家争议的焦点。

虽然福利国家在产生根源上充满着政治和经济权衡，但福利国家在制度安排和具体的福利给付上却是以公平为导向的。"福利国家的主要目的是减少不平等和贫困，其动机是对不幸者的同情"[1]，公平既是福利国家设计的起点，也是福利国家的重要目标。公平原则主要体现在福利国家的再分配中。以再分配方式实现的转移支付为社会弱者提供基本的生存保障或一定水平生活标准，福利给付意味着每个人不论地位如何都应该享有平等的人权，不论经济上是否成功都能获得有尊严的物质保障。以保险给付为例，社会保险将概率或"平均数的魔术"应用到社会管理中，体现着一种以社会补偿为表现的待遇平等观念。卢曼称："如果要说有'福利国家的逻辑'，那便应该是补偿原则。这是一个补偿那些作为一种特定的生活方式的结果，落在个人头上的损害的问题。"[2]

对于福利国家公平和效率的关系，有的观点认为是统一的。福利国家是建立在发达的资本主义基础之上的，福利国家的高财政支出须臾离不开高效率的经济运行。因此，平等主义、不平等问题以及公平是否牺牲了效率等都是福利国家形成、发展和改革中所关注的重要内容。梅尔森认为公平和效率体现在福利国家模式的不同领域：在生产领域内，"效率"这一目标居于优先地位，主要是通过加强市场经济的"分散化的资源分配机制"来确保"效率"；而在分配领域内，则"依据各种原则民主地分配生产果实"，即以"平等"为原则目标的。[3] 而有些观点则认为，福利国家中公平和效率是存在位阶的，不同性质的政党有不同的侧重。在英国，"工党通过累进税和在像全民健康保险等具体政策等的几个领域做出真正的努力去减少不平等。而保守党政府却接受并提升

---

[1] Edward Castronova, *To Aid, Insure, Transfer, or Control: What Drive the Welfare State?* DIW Berlin Discussion Paper No. 281, 2002.

[2] Luhmann Niklas, *Political Theory in the Welfare State*, translated and introduced by John Bednarz Jr. Berlin, New York: Walter de Gruyter, 1990, p. 22.

[3] Per-Martin Meyerson, *The welfare state in crisis the case of Sweden*, Sweden: Federation of Swedish Industries, 1982, p. 5.

了不平等，从根本上减少了收入税的最高比率，在许多政策领域，将效率理念优先于平等"❶。

但更多的观点从实践的角度提出福利国家的公平和效率是不相容的，公平不仅在解决公平问题上缺乏效率，而且会导致生产领域的低效率。英国的福利国家实践发现，当经济繁荣程度提高时，依赖国家援助的人数反而会增多，人们甚至发现福利国家的某些特有政策和制度本身具有一种使其原本设法解决的问题变得更为恶化的趋势。经济学家阿瑟·奥肯提出"漏桶原理"试图解释这一现状。在他的"漏桶"试验中，对富人每征收100美元的税收，实际上只能使穷人的收入增长50美元，而其余的都消耗在因竞争压力降低而陡增的管理成本上，这相当于在收入再分配这个桶上出现了一个大漏洞，由此形成福利供给中的低效率。❷在生产领域，福利国家的公平追求对经济效率的制约也同样明显。有人认为，高工资和高社会救济水平将不断创造新的失业，加之高工资成本和高税收双重压力下持续增长的财政赤字将最终压垮福利国家。

在实质主义的人的尊严价值视域中，授益性的国家给付行为所面临的公平和效率是平衡的。实质主义的人的尊严价值体系中，国家给付义务侧重公平价值中的差别补偿，而非结果平等，即以正当的方式给予社会弱势群体以某些方面的"优待"，以促进其享有平等的竞争机会。差别补偿是国家通过提供一定的经济利益帮助弱者摆脱先前的弱势，这种经济利益以自立所需为限，是一个可以确定的额度并且能够避免提供的恣意性，所以有限的差别补偿所需较少影响到效率。并且，通过差额补偿使处于困境中的社会弱势群体恢复自立能力和市场竞争地位，将促进整个社会的效率。国家以差别补偿的形式提供给社会弱势群体有限的经济利益，主要针对基本生存所需，弱势群体的基本生存得到保障之后便有了社会安全，可以以一种适当的方式谋取生存。

二、社会安全协调市场与干预的运行矛盾

福利国家是资本主义的高级发展阶段，福利国家结构中国家干预所针对的市场，正是资本主义赖以产生和发展的根基，因此，福利国家中的市场和干预存在不可缓和的冲突。

福利国家的制度运行与国家干预密不可分，福利给付的具体展开必然伴随着政府权力的赋予、扩张与强化。国家干预的意义主要体现在两个方面：在宏

---

❶ Martin Powell, Martin Hewitt, *Welfare State and Welfare Change*, Buckingham: Open University Press, 2002, p.54.

❷ [美]保罗·萨缪尔森、威廉·诺德豪斯：《经济学》，萧深等译，人民邮电出版社2004年版，第320页。

观方面，国家通过经济政策干预经济与社会生活，有利于促进和保证经济的增长，这是实现社会公平的经济基础。在具体层面，国家对个人生活的干预不仅有利于工人阶级生活水平的提高，而且有助于保持社会稳定，资产阶级事实上也从中受益。国家干预的目的主要在于预防和纠正市场的失灵，"福利国家大量使用组织力量（政治和行政），至少在三个方向上努力纠正市场作用。第一个方向是保证个人和家庭的最低收入，不管他们的工作和财产的市场价值如何；第二个方向是使个人和家庭能够应对某些导致个人和家庭危机的'社会突发事件'（如疾病、老龄和失业），缩小其不安全程度；第三个方向是不歧视公民地位或等级，确保他们在人们认可的一定社会服务内获得可得的最高水平的服务。"❶

市场体现自由主义坚持的传统自由价值，福利国家宣称其干预并非要取代而是适当矫正市场。市场主义主张免受外来干预与强制的消极自由，认为完全竞争的市场是平等的。因为生产的每个因素都是根据它的边际生产来支付，没有不经济的利润，整个体系的运转也是为了满足理性个人的非受迫性欲求。❷因此，应该很大程度地让市场原则渗透到社会生活当中，国家应当尊重而不是干预社会生活。作为资本主义发展阶段的福利国家，在根本上是市场的产物。福利国家对市场的干预在理想状态下是以尊重和弥补市场为前提和原则的：一方面，国家干预所产生的福利是通过市场而增加到最大限度，只有遵循市场规律，才能通过干预提供有效的福利给付；另一方面，如果人们通过市场体系无法获得基本的生活需求，国家应当干预社会生活的方式予以保障。

尽管福利国家宣称其干预旨在适当矫正市场，但对国家干预仍然存在旗帜鲜明的对立态度。在社会民主主义者看来，福利制度中体现的国家干预是公正、团结而人道的社会的基石；而在自由主义者看来，福利制度表现出的国家干预是自由社会的敌人，越来越强大的政府会摧毁自由市场带给人们的繁荣，继续沿着福利国家道路前进，可能会是"通向奴役的道路"。❸ 反对干预者认为：其一，干预扭曲市场机制。市场产生的失利和不平等，能刺激个人与资本的适应能力和科技革新，是社会发展的动力，因此市场机制是资本主义的自我修复机制。而国家干预使得经济系统变得依赖于福利国家政策。其二，干预所体现的理性主义忽视了自由社会尤其是市场经济中的"自发秩序"。福利国家

---

❶ Asa Briggs, *The welfare State in Historical Perspective*, Archives Européennes De Sociologie, 1961, 2. pp. 221–258.

❷ 刘丽伟：《政治哲学视域下的福利国家研究——以英国为例》，黑龙江大学 2010 年博士学位论文，第 126 页。

❸ 刘丽伟：《政治哲学视域下的福利国家研究——以英国为例》，黑龙江大学 2010 年博士学位论文，第 185 页。

是一种人为的设计，而人的认识能力是有限的，加之政府并不比分散的个人具有信息优势，政府也不可能设计出合理的制度。因此，正如哈耶克和弗里曼的所主张的，福利国家体制下政府对经济和生活的干预将是无效的。其三，随着国家经济和社会职能的日益扩张，干预必然变出"集权化"的倾向和政治决策中的官僚主义。❶ 因此，无论是国家对个人生活的保障性干预还是对资本主义经济的调控性干预，其效果都注定是有限的。相反，"干预政策所产生的问题比它实际所能解决的问题还要多"❷。

在实质主义的人的尊严价值的视域中，授益性的国家给付行为所面临的干预和市场是平衡的。实质主义的人的尊严价值体系中，国家给付义务导致的国家干预旨在维护社会安全。即基本生存有保障的状态，主要是维护疾病、生育、失业及老年的社会主体的经济安全，通过采取必要的措施以达到保护、维持、改善和复原其健康与工作能力。因此，国家给付义务所主张的干预并非取代而是矫正市场，而这种矫正是有限度的。这种限度体现在两个方面：首先，从目的看，矫正市场在于维护社会安全，因此只是注重以保护的方式对市场失败者的生活介入，而不影响市场运行机制，也就不会出现伴随替代市场作用而出现的官僚作风。其次，从方式看，它主要以社会保障的形式矫正市场，与其说是对市场的矫正，不如说是对市场的弥补。社会保障建立在市场的基础之上，不仅不会影响市场的自发秩序，而且将为市场的自发秩序排除后顾之忧，提供更为良性的竞争环境。因此，从社会安全需要出发，有限、适度地干预市场能够有效协调干预与市场之间的关系。

三、基本生存界分个人与国家的责任冲突

福利国家矫正了国家不介入个人生活的自由主义传统，但迄今为止也没有明确地区分个人生活中个人与国家的责任关系。传统的福利国家将个人生活的责任悉数收归麾下，旨在为个人提供"从摇篮到坟墓"的社会服务，正如

---

❶ 哈耶克认为，福利国家"给它所设想的受益者——被它界定为弱者、贫穷者和不幸者的人——造成了极大的损害……它削弱了个人的进取和自立精神，并且在我们这个自由社会的基础之下酝酿出某种一触即发的怨恨"。David Marsland, *Welfare or Welfare State?* Basingstoke: Macmillan, 1996, p. 197. 转引自［英］安东尼·吉登斯：《第三条道路：社会民主主义的复兴》，郑戈译，北京大学出版社2000年版，第14页。著名自由主义学者弗里德曼提出，"大多数现行的福利计划，当初根本不应该制定。如果没有制订这些计划的话，许多现在依赖福利金的人很可能会成为自食其力的人，而不是受政府保护的人。这样做，对某些人来说一时可能显得不近人情，因为这使他们不得不干报酬低微而乏味的工作。但是，从长远来看，这样做却是非常人道的"。［美］米尔顿·弗里德曼等：《自由选择》，北京：商务印书馆1962年版，第122页。

❷ Claus Offe, *Contradictions of the Welfare State*, London: Hutchinson & Co. Publishers Ltd., 1984, 201.

《社会保障改革—变革的计划》的绿皮书中所指出的，传统福利国家没有将国家责任与个人责任区分开并有机地结合起来，尤其是过分强调了国家在福利方面应该承担的义务与责任，而却忽视了个体所应担负的责任与义务。而在福利国家转型的过程中，传统福利国家的基本目标和方法已被放弃了，对福利削减更多地是出于经济动机，即降低财政预算、减少财政赤字。这种福利削减一方面表征福利观念和福利方式的转变，正如R.米什拉对撒切尔政府改革的评价，使社会福利政策走向"正从占主导地位的集体主义思潮朝着更有生命力（国家只是作为一个有能力提供者）的观念转变"，"有能力的"国家更侧重于"资助、计划、促进和规范服务，而不是生产和发送服务"❶。另一方面，其实是在寻求国家从个人生活责任中退出的方式。改革后的福利制度试图限定国家干预福利以及福利的责任范围，即退出是指向，但退出到何种程度仍不明朗。

在实质主义的人的尊严价值的视域中，授益性的国家给付义务对个人和国家的责任的界分是清楚的。实质主义人的尊严价值体系中，国家给付义务旨在保障基本生存，其肯定个人在生活中的独立责任，国家不应该代替个人努力，但在个人努力失败不足以自食其力的时候，国家有责任保障个人重获自立的条件，即国家承担失败者基本生存保障的责任。很明显，在实质主义的人的尊严价值指导下，基本生存保障对生活上个人和国家责任的界分，一方面，国家只在个人失败的时候承担责任，另一方面，国家只承担维持基本生存的较低限度的责任，而无保证幸福生活的责任。上述责任在国家给付义务中，主要通过私利产品给付实现。除此以外，国家还承担为个人履行自我责任提供必要的条件的责任，在国家给付义务中主要通过公共产品给付实现。

---

❶ [加] R.米什拉：《资本主义社会的福利国家》，郑秉文译，北京：法律出版社2003年版，第116页。

第四章 国家给付义务内容

国家给付义务保障社会权的生成逻辑和价值都落实在内容上，并通过国家给付义务内容构造表现出来。国家给付义务究竟包括哪些内容？如何确定国家给付义务的内容？是具体了解国家给付义务首先面对的问题。同时，确定国家给付义务内容是国家履行给付行为，监督和评价给付效果的前提，对保障社会权实践具有重要意义。本章从基本生存需求、国家给付义务内容以及国家给付行为的对应关系入手，通过对国家给付行为的类型化概括国家给付义务内容，并阐述该内容的可操作性。

第一节 国家给付义务内容的界定方法：行为类型化

社会法治国性质的国家给付义务以增进公民利益为目的，具体通过国家给付行为实现。国家给付义务的履行以维护作为人的尊严的基本需求为限，国家给付义务的内容是基本需求的反映，旨在满足基本生存的国家给付行为正是这一内容的表现。公民利益多样化的特点决定了国家给付行为的多元性，通过对国家增进公民利益的给付行为的类型化概括界定国家给付义务内容，具有逻辑和方法上的可行性。

一、行为类型化界定义务内容的逻辑自洽性

国家给付义务具有动静两种存在方式。静态形式凸显国家增进公民利益的义务负担及义务的性质、数量等规定，可以区分为不同组成部分，即通过对义务内容的界定使之具体化。动态形式即国家给付行为，是国家增进公民利益的具体方式和过程。不同的给付行为事实上就是静态形式的国家给付义务不同方面的具体表现，因此，国家义务内容实质上就是国家给付行为的类型化。上述逻辑是否自洽，还有待于对以下几方面的考察。

第一，国家给付义务内容是否确定或具有确定的可能？

从国家给付义务产生的法律原理看，保障基本权利是国家存在的合法性依据，国家义务基于公民权利产生，受公民权利限制。国家给付义务由基本权利的积极受益功能（原始分享功能）决定，在基本权利类型方面则主要对应社

会权。尽管学界对社会权的关注已由概念化论争发展到实际保障层面❶，但一些国家仍然拒绝承认社会权的法律属性，且在国际人权法学上对社会权体系的规定也远不如自由权体系的明确。由于社会权及其内容尚未趋于稳定，通过国家给付义务对应的社会权界定国家给付义务的具体内容在理论和操作层面都面临困难。但是，鉴于社会权作为第二代人权已经取得广泛认可，福利国家实践已使社会权益得到事实上的保障，国家增进公民利益行为的规律也日渐清晰，在内容上确定国家给付义务是有可能的。

从国家给付义务满足的公民需求角度看，具有社会法治国性质的国家给付义务的目的是满足基于人的尊严必需的基本需求，如果基本需求确定，则国家给付义务的内容确定。首先，人的需求和欲求是相互区别的。需求被认为是全体人类通用的特定标准，而欲求指源自个人特别偏好和文化环境的目标。如果需求得不到满足，就会导致客观的严重损害。所谓严重损害有两种定义方式：其一，是指在追求个人利益时缺乏基本能力，它和诸如焦虑和幸福感之类的主观感受不同；其次是指成功实现社会参与的障碍。❷ 其二，需求分为不同的方面，如马斯洛从人类动机的角度将人类需求分为生理、安全、情感、社会和自我实现五个递进层次，阿玛蒂亚·森则从效用的角度做功能活动和可行能力的区分❸，等等。综合上述观点，可将需求分为具有通用性的生理需求、心理需求和可行能力需求三种。基本需求是维护人的最低尊严不可克减的需求，主要指基本生理需求和最低限度的可行能力需求。对需求研究的历史经验证明，需求内容涉及的客观性事实越多，需求界定的争议性越低；反之，需求内容涉及的价值性因素越多，需求界定的争议性越大。❹ 基本需求强调的是需求客观性事实部分的内容，虽然比较抽象，却具有普及性和客观性。因此，国家给付义务在内容上是可以确定的。

第二，国家给付行为是否可以表征国家给付义务的内容？

需求的内容和满足方式之间存在对应关系，满足需求的具体方式可以区分并且表征需求内容。"尽管基本需求是普遍的客观的，但每个社会的基本需要在不同时期会采取特定的社会——历史形式，具有特定的内容和满足方式。"❺ 不仅不同环境下基本需求的特定内容意味着特定的满足方式，在同一环境中基

---

❶ 柳华文：《经济、社会和文化权利可诉性研究》，中国社会科学文献出版社2008年版，第9页。
❷ Doyal L., Gough I., *A Theroy of human need*, Basingstoke: Macmillan Education, 1991, p. 15.
❸ [印] 阿玛蒂亚·森等：《生活水准》，徐大建译，上海财经大学出版社2007年版，第45页。
❹ Walton R., *Need*: *A Central Concept*, Social Service Quarterly, 1969, 43（1）. pp. 12 – 17. 彭华民等：《西方社会福利理论前沿——论国家、社会、体制与政策》，中国社会出版社2009年版，第38页。
❺ Ramasy M., *Human Need and the Market*, Aldershot Avebury, 1992.

本需求内容的各个方面往往也要求不同的满足方式。比如，温饱需求要求国家提供食品和衣物等物质帮助，健康需求则要求国家提供医疗服务等。不同需求有不同的满足方式，具体的满足方式是相应需求内容在形式上的表现。在事实层面，国家给付义务内容反映的是保障生存的基本需求，国家给付行为则是基本需求的满足方式，因此，具体国家给付行为是国家义务内容相应部分的表现。所以，国家给付行为不仅是国家给付义务的实现方式，而且是国家给付义务具体内容的表达方式。

第三，国家给付义务所针对的利益需求是否都可以通过国家给付行为予以满足？

依据社会法治国性质，国家给付义务所针对的利益需求具有以下几个特点：首先，国家给付义务是对基本需求的满足。其次，国家给付义务以经济性利益形式满足基本需求。国家给付义务旨在帮助不能独立承担生活风险的市场竞争失利者回归"常态"，恢复正常的社会生活，而对抗生活风险不管是直接保障其生活需求，还是提高其抵御风险的能力，在形式上最终表现为经济性利益的授予。这就是国家给付义务涉及高度政治考量的社会资源分配的原因。依据经济性利益是直接满足需求还是为满足需求提供条件，可以区分为直接经济利益和间接经济利益。

国家给付行为是以国家财政为基础、以满足公民基本需要为目的，增进公民已有利益的行为。国家一般采取生活物品给付或可转换成生活物品的现金、代价券等的物质性给付满足基本生理需求，而采取医疗与教育培训等服务给付满足必要可行能力需求。上述物质给付和服务给付都表现为直接经济性利益的授予。而这些被给付的物质和服务在形成过程中，国家还要通过大量的组织和管理行为才能最终实现对受益者的给付，这些程序性行为虽然没有直接表现为受益者的利益，但却是为受益者基本需求满足必不可少，正是间接经济性利益的表现。

可见，不仅不同方面的国家给付义务内容可以通过不同形式的国家给付行为表现出来，而且所有基本需求，亦即国家给付义务的全部内容都能通过国家给付行为表现出来。从相反方面考察亦然。假定有一部分国家给付义务不能通过国家给付行为实现，亦即这一部分国家义务所针对的基本需求没有满足的方式。从法律角度看，国家给付义务属于法律义务，法律义务一个典型的特点就是具有可操作性，缺乏实施的可能性，当然不属于法律义务的内容。从基本需求性质看，基本需求维护的是最低限度的人的尊严，具有客观性，事实上是可以实现的，没有满足方式则说明超出了最低限度的人的尊严的范围。因此，不能通过国家给付行为满足的需求不是基本需求，国家给付行为可以充分表现国家给付义务的内容。

二、行为类型化界定义务内容的方法可行性

既然通过国家给付行为的类型化界定国家给付义务内容在逻辑上是可行的，那么对国家给付义务内容界定便成为国家给付行为如何类型化的问题。国家给付行为是增进公民利益、满足基本需求的行为，依据不同标准可以进行不同的分类。最主要的有：从增进公民利益的性质角度，可以分为直接授益的给付行为和间接授益的给付行为；从满足需求的类别角度，可以分为满足基本生理需求的给付行为和满足必要可行能力的给付行为；从给付针对的对象是否特定角度，可分为私利给付和公益给付；等等。

在社会保障和福利国家实践中，存在着许多国家给付行为的分类形式或者相关描述。美国现行的福利项目中将对应的国家给付行为按照给付的经济利益是否以现金方式发放，分为现金发放（Cash Transfers）和利益转让（In-kind Transfers）两种给付形式。❶ 很明显，该种分类是仅限于直接授益给付行为内部的一种更为细致的分类。德国社会给付体系由具有先行给付原因的社会给付、社会补偿、社会救助以及其他社会性促进措施三大支柱构成，这类给付行为的分类是以给付事由为标准而不是从给付行为本身的角度进行的。其中，以社会保险为典型的具有先行给付原因的社会给付既具有直接授益给付行为的性质，也具有间接授益给付行为的性质，而其他社会促进措施则兼具满足基本生理需求的给付行为和满足最低限度可行能力需求的给付行为的性质，这种分类方法导致给付行为之间的交错叠加，无法据此区分对应的国家义务内容。与此相类似的分类还有社会保障中常见的福利给付、保障给付、保险给付、救济给付等。

通过国家给付行为类型化概括国家给付义务的内容，必须从给付行为本身进行分类，并且坚持分类标准的统一性、一贯性。如以需求类别界分国家给付行为，基本生理需求和最低限度可行能力需求本身就非常抽象，不利于国家给付义务内容的界定。而对国家给付行为做直接授益给付行为和间接授益给付行为的区分，则能满足需求。直接授益给付行为是指国家行为在行使过程中直接增进相对人利益，或者其结果直接表现为相对人受益。这种给付行为以具有经济利益的或者可以转化为经济利益的产品的形式提供给相对人，我们将这种给付行为对应的国家给付义务内容称之产品性给付。间接授益给付行为指间接增进相对人经济利益的行为，这种行为一般是程序性的，与之对应的国家给付义

---

❶ 现金发放给付指通过直接提供资金来支持和补贴贫困或低收入家庭及个人的基本生活，如有子女困难家庭的资助和养老及困难补贴。利益转让给付指政府以提供物资或服务来缓解低收入家庭与个人的生存和发展困难，如免费医疗救助、食品券、儿童营养项目、安居计划、教育项目和就业培训计划。杨玲：《美国、瑞典社会保障制度比较研究》，武汉大学出版社2006年版，第20页。

务内容称之为程序性给付。在这一基础之上通过对国家给付行为的进一步类型化，可以构建出国家给付义务体系。

第二节　国家给付义务的内容构造：所增进利益之维

国家给付义务旨在通过增加利益的形式保障公民社会权，按照国家给付义务履行行为是否直接增加公民利益，将国家给付义务界分为产品性给付和程序性给付，是国家给付义务内容的基本构造。在这一区分的基础之上，根据国家给付行为在利益对象和行为过程等不同方面对国家给付义务内容做进一步梳理，构建更为具体的国家给付义务内容体系。

将国家给付义务界定为产品性给付和程序性给付两种基本类型，除以国家给付行为类型化为指导外，还借鉴了社群主义对公共利益界分的方法。社群主义认为物化形式的公共利益又可分为两大类：一类是非产品形式的公共利益；另一类是产品形式的公共利益。产品形式的公共利益比较简单，如各种各样的社会福利；而非产品形式的公共利益则较为复杂❶。物化形式的公共利益即具有经济性的利益，社群主义认为任何国家行为都具有公共利益属性，故国家给付义务可视为物化形式的公共利益，做产品和非产品的形式区分。这一分法正好契合基于给付行为授益性质的划分，产品形式提供直接利益，非产品形式即产品形成过程中的程序性行为间接提供利益。

一、直接保障社会权的产品性给付

产品性给付指国家给付义务中以产品形式直接满足公民基本生存需要的部分，是增进公民利益最直观的表现，在整个国家给付义务履行过程中处于结果状态。产品是一个经济概念，指满足消费需求的形式，在《产品质量法》中包括有形的商品和无形的服务两种类型。这里所指的产品是由国家提供的经济利益的载体，是衔接国家责任与公民基本需求的桥梁，表现为满足基本需求的各种形式，如福利国家向公民提供的具体福利项目。包括有形的物质形式，如现金、代券券、实物等，也包括服务形式，如医疗服务、教育培训等。

在产品性给付诸多可能性分类中，最重要的是依据给付对象是否特定而区

---

❶ 戴维·米勒认为非产品的公共利益有三种基本特性：①不可能只提供给社群中某个人而不提供给其他人，必然同时也自动地为同一社群的其他成员享有。②这种利益具有相关性，即它不仅有利于某个人，而且有利于与它相关的许多人。③这种公共利益还涉及某些基本的人际原则。戴维·米勒：《市场、国家与社群》，第81—82页。俞可平：《社群主义》，中国社会科学出版社2005年版，第130页。

分的私益产品给付和公益产品给付。依据不同的标准，产品性给付可区分为不同类型。依据产品表现形式，可以分为物质产品给付和服务产品给付。依据产品性质，可以分为医疗产品给付、教育产品给付等。以给付行为指向的对象是否特定为标准，则可以分为指向不特定人的公益产品给付和指向特定人的私益产品给付。私益产品给付和公益产品给付的划分秉承了从所增进的利益本身界分国家给付义务的标准，即在将给付行为增进的利益界分为直接经济利益和间接经济利益之后，进一步将直接经济利益界分为满足不特定人的公共利益和针对特定人的私人利益。并且，这一划分还与国家给付义务本身的本位逻辑关联，更能体现国家给付义务的内涵和历史使命。国家给付义务与尊重义务和保护义务旨在维护个体自由权利所蕴含的个人本位逻辑基础不同，国家给付义务既有保障个体基本生存体现个人本位的一面，也有维护社会安全体现社会本位的一面，因此，国家给付义务在生成逻辑上是个人本位向社会本位延展的结果。

将产品性给付进一步界分为公益产品给付和私益产品给付，社群主义关于公共利益的一般性供给和特殊性供给的观点亦有启发和验证作用。社群主义者根据个人与社群的同一性，认为国家对个人的所有给付都具有公益性。沃尔泽认为，社会群为成员提供两种公共供给或公共利益：一种是一般性供给即公共利益，它不可能只由某些人享有，而不为其他人所有。另一种是特殊性供给，在绝大多数情况下，表现为非排他性的个人利益，与完全排他性的私人利益不同，因为它从整体上有利于社群，所以事实上也是一种公共利益。❶ 对某一具体国家给付行为履行的最终阶段是否以特定方式针对特定对象进行考察，能更清晰地区分公益产品给付和私益产品给付。为了消除一般供给和特殊供给容易引起的误解，沃尔泽又通过实例阐述一般供给和特殊供给的区分。他认为，将一笔公共基金用来为所有人或大多数人谋福利，而不是将它分配给个别人时，就是一般供给；当将物品分配给个别成员时，就是特殊供给。在对水、食物等生活必需品的供给上，修造水库是一般供给，单把水分配给某些居民便是特殊供给；保证食品供应是一般供给，将食品分配给孤儿寡母便是特殊供给；同样，公共保健通常是一般供给，照看病人则是特殊供给。❷ 沃尔泽所列举的实例表明，不仅可以在给付对象上区分公益产品给付和私益产品给付，而且可以从国家给付义务履行过程和方式等角度对二者做进一步考察。

---

❶ 沃尔泽举例说，给孤儿的奖学金对于孤儿来说是私人利益，但对于整个社群来说又是公共利益，因为孤儿长大以后总有一天会服务于社群。俞可平：《社群主义》，中国社会科学出版社2005年版，第131页。

❷ [美]迈克尔·沃尔泽：《正义诸领域——为多元主义与平等一辩》，褚松燕译，译林出版社2002年版，第105页。

（一）私益产品给付

私益产品给付是国家针对特定主体的实际情况提供相应保障产品的给付，主要面向基本需求中的基本生理需求，旨在保障基本生存。其体现的是国家的补缺职能，即以拾遗补缺的方式为通过社会和市场不能满足的基本需求提供帮助。国家给付义务主要针对社会弱势群体，即由于生理或心理缺陷不能自我保障以及在市场竞争中失利而陷入生活困顿的人们。因此，针对需求者的具体情况采取具体措施的私益产品给付，是国家给付义务的重要内容，通常所说的社会救济、社会救助、社会补偿等，便是私益产品给付的典型。❶

基于私益产品给付的国家救济性，其给付对象必须满足特定资格。在私益产品给付的实践中，相关的法律往往对主体资格进行严格限制，如前述英国和日本的济贫法，都明确规定适用对象。随着社会发展，私益产品给付的适用范围越来越广，而相关规定也越来越明细化。贝弗里奇报告详细地列举了私益产品给付的对象范围：（1）不符合各社会保险费条件下的四种人：①未达到最低缴费额的；②一直不适合工作的；③不能享受失业、伤残或养老金全额待遇的；④由于总收入低申请豁免缴费的第二、四类人（根据社会保障需求将人口划分为六类，依次为雇员、其他有收入的人群、家庭妇女、工作年龄内的其他人、工作年龄以下的人、工作年龄以上的退休人员）。（2）不符合社会保险条件的人。多数条件下可能是下面两种人：①拒绝接受适当的工作、无正当理由离开工作、因本人表现不好被解雇等情况不能享受失业保险金的。②因不到指定场所或培训中心而不能享受失业保险金的。（3）对饮食、护理和其他方面有特殊要求的。（4）由于不符合社会保险条件需要救助的，如某些形式的被遗弃或分居产生的救助者。❷

私益产品给付是国家给付义务承担最初始的方式。国家给付义务的发展经历了从慈善到正义，从人道主义到公民权利的发展轨迹，私益产品给付是慈善事业和人道主义最主要的给付形式，也是国家给付从恩惠过渡到义务的基本形式，各国给付义务的承担都是从私益产品给付开始的。工业革命的发展破坏了以家庭为基础的社会保障模式，圈地运动又使大批农民流离失所，殖民地的贵重金属大量涌入造成商品普遍上涨，贫困成为一种社会现象，以英国《伊丽莎白济贫法》为代表的法定济贫措施是成为国家给付义务的雏形。尽管早期济贫法规定的国家给付带有明显的慈善救济痕迹，但明确规定通过税收筹集资

---

❶ 刘耀辉：《国家给付义务研究——社会权保障的反向视角》，2011年东南大学博士毕业论文。
❷ 《贝弗里奇报告——社会保险和相关服务》，劳动和社会保障部社会保险研究所组织翻译，中国劳动社会保障出版社2004年版，第160页。

金，对老人、盲人等丧失劳动能力的人的资助，以及组织穷人和儿童学艺，以特别救济的形式保障弱者的基本生存。作为后起的资本主义国家，日本最初的社会保障立法规定的国家给付义务也主要指私益产品给付。明治政府1787年颁布的《恤救规则》明确了政府对生活极端困难的鳏寡者，70岁以上和15岁以下的残疾者等的救济责任。

私益产品给付在国家给付义务内容体系中的重要地位，是国家义务的其他方面无法替代的。首先，私益产品给付针对社会最脆弱的群体，以克服贫困、维护和保证贫困人口的最低生活水平为目标，为社会成员提供了最后一道安全保障。其次，在效率与公平之间，私益产品给付倾向公平，其产生和发展正是对正义价值不断追求的过程与结果。私益产品给付实现的是"底线公平"，即对生活和发展中共同具有、必不可少的"基础性需求"的基本满足。最后，私益产品给付主要针对依然发生的风险的救济，不需要处于困境中受益人给付任何相应代价，是对社会弱势群体基本生活最可能、最有效的保障。

（二）公益产品给付

公益产品给付是国家针对不特定社会主体的产品给付，主要面向基本需求中的必要的可行能力需求，旨在提高社会整体生活水平的基础上保障基本生存。公益产品给付在体现国家保障基本生存职能的同时，体现了国家均衡生存负担、维护社会安全的职能，较私益产品给付更能全面地体现国家给付义务的性质。国家为保障民生，在教育、健康等基础设施建设上履行的积极义务，是针对非特定个人的公共利益给付，即典型的公益产品给付。

保障基本生存的公益产品给付是在私益产品给付的基础上发展而来的。首先，从私益产品给付和公益产品给付分别指向的基本需求类型看，私益产品给付主要依据特定个体的具体情况满足其基本生理需要，公益产品给付主要通过提供一系列公共资源确保、发展所有人最低限度的可行能力。基本生理需求是可行能力的基础，可行能力又反过来影响基本生理需求的满足，只有提高可行能力，基本生理需求才能更好地实现。因此，对基本需求的满足，国家既要保证兜底性的私益产品给付，也要积极发展提高个体可行能力的公益产品给付。

其次，从整体上对基本生存的保障效果看，私益产品给付难以满足社会发展的需要，公益产品给付由此深受关注。补缺性的私益产品给付虽然能为个体的基本生存提供最后一道防线，但基本生存的保障效果依然面临现实问题：第一，私益产品给付能解决特定个人暂时的生存困顿，却不能化解贫困造成的基本生存问题。高速发展和高度发达的经济使国家给付能力增强，生存问题却面临更多威胁。其次，私益产品给付还被认为造就了一个持久贫困的"下层阶层"，恶化了其试图要解决的问题。再次，随着对贫困的界定从以美元计算的绝对贫困线，发展到融合了物质和非物质需求的多维度概念，对基本需求的满足越来越重视可行能力的提高。面向提高可行能力的公益产品给付能克服私益产品给付造成接受者被动性的局限，能更好地保障基本生存。因此，现代各国更重视以公益产品给付的形式确保基本生存。例如，《哥本哈根宣言》推动世界各国采取积极行动实现充分就业、社会融合、性别平等以及人人享有广泛而平等的教育和监控机会的目标，以及包括到 2015 年绝对人口数减半、普及初等教育、促进性别平等、降低婴儿死亡率、改善母亲健康等的联合国千年发展目标，都意味着以公益产品给付的形式保障实现。

公益产品给付较之私益产品给付更能体现国家给付义务嫁接个人本位和社会本位的内生逻辑，以及均衡生存负担和维护社会安全的职能。生活资源具有稀缺性，而经济的发展趋向于加大稀缺性资源的不平等分配❶。因此，经济的快速发展并不必然导致基本生存的改善，甚至还可能加剧生存危机。国家以社会为本位通过再分配形式将社会资源从高收入者向低收入者转移，在保障个体基本生存的同时促进社会平等、安全。一方面，有利于平衡生存负担。在社会生活中，公民不仅要通过自身努力在市场竞争中满足生存所需，而且凭借公民资格享有在社会中获取资源的权利。从反面看，"任何一个社会成员都不应该被剥夺全面参与公共事务所需的基本条件"。❷ 从正面看，国家在经济增长的基础上应该加大对健康、住房、教育、卫生、城市发展、营养等公共产品及基础设施的开发和建设，确保所有公民都有机会利用这些条件，平等地参与社会发展，共享发展成果。另一方面，有利于维护社会安全。社会差距越大，社会弱者的作为人的尊严越得不到保障，社会秩序的合法性越低，而不稳定的系数越大。国家以给付的形式实现社会财富转移，事实是暴力革命的一种替代方案。在国家以产品形式实现社会资源转移中，从社会本位出发的公益产品给付较个人本位的私益产品给付更具优势。私益产品给付虽然能缓解个人的生存压力，但始终难以回避滋生惰性、腐蚀独立人格、诱使接受者逃避社会责任等诘难，也难以澄清国家权力扩张的担忧。而公益产品给付虽然更多地从整体出发着眼社会利益，但其增加了提高个人可行能力的机会，既促进基本生存保障，也顺应且推动了市场的自由竞争，满足个人本位的要求。

在制度表现方面，公益产品给付表现是大多数欧美国家从广义的角度理解

---

❶ 世界上最穷的20%的人口只拥有世界总收入的大约1%，而最富的20%的人口拥有世界收入的82%。更为严重的是，这一局势正在不断的恶化中，1960 年，上述两组比值分别是 2.3% 和30%。安东尼·哈尔、詹姆斯·梅志里：《发展型社会政策》，罗敏、范西庆译，社会科学文献出版社 2006 年版，第 12 页。

❷ Schaar J. H., *Equality of opporrunnity and beyond*, in: A. De Crespigny & A. Wertheimer (eds.), *Contemporary Political Theory*, London: Nelson, 1971, p. 146.

的社会福利中，指由政府举办和出资的一切旨在改善人民物质、文化、卫生和教育等生活的社会措施，包括政府举办的文化、教育和医疗卫生事业、城市住房事业和各种服务事业，以及各项福利性财政补贴。❶ 这种意义上的社会福利是指向全体国民的。而我国通常理解的民政部门代表国家提供的针对弱势老人、残疾人、孤儿和优抚对象提供收入和服务保障的社会福利，因为是对特定人的给付，根据本章的界定应归属于私益产品给付一类。

二、间接保障社会权的程序性给付

程序性给付指国家给付义务中以行为形式间接促进公民基本生存保障的部分，是保障给付利益实现的必经环节。产品是给付利益的载体，是国家和给付对象之间的桥梁。程序则是给付利益的生成过程，针对直接接受者的产品给付仅仅是国家给付过程中的末端，必须以程序性给付作为前提和基础。因此，程序性给付对给付义务的实现同样具有决定意义。

对程序性给付的理解，首先必须澄清其与产品性给付中服务行为的区别。产品性给付中的服务行为与程序性给付即行为性给付，表面上都是通过行为方式增进或者满足公民的利益，其本质区别在于二者的实施主体和性质。产品性给付中的服务行为是指由国家向公民提供的一种特别的受益项目，而这一具体满足公民需求的行为并不是由国家及其所属机构实施的。但是在程序性给付中，国家是所指行为的直接实施者。简言之，在产品性给付的服务形式中，国家只是服务项目的提供者或者称购买者，在程序性给付中，国家是给付行为的行为者。在给付义务履行的实践中，一些以行为的方式满足受益人需要的给付，如对老人的家居养老服务、提供医疗和养老设施的服务、提供充实精神和文化生活的服务，以及提供生活政策情报咨询的服务等，实质上是社会福利产品或社会救助产品的提供，是针对特定老人具体需要的私益产品给付。

程序性给付是指向受益人给付的具体利益在形成过程中以及给付之前，国家实施的组织和管理行为。给付利益在向接受者给付之前，国家要为此实施一系列行为，如"需要建立系统的可预测的途径，从而确定资源的总量和分配。同时，还应建立系统的可预测的方法，从而确立控制支出与确保公平、公正地使用资源的责任"。❷ 具体而言，程序性给付即是履行国家给付义务相关国家机关及其工作人员，为保障公民生存权利进行决策、计划、调节、监督，以及对给付资金（包括社会保险基金等各种专门用于民生保障的资金）进行筹集、

---

❶ 周良才：《中国社会福利》，北京大学出版社2008年版，第3页。
❷ [美] 艾伦·克拉特：《社区福利与公共福利——公共保障系统管理：理念、模式和准则之完善》，麦哲伦国际公司译，东北师范大学出版社2008年版，第21页。

运营、管理的活动。程序性给付包括分为三个基本方面：其一，给付行政服务，指给付相应机关对给付活动实施的行政管理。从制定与国家给付有关的法律法规开始，到建立管理机构、制订给付保障计划、监督给付执行情况，以及调解和处理由给付活动引起的纠纷，等等。其二，给付资金管理服务，譬如筹集社会保障基金、支付社会保障待遇、运营社会保障基金。其三，为确保给付对象给付产品如资料审查与认定提供的一系列服务。

根据我国给付义务履行的实际情况，确保给付义务公平、公正的履行，是当前服务给付尤其注意的问题。我国经济和社会发展的不平衡也导致了国家给付的不平衡。以国家对公民健康的给付为例，一份关于城市社区公共服务设施情况的基本统计显示：在全国 31 个省市区中，平均每个设备服务的人数从 756 人（浙江）到 30908 人（云南）不等，相差近 40 倍；平均每个社区服务单位所服务的人口从 18350 人（青海）到 933730 人（海南）不等，上下限相差近 50 倍。❶ 同时，城乡分布极不均衡。根据世界卫生组织调查，高达 80% 的医疗机构集中在城市，而在 2005 年城市人口只占全国人口总数的 35%。❷

给付制度和组织建设是程序性给付的重要部分。在公民与国家的关系中，公民是目的，国家是手段，因此，国家权力是受限制的，其行使必须严格限定在法律规定的范围之内。并且，任何国家权力的行使，都离不开相应的国家机关或机构。因此，制度和组织机构建设是国家权力运行的先决条件，而给付制度和组织建设既是程序性给付的特点，也是程序性给付的重要任务。更为重要的是，给付制度和组织建设属于积极作为的义务，但国家的作为义务除给付义务之外还有保护义务，如何确定它属于给付义务范畴呢？根据基本权利功能体系理论，基本权利制度保障功能和组织与程序保障功能分别对应国家的制度保障义务和组织与程序保障义务。这两种作为义务根据对权利的具体效用，既可以是给付义务，也可以是保护义务。给付义务的核心是体现社会法治国性质，"从体现的法治国家性质角度，可以将国家给付义务和尊重义务与保护义务作明确的界分"。❸ 因为国家就保障基本生存进行制度和组织建设的行为体现的是社会法治国家义务性质，故给付制度及组织建设属于给付义务。国家履行的制度及组织建设义务，并不都属于给付义务范畴，所以给付制度及组织建设是给付义务中需要强调的部分。

（一）制度给付

国家对公民的生存保障虽然是授益行为，但根据公权力及其运行的特点，

---

❶ 中华人民共和国统计局：《2006 年中国统计年鉴》，中国统计出版社 2007 年版，第 352、376 页。

❷ ［美］艾伦·克拉特：《社区福利与公共福利——公共保障系统管理：理念、模式和准则之完善》，麦哲伦国际公司译，东北师范大学出版社 2008 年版，第 8—9 页。

❸ 龚向和、刘耀辉：《基本权利给付义务内涵界定》，《理论与改革》2010 年第 2 期，第 129 页。

也必须依据法律规定的范围和程序行使。所以，作为给付义务内容之一的给付制度建设，既是国家给付义务履行的依据，也是给付义务履行过程的开端。国家对的公民生存保障由慈善事业和人道援助转化为法律义务，正是从给付制度建设开始的。通过特定的法律程序，将国家原来对此承担的道德义务或政治义务，确定为具有法律约束力的义务。从英国《伊丽莎白济贫法》开始，伴随着自由法治国向社会法治国时代的转变，各国通过了一系列有关国家给付的社会救助、社会福利以及社会保险制度，以保证处于各种风险之下的人们的基本生存。

随着现代化的发展，贫困越来越少地归责于个人原因，国家给付义务履行对公民基本生活的影响也越来越大，推动了给付制度建设的发展，也在给付制度建设的发展中体现出来。首先，给付制度建设受到高度重视，给付范围越来越广，基本涉及现代社会可能存在的各种风险。我国台湾地区从1990年到2004年，有关规定26项，内容涵括就业、健康、教育等基本民生领域，包括老人、儿童、妇女、农民等特殊群体，还涉及对民间保障的管理等（见表4-1）。其次，具体给付制度向精细化发展，力求更有效地满足真正需要者要求的同时避免投机行为。美国"1995年至2001年之间，与医疗补助相关的法律要求从22项增加到63项，反映了联邦政府对此计划的持续关注以及联邦和州政府机关为适应计划的管理而增加的责任"。❶

表4-1　1990年以来我国台湾地区给付义务的有关规定❷

年　度	名　称	年　度	名　称
1991	社区发展工作纲要	1999	公益彩券发行条例
1993	"就业服务法"	2000	特殊境遇妇女家庭扶助条例
1994	"全民健康保险法"	2001	"职业灾害劳工保护法"
1995	儿童及少年性交易防治条例	2001	"志愿服务法"
1995	老年农民福利津贴暂行条例	2001	"原住民族工作权保护法"
1995	"公务人员退休法"	2002	"两性工作平等法"
1997	"性侵害犯罪防治法"	2002	"就业保险法"
1997	"社会工作师法"	2002	"中低收入老人生活津贴发给办法"
1997	"身心障碍者保护法"	2002	农民健康保险条例修订
1997	"储蓄互助社法"	2003	"大量解雇劳工保护法"
1998	老年农民福利津贴暂行条例修订	2003	敬老福利津贴暂行条例
1998	"家庭暴力防治法"	2003	"儿童少年福利法"
1999	"公教人员保险法"	2004	"性别教育平等法"

---

❶ [美]艾伦·克拉特：《社区福利与公共福利——公共保障系统管理：理念、模式和准则之完善》，麦哲伦国际公司译，东北师范大学出版社2008年版，第134页。

❷ 第二届社会工作论坛暨第五次内地与香港社会福利发展研讨会论文（港、澳、台部分），官有恒的《回顾九零年代以来台湾的社会福利发展》一文。

作为社会主义国家,我国一直重视保障人民基本生活,并视其为社会主义优越性的体现。中华人民共和国成立以来,截至2008年,我国制定有关国家给付的综合性文件,即包括养老保险、医疗保险、失业保险、生育保险、优抚安置、最低生活保障、住房、工作时间及休假、工资待遇等具体方面的相关法律政策文件201件。❶ 但是,由于在历史上,我国在给付制度建设中一直将农民和市民区别对待,农民往往被排除在国家给付范围之外。并且市场经济改革以来,对经济发展和效率的片面追求降低了国家给付力度。造成农民和底层城市居民尤其是下岗职工的普遍贫困,"上学难""看病难""住房难"成为三大社会问题。为保证人人享有基本生活保障,党的十七大报告明确要求促进企业、机关、事业单位基本养老保险制度改革,探索建立农村养老保险制度,全面推进城镇职工基本医疗保险、城镇居民医疗保险、新型农村合作医疗保险制度建设。

(二) 组织给付

制度建设为国家给付义务的履行提供依据,而组织建设则为给付义务的履行准备必要条件。给付义务在性质上包括面向受益人的产品给付和形成相关产品的程序性给付两个部分,因此在组织建设上也相应地包括两个方面:一方面是直接向受益人给付产品的组织,即发放或者实施组织;另一方面是具体实施程序性给付即给付产品在向受益人提供之前赖以形成的组织,称之为管理组织。

给付实施组织位于给付义务履行过程的末端,直接面向受益人,是沟通国家给付义务与公民生存权的桥梁,对国家给付义务的实现具有关键作用。给付实施组织的分布、数量以及工作的态度、效率,都直接影响到给付义务履行的效率和效果。我国的给付实施组织往往由行政机构兼任,并与管理机构混同,如民政局与街道办事处等。我国香港地区的给付实施组织建设较内地发达,早在1998年就建成了比较系统的给付实施组织(见表4-2)。管理组织是向受益人给付的利益由之产出并受其管理的具体部门,从给付利益的产生到最终提供给相应受益人,要受很多因素影响,是一个非常复杂的过程,往往涉及很多国家机关或机构。比如,众所周知的美国食品券计划就涉及食品券计划局、营养援助计划处等相关州机构(见表4-3)。

---

❶ 《最新社会法律政策全书》,中国法制出版社2009年版。

表4-2 香港地区政府主办的社会服务福利提供机构（1998年）[1]

机构名称	项目	数量
家庭服务中心	机构数量（间）	42
	处理的个案（个）	58462
儿童院舍照顾	机构数量（间）	3
	名额（人）	22
儿童非院舍照顾	机构数量（间）	0
	名额（人）	60
幼儿园/幼儿中心	机构数量（间）	1
	名额（人）	113
临时庇护中心	收容妇孺人数（人）	416
残疾人训练中心	机构数量（间）	3
庇护工场	机构数量（间）	6
残疾人辅助就业机构	机构数量（间）	1
残疾人住宿照顾机构	机构数量（间）	5
安老院/老年护理床位	机构数量（间）	0
社区服务中心	机构数量（间）	0

表4-3 美国农业部食品与营养服务局管理食品券计划涉及的州相关机构[2]

州相关机构概述	最大数量	制定部门、局或办公室
人员服务	17	县级运营处 自足办公室 福利及支持服务处 人力资本发展处 财务、健康和工作支持处 家庭独立处 儿童与家庭处 经济稳定过渡处 经济援助处 福利服务处 家庭发展处 收入支出处 财政援助处 家庭支持服务处 儿童、成年人与家庭处 成年人与家庭服务处 家庭援助处

---

[1] 孙炳耀、常宗虎：《中国社会福利概论》，第120页。转引自周良才主编：《中国社会福利》，北京大学出版社2008年版，第14页。

[2] ［美］艾伦·克拉特：《社区福利与公共福利——公共保障系统管理：理念、模式和准则之完善》，麦哲伦国际公司译，东北师范大学出版社2008年版，第66—67页。

续表

州相关机构概述	最大数量	制定部门、局或办公室
［公共］健康与人员服务/资源	8	过渡时期援助部 人员与社区服务部 财政援助局 家庭援助局 社会服务局 财政计划局 儿童与家庭局
社会服务	7	食品券服务局 营养援助计划处 家庭支持办公室 家庭援助处 财政援助处
［公共］健康与社会服务	4	公共援助处 社会服务处 公共福利处 经济服务管理局
人力资源	4	食品券合作处 家庭与儿童服务处 家庭投资管理局 福利处
健康与家庭服务	2	社区服务部 卫生保健筹资局
儿童与家庭	1	经济自足处
预防、援助、过渡与卫生服务部	1	规划与评估处
社会与膳食服务部	1	
经济安全	1	福利与医疗资格处
家庭援助	1	临时与残疾人援助办公室
家庭与社会服务	1	家庭资源处
家庭服务	1	家庭援助处
健康与福利	1	自立计划处
工作与家庭服务	1	家庭稳定办公室

第三节　对国家给付义务内容的具体分析及意义探析

以国家给付行为类型化为基础，确立的以产品性给付和程序性给付为主干的国家给付义务内容体系，是否具有合理性，尚需做理论上的进一步分析。而这一内容体系的构建是否必要，则要考察其实践意义，即能不能在现实中促进国家给付义务的适当履行。

一、对国家给付义务内容的具体分析

按照前文对国家给付义务内容构造的探索，可以构建出国家给付义务体系（见图4-1）。然而，按照这一方式推演出来的内容体系能不能成立，我们可以通过具体的国家给付义务进行检验。国家给付义务主要对应公民社会权主张，为了考察国家给付义务内容体系的可行性，选择一类具有代表性的关于社会权国家义务研究的观点，如果其所提出的国家给付义务内容能够用上述内容体系进行整合，则可证明这一体系的适用性。当然，只有以反证的方式才能证明一个命题的绝对性，然而，对国家给付义务内容的分析并非出于纯理论的目的，而是要为国家给付义务的适当履行提供理论的指导，经过具体社会权对应的国家给付义务检验，该国家给付义务体系便满足增强国家给付义务可操作性的要求。

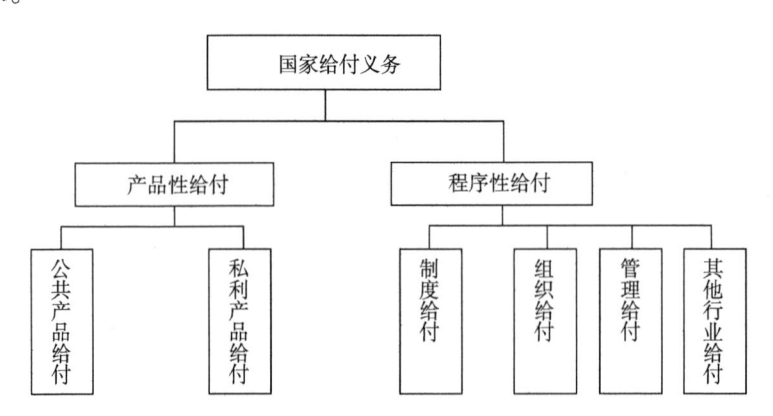

图4-1　国家给付义务内容结构图

以受教育权的国家给付义务为对象，是具体分析国家给付义务的首选。目前，国家义务远未受到学界应有关注的影响，社会权的国家义务，尤其是社会权的国家给付义务缺乏深入的系统的研究。受教育权是一项公认的社会权，基于其基础性地位，各国宪法和国际人权法律文件中都规定了国家对教育权的义

务，诸多的学者也从不同侧面对受教育权的国家义务进行了讨论。在诸多论述中，要属荷兰人权学者冯·科曼斯（Fons Coomans）设计了"受教育权的国家义务矩阵"[1]（见图4-2）对受教育权的给付义务论述最充分。

受教育权的维度 国家义务的性质	社会维度（接受教育的权利）		自由维度（选择教育的权利）	
	可进入性	可获得性	选择教育的自由	设立教育机构的自由
尊重	不仅在立法和政策中而且在实际中尊重公民不受任何歧视自由接受公共教育	尊重现有的用少数民族语言进行的公共教育	尊重宗教和哲学信仰；尊重选择学校的自由；尊重人的尊严；尊重用少数民族语言教学	尊重自由设立私立学校（符合法定最低标准）；尊重教育中的（文化）多元性
保护	在立法、政策和实际中实施并坚持不受第三方（父母，雇主）侵犯的平等的受教育机会；制定并实施禁止使用童工的法律	制定规范，认可私立教育机构及其颁发的文凭	打击其他人对受教育者的思想灌输或强迫；保护合法的选择自由；反对在私立教育机构录取中的歧视对待；确保课程的多元化	实施并坚持平等对待原则；保护合法的私立教师培训机构及其颁发的文凭
实现	为在教育上有缺陷的人（如：残疾人，辍学者，流浪儿童）提供专门的教育设施；消除消极歧视；逐步实施免费的中等和高等教育；促进奖学金制度发展	确保义务和免费的初等教育；培训教师；提供交通设施和教学材料；消除文盲；促进成人教育；确保教育质量	促进课程的多元化；促进跨文化教育	在非歧视基础上为私立教育机构提供财政和物质支持

图4-2 受教育权的国家义务矩阵

在"受教育权的国家义务矩阵"中，冯·科曼斯列举了国家针对教育的可进入性、可获得性、选择教育的自由、设立教育机构的自由四方面国家应承担的共13项国家给付义务（矩阵中称实现义务）。其中，以产品形式直接增进公民的受教育权利益的产品性给付8项，分别为在教育上有缺陷的人（如残

---

[1] Fons Coomans, *In Search of the Core Content of the Right to Education*, in: A. Chapman & S. Russell (eds.), *Core Obligations: Building a Framework for Economic, Social and Cultural Rights*, Antwerp: Intersentia, 2002, pp. 217-246.

133

疾人，辍学者，流浪儿童）提供专门的教育设施、提供交通设施和教学材料、逐步实施免费的中等和高等教育、确保义务和免费的初等教育、促进成人教育、消除文盲、促进课程的多元化、促进跨文化教育。在该8项义务提供的产品中，教学设施、交通设施和教学材料属于物质产品，中等教育、高等教育、初等教育、成人教育，以及消除文盲暗含的识字率和运算能力，属于以不同层次区分的教育产品，而多元化课程和跨文化教育属于以内容区分的教育产品。上述增进受教育权利益的产品都以不特定人为给付对象（教育上有缺陷的人是针对一类人而言，而不是一个具体的人，其相应的专门教育设施在提供的方式和水平上并不根据特定人的个性需求，而是群体性的特殊要求），因此都属于公益产品给付。以行为形式间接增进公民的受教育权利益的程序性给付5项，分别为培训教师、确保教育质量、消除消极歧视、促进奖学金制度发展、在非歧视基础上为私立教育机构提供财政和物质支持。该5项中，包括制度给付（促进奖学金制度发展）、组织给付（为私立教育机构提供财政和物质支持）、管理给付（培训教师、确保教育质量、消除消极歧视）等不同类型的程序性给付。

可见，受教育权的国家义务矩阵中的各种给付义务都可以以国家给付义务内容体系推衍的方式纳入体系之中，这一具体分析证明，以国家给付行为类型化为标准界分国家给付义务内容具有可行性。

二、界定国家给付义务内容的意义

明确国家给付义务内容，是国家给付义务走向可操作化、实证化的基础。国家义务是公民权利的根本保障：在消极方面，国家义务加强了公权力行为的精神负担、限定了公权力的行为边界，凸显了公民权利地位、保障了公民行为自由。在积极方面，国家义务规定了公权力行使的目的和任务，直接满足公民权利需求。国家给付义务对公民权利的积极保障，其相对于公民权利的其他保障模式的优势在于对应公民权利的国家义务的可操作性。国家义务的可操作性源于国家义务行为主体和程序上的确定性，但这都是以行为内容确定为前提的，只有义务内容明确、具体，国家义务才能实现合目的性的履行。不同内容的国家给付义务具有各自的特点，对国家具有不同方面和不同程度的具体要求。国家给付义务的可操作性，体现在国家给付义务的履行和监督过程中。

国家给付义务不同内容的不同要求，形塑出国家给付义务履行的基本思路。国家给付义务履行最大的问题不在于其依赖于社会资源，而在于利用有限的社会资源该如何给付。社会需求具有多样性，而对应的社会资源却具有稀缺性，对需求的满足是取决于需求者的状况还是裁量者的个人癖好抑或是其他不确定的因素，这是国家给付义务履行首先面对的问题。《经济、社会和文化权利国际公约》规定了，国家应当积极履行给付义务予以保障的诸多事项，但在如何保护的问题上含糊其词,只是要求各国最大限度地利用资源逐步保障实现。明确的国家给付义务内容,使得这一问题迎刃而解。受制于社会资源的主要是产品性给付,程序性给付对社会资源的依赖程度不高,因此,程序性给付不管在何种条件下都要充分履行。在依赖社会资源的产品性给付中,私利产品给付主要满足基本生理需求,是维护人的尊严最核心、最低限度的部分,因此是不能克减的必须优先履行的。在公共产品给付方面,国家则依据社会经济发展程度和相关的实际情况,具有更多的裁量自由。但要保证所有向社会提供的公共产品的开放性,确保公民平等享有的机会。

国家给付义务内容体系的建立,也使得对国家给付义务的监督更为有利。传统观点认为,国家给付义务的履行是国家动用社会资源满足社会需求,具有高度专业性,法院不具备审查的能力。从国家给付义务内容看,有待进一步分析。首先,程序性给付的履行更多地受制于国家的态度而非社会资源,具有可诉性。其中,制度给付要求立法机关以宪法为依据,在法律体系中构建实现社会权利的给付制度,宪法上对社会权的规定属于"宪法委托"。随着近现代宪法理论的发展,"宪法委托"的立法义务具有可诉性已成为一种共识。[1] 在组织给付方面,给付组织是国家提供的给付利益赖以实现的中介或服务机构,如果国家没有提供或者不能满足相应需要,属于国家不作为,可以受到有效监督。管理给付主要是确保给付行为的公平、公正,按照国际社会一贯将其纳入对平等权的司法保护中。

其次,受制于社会资源的产品性给付也同样可以纳入司法监督的范围内。私利产品给付和公共产品给付的可诉性表现在不同的方面。私利产品给付满足的是基本生理需求,属于最低核心义务。国际社会一般认为,最低核心义务对国家具有强制性,即不论经济状况如何,必须保证实现。公共产品给付的可诉性表现在对其提供的公共利益的利用机会方面,即准入性上。限于现实条件的制约,国家对公共产品的提供商具有自由裁量权,但是所提供的公共产品必须确保所有人都具有公平享有的机会,不得设置不正当的条件。德国"大学限额第一案"[2] 是公共产品给付受司法监督的表现。

---

[1] 刘耀辉:《国家义务的可诉性》,《法学论坛》2010年第5期,第92页。

[2] 由于汉堡大学和慕尼黑大学医学院执行了新的入学限额政策,一些通过了毕业考试的学生申请医学院的学习却因设施不足被拒绝,这些学生因此向行政法院提起行政诉讼。学生原告声称,不顾社会急需医师的现实而对选学医学施加这么多年的限制是违宪的。宪法法院认为,"对新生录取的决定限制只有在以下情形才合宪:第一,只有在枯竭现存公共扶助的设施后绝对必要,议会才能施加限制;第二,立法必须使空缺的选择和分配基于公正标准,并为每个申请者提供竞争机会,尽可能把注意力集中于个人希望在何处学习的问题上。"宪法法院最后裁决以该州教育机构没有完全利用为由宣布汉堡大学第17条违宪。Numerus Clausus I Case, 33 BVerfGE (303), in: Donald P. Kommers, *The Constitutional Jurisprudence of The Federal Republic of Germany*, Duke University Press, 1997, pp. 282–288.

此外，厘清国家给付义务内容，还有利于澄清对国家给付的诸多诘难。传统观点基于消耗社会资源、腐蚀独立人格和导致国家权力扩张等理由，反对国家给付或者要求将国家给付控制在最小范围。从国家给付受资源限制的现实性看，美国学者霍尔姆斯和桑斯坦针对消极权利和积极权利之说，力证所有权利都是积极权利，必须依赖充足可支配的资金。政府对权利的积极保护从国家义务视角看，即承担保护义务和给付义务。自由主义者对同样依赖社会资源的保护义务视之为当然，而视给付义务为道德理想，主要在于没有注意或注重国家给付义务中程序性给付的重要内容。在国家给付义务中，受制于社会资源，主要是直接授益的产品性给付。程序性给付只是给付义务利益实现的程序保障，同国家保护义务一样，可以不受经济水平限制。同样，在直接授益的产品性给付中，只有私利产品给付针对接受者的生理需求，并且仅限于维护人的尊严的最基本层次。而公共产品给付重在提高个人的可行能力以适应市场竞争，因此，产品性给付与不直接授益的程序性给付一样，不会腐蚀个人人格，相反为人格发展提供保障。产品性给付对社会再分配提出更高要求，即使不考虑均衡社会生存负担的正当性，不加分析地认为国家给付义务造成国家权力扩张也是片面的。

第五章　国家给付义务基准

国际社会曾在统一国家给付义务基准方面付诸努力，但都以失败而告终。❶ 有关对国家给付义务基准的论述也没有从范围和程度的角度进行区分，使得对国家给付义务的要求显得相当含混。本章从横向和纵向即范围和程度两个方面探讨国家给付义务基准，以期使国家给付义务实现可操作化，有利于更充分和有效地保障社会权。

第一节　国家给付义务的范围

国家给付义务范围是从横向角度对国家给付义务基准进行的考察，指国家

---

❶ 试图统一国家给付义务基准的努力主要发生在国际人权法领域。联合国及其附属机构与美欧等区域性人权组织先后进行了相关尝试，国家给付义务主要对应公民社会权。国际社会统一国家给付义务基准的努力主要表现在两个方面，首先是确认相应的社会权主张，然后试图建立一套保障社会权实现的国家给付标准——跨国社会福利标准。但因为给付义务涉及物质资源的动用和再分配，各国在经济、社会和文化程度上又存在客观差别，各种尝试的结果无一让人满意。

1966 年，联合国通过了《经济、社会和文化权利国际公约》，规定了"工作权利、维持基本生活水平的权利、获得社会保险在内的社会保障的权利，以及得到公正、良好的工作环境的权利等"一系列广泛的社会权利，其中，每一项权利都有充分、详细的论述。到 20 世纪 90 年代，有 100 多个国家批准了这一公约。公民的社会权利相对于自由权利在实现方法上有明显的区别，自由权利被认为本质上是程序性的不必须动用物质资源，而社会权利要求物质资源的动用和再分配。各国在经济能力和其他相关条件上的显著差别，决定了对《经济、社会和文化权利国际公约》的监督相当困难。因此，虽然各国对条约的批准是各国生成遵照执行的义务，但联合国基于社会权实现与国家经济发展核能力之间的关联，认为公约规定的社会保障标准在很大程度上是批约国家认可的原则和目标宣言，国家并不需要在特定时间内承担实现标准的普遍性义务。因此，批约国承担的只是"最大限度上使用其资源""逐步"落实这些社会权利的义务。

国际劳工组织的协定在形式上是普遍的，但也因成员国经济、社会和文化发展程度不同而存在很大的差异。国际劳工组织的建议书和协定对与雇佣相关的国家给付义务提出了广泛的要求，截至 1992 年，国际劳工组织共召开了 270 次大会并受理了 5500 项提议，其所关注的问题涉及国家针对工人的组织权、禁止使用童工、健康、工地安全以及包括养老和医疗护理在内的社会保障等的给付。根据国家劳工组织的规定，一国加入国际劳工组织协定，就意味着法律上的执行义务。与《经济、社会和文化权利国际公约》一样，国际劳工组织已经认识到各国经济能力和差别所带来的问题，并没有明确规定国家保护劳工的给付义务范围，也并不打算以任何一种系统的方法把给付劳工标准与经济发展水平联系起来，而是试图通过弹性方式来解决多样性的问题，如执行协定时计入差异性。

具体对哪些事项承担给付的义务，或者国家在何种情况下承担给付的义务。国家给付义务的履行不可避免地妨碍和干涉到个人选择和自由，虽然其有利于保障和促进民生，但也并不是越多越好的。与所有公权力行使一样，国家给付义务必须有一个确定的范围。在理论上，这是一个比较简单的问题，国家给付义务对应公民社会权，社会权各种具体要求指向的事项即构成国家给付义务的范围。但在实践中，给付范围却是国家给付义务履行面临的首要难题。给付义务的履行伴随着资源的消耗，在客观上受社会经济条件制约，并非所有的社会需求都能完全、适时地由国家给付满足。如何确定实践中给付义务的履行范围，是国家给付义务的学术生命所在。

学界对实践中的国家给付义务范围有过相关探讨，主要表现在由国家实施的福利项目和社会保障项目方面。如分别于1974年和20世纪90年代所做的7个主要欧洲国家的调查表明，绝大多数人赞成由政府来负责养老保险、医疗保险、卫生保健以及失业救济等福利。[1] 针对上述四项福利的给付，显然只是给付义务中最重要的部分，不能涵括国家给付义务的范围。福利国家论者提出，政府的福利给付应当包括社会保险、失业救济、卫生保健、家庭补助、养老金及教育、住房、文化活动等社会服务和设施等。[2] 该观点虽然涉及的给付内容更为宽泛，但在资源不足的情况下，国家应如何取舍？是确保其中几项优先给付，还是针对所有的低层次给付，或者其他？总之，现有对给付义务履行范围的相关探讨，一方面，尚未有意识地区分理论与实践中的差别，以理论要求为标准增加了给付义务履行的难度甚至非现实状况；另一方面，出自个别国家的实践经验，未加以针对国情的具体分析，不具备普遍性。本书认为，实践中国家给付义务的范围，应是在结合人的尊严需求和具体国情的基础之上，确定国家对各社会权具体要求的给付序列。

一、界定国家给付义务范围的一般要素

随着自由法治国家向社会法治国的转变，国家对民生承担越来越多的给付义务。给付义务范围拓展是一个毋庸置疑的事实，在给付义务发展的过程中，国家给付义务履行总基于一定的要素，这些要素在一定程度上能反映国家给付的范围。在涉及给付义务范围的有关理论阐述和国内国际立法中，都隐现着界定给付义务范围的各种要素，主要表现为以下几方面。

---

[1] Huseby B. M., *Attitudes towards the Size of Goverment*, in: Borre O. and Scarbrough E. (eds.) *The Scope of Government*, Oxford: Oxford University Press, 1995, p. 94.

[2] 杨玲:《美国、瑞典社会保障制度比较研究》，武汉大学出版社2006年版，第131页。

（一）从给付对象角度界定给付义务范围

通过规范给付对象资格以界定国家给付义务的范围，是国家给付义务范围最初始、最简单的界定标准，也是一项重要的界定标准，至今，仍然在国家给付义务范围的界定中发挥重要作用。给付对象作为一项标准，主要看给付对象的资格限定程度。给付对象的资格被限定得越严格，给付对象群体越小，国家给付义务的范围就越小。反之，给付对象群体越大，国家给付义务范围就越大。

在国家给付义务启蒙阶段，集贫困救助法律之大成的《伊丽莎白济贫法》[1]体现的国家给付义务范围就是通过给付对象来确定的。为了减少贫困，《济贫法》规定政府提供包括对那些失业者直接提供补助金，为年轻人一次性提供学徒费以及给身体强壮的成年人提供工作的一系列资助。《济贫法》将贫民分成3类：①体力健全的贫民；②不能工作的贫民，包括疾病患者、老人、残废者、精神病患者及需抚育幼小子女的母亲；③失去依靠的儿童，包括孤儿、弃儿或父母无力抚养的儿童。只有第②③类和被迫失业的贫困成年人在没有家属和亲戚援助的情况下，才被列入国家给付的范围，而身体健壮但不愿工作的人不仅得不到资助还要受体罚或被监禁。在国家给付义务开始实施的很长一段时间内，特别是在私益产品给付阶段，给付对象一直是确定国家给付义务范围的主要标准。

给付对象都是某种意义上的社会弱者，从生理上的弱者到竞争中的弱者，伴随着国家给付义务范围的扩张。最初的国家给付往往针对因生理缺陷而陷入贫困的个人，由于工业化发展带来的技术进步、经济萧条以及商品需求变化，使得贫困越来越超出健康个体的主观努力之外。当贫困不再仅仅归责于个人的时候，国家必须为改善社会生存环境付诸努力和为处于困境中的个人伸出援手，市场竞争的失败者逐渐成为国家给付对象，国家给付对象随之从生理意义上的弱者拓展到市场竞争中的失败者。资本主义进入垄断阶段以后，国家履行的给付义务越来越多，范围也越来越广。作为西方福利国家蓝本的贝弗里奇报告，构建了国家针对所有人的从"摇篮到坟墓"的给付义务体系。报告亦将社会成员分门别类，针对不同情况的群体采取不同的给付义务履行方式。根据社会保障需求将人口划分为六类：第一类——雇员；第二类——其他有收入的人群；第三类——家庭妇女；第四类——工作年龄内的其他人；第五类——工作年龄以下的人；第六类——工作年龄以上的退休人员，国家对其分别承担不

---

[1]《英国社会保险之历程》的作者斯威茨认为，《伊丽莎白济贫法》是1531年以来甚至是1349年以来人类福利史上的一个里程碑。

同形式和不同程度的给付义务。❶

在现代国家以全民为给付对象的社会保障体系中,给付对象对国家给付义务范围在宏观上的界定作用已经失去了意义。但是,在给付义务范围之内的不同层次区分,限定给付对象资格仍然是一项重要的标准。首先,社会救助之类的私益产品给付,其范围往往以给付对象具体的现实情形为准。其次,按其他标准对给付义务范围的界定,在很多情形下离不开通过给付对象进行附加性或辅助性说明。随着国家给付义务的发展,在早期作为界定给付义务范围基本标准的给付对象已经弱化为子标准或参考标准。

(二) 从给付风险角度界定给付义务范围

资本主义的发展既推动了生产力的进步,也加剧了无产阶级和资产阶级之间的对立。贫困由个人问题转变成经济问题和社会问题,以给付对象为标准界定国家承担给付义务的范围,远远滞后于贫困形势的变化。一方面,给付对象的标准意味着只针对现存贫困的补救性给付,随着贫困原因的社会化和贫困的普遍化,这种补救性的给付面临越来越多难以应付的需求,需要从预防的角度对贫困问题进行有效的控制。另一方面,给付对象为国家给付义务范围界定提供的只能是一个相对的标准,在贫困社会化的环境下,许多有绝对需要的对象往往被排除在国家给付范围之外,激化了社会矛盾。因此,国家需要根据现实存在的社会风险,而不仅仅是处于贫困之中的个人为标准履行给付义务。

对社会风险的认识,是与处于社会弱势地位的工人劳动联系在一起的。工业革命初期,法国古典经济学家西斯蒙第便笼统地提及在劳资关系中,为生活

---

❶ 有些需求(如医疗和丧葬需求)是各类人的共同需求。此外,第五类人(低于工作年龄)需要子女补贴,第六类人(超出工作年龄的退休人员)需要养老金;而这两类人均不要给付社会保险费。其他四类人都有不同的保障需求,而他们参保必须有本人和雇主为其缴费。第一类人(雇员)除医疗、丧葬费用和养老金外,还需要针对失业或者伤残导致的收入中断进行保障,而且不管其失业或伤残是什么原因引起的。第二类人,即有收入的非雇员,不能参加失业保险,但除了需要医疗、丧葬费用和养老金外,他们还需要补偿伤残以后的收入损失和某些维持生计方面的收入损失。第三类人(家庭妇女)为从事有收入的工作,不需要补偿伤残或其他原因造成的收入损失,但除了人们共同的医疗、丧葬费用和养老金需求外,她们还有婚姻本身引起的多种特殊保障需求。第四类人(劳动年龄段的其他人)属于特殊人群,相对说来,几乎没有多少人在其一生大部分时间内都属于该群体:这类人需要医疗、丧葬费用和退休保障,也需要对必须找到新生计的风险进行保障。《贝弗里奇报告——社会保险和相关服务》,劳动和社会保障部社会保险研究所组织翻译,中国劳动社会保障出版社2004年版,第138页。

而工作的工人动辄陷入贫困的风险，主张国家要采取劳动立法保证工人的福利。❶ 为改变日益严峻的生存环境而团结起来的国际劳工组织，要求国家按照职业风险的标准，针对劳动者承担疾病、养老、丧失劳动能力以及因工负伤、患职业病后的补偿等给付义务。国际劳工局理事会于 1952 年 6 月通过的《社会保障最低标准公约》，便从职业风险的角度界定了国家给付义务范围。公约共分十四部分八十一条，约定对医疗津贴、疾病津贴、失业津贴、高龄津贴、工伤津贴、家庭津贴、生育津贴、残废津贴、退居津贴九方面的支付范围。

经历二战生灵涂炭的悲惨局面，应抗战以及战后恢复的需要，社会保障理论进一步发展，主张向所有面临社会风险的人提供基本收入和充分医疗照顾。贝弗里奇报告认为造成收入减少或者中断的社会风险主要有八种，分别为失业；伤残；失去生计；退休；结婚需要：包括结婚，生育，丈夫因为失业、伤残或退休中断收入，寡妇，分居，无料理家务能力的；丧葬费用；儿童；身体残疾或丧失劳动能力。国家应针对这些现实存在的风险履行相应的给付义务，其范围包括：失业保障金，伤残保险金，工伤养老金，退休养老金，培训保险金，结婚补助金，生育补助金，生育保险金，临时寡妇保险金，监护人保险金，分居保险金，子女补贴，交通、住宿补助金，丧葬补助金，治疗服务和医疗后的康复服务等。❷

---

❶ 西蒙斯第主张的劳动改革的具体措施包括：缩短劳动时间，保证工人的休息和休假；取缔童工，因为会摧残儿童的身心发育，还容易导致人口的迅速增加；提高工资收入，要求工人阶级的工资收入和他们的劳动成果相适应，从而提高消费，消化过剩的产品，缓解经济危机。工资标准必须能保证劳动者下列四项安适的生活需要：丰富、多样、有益、健康的食物；根据气候需要有足够的、讲求清洁所必需的衣服；比较舒适的和具有取暖设备的住宅；能为将来的安全做好未雨绸缪的准备。陈红霞：《社会福利思想》，科学文献出版社 2002 年版，第 171 页。
❷ 贝弗里奇报告详细列举八种社会风险及相对人可从国家获得的给付。(1) 失业：即依靠工资生活的人，体力上适合就业，却未能就业，领取失业保障金和交通、住宿补助金，弥补其收入损失。(2) 伤残：即处于劳动年龄的人因病或事故丧失劳动能力，不能从事有收入的工作，领取伤残保险金及工伤养老金。(3) 失去生计：不靠就业收入生活的人失去生计时，领取培训保险金。(4) 退休：从工作岗位退休后，不论从事的工作有无报酬，一直发给退休养老金。(5) 结婚需要：根据家庭妇女有关政策，妇女婚后享受各种保险待遇：①结婚，发给结婚补助金；②生育，不论什么情况均发给生育补助金，并且如已婚妇女从事有报酬的工作，产前产后一段时间还发给生育保险金；③丈夫因为失业、伤残或退休中断收入，与丈夫分享有关保险金和养老金；④寡妇，根据不同情况享受保险金，包括临时寡妇保险金，抚养小孩者有监护人保险金，没有需要照顾子女的，则有培训保险金；⑤分居，合法分居失去丈夫供养的，或被丈夫抛弃已既成事实的，比较享受有关寡妇待遇，包括分居保险金、监护人保险金和培训保险金；⑥无料理家务能力的，在患病时提供资助作为医疗费用的一部分。(6) 丧葬费用：对本人或其抚养的任何人，可享受丧葬补助金。(7) 儿童：对受全日制教育的 16 岁以下少年儿童提供子女补贴。(8) 身体残疾或丧失劳动能力：通过上门医疗和慈善医院治疗为本人及其家属提供全方位的治疗服务和医疗后的康复服务。《贝弗里奇报告——社会保险和相关服务》，劳动和社会保障部社会保险研究所组织翻译，中国劳动社会保障出版社 2004 年版，第 140 页。

(三) 从基本权利角度界定给付义务范围

随着社会权理论，特别是代际人权理论的发展，国际人权学界在对国家给付义务范围的界定上明确采用基本权利标准。以风险为基础界定国家给付义务范围，能够有效地避免国家给付对人不对事、脱离社会发展需要的局限，既使遭遇风险的人能得到保障，也尽量庇护其免于尚未实际发生的风险，增强了社会安全感，也促进了国家给付义务范围的扩展。但是，从风险角度界定国家给付义务范围，往往使国家旨在保障改善生存环境的给付行为局限于对风险本身救济和补偿，不能从更深层次原因采取根本的解决办法。同时，无论以给付对象还是给付风险作为范围界定标准，国家给付的授益性看上去更像是对接受者的恩赐，其正当性得不到体现。而从基本权利角度界定给付义务范围，则能避免上述弊端。

从基本权利视角考察给付义务范围，有利于给付义务改善生存环境的有效性。在社会生活中，尤其是商业化、城市化高速发展中，人们不断从熟悉走向陌生的领域，存在着许多既不表现为某种生存困境，也不属于社会风险的因素，但却从根本上制约着个人以及社会生存条件的改善。教育就是其中典型的示例。教育能够提高个人的适应力和创造力等促进生存的能力，缩小个人因遗传决定的能力上的差距。在飞速发展的现代社会中，只有通过教育改善个人的生存能力，才能从根本上改变其生存困境。受教育权也因此在20世纪发展成为一项公认的基本人权，要求国家提供平等的受教育条件和创造平等的受教育机会。现代国家普遍在根本法中规定了国家对受教育权的给付义务，并建立了相应的教育给付机制以及教育给付救济机制。对受教育权的给付不仅能提高生存能力、改变个人生活条件，而且能够有效地缩小社会差距促进社会和谐发展。"为纠正现有的分配不公平，更公平地分配知识和受教育的机会和权利，比事后对财富进行再分配更有效。"[1]

国家给付对于相对人而言是一种无需对等代价的经济利益授予，只有从基本权利对应的国家义务视角考察国家给付，才能充分认识国家给付义务、维护人的尊严的核心价值，并在此基础上明确国家给付的适当范围。在国家给付的初级阶段，处于上升时期的资产阶级信仰的成功在于勤劳工作和节俭，坚信个人应对自己的命运负责，作为"夜警"的国家不能过多干预个人生活。由于贫穷的责任在于个人而不在于社会，所以只对身心残障的个体，即主观努力之

---

[1] 杨玲：《美国、瑞典社会保障制度比较研究》，武汉大学出版社2006年版，第173页。

外的社会弱者予以给付保障,并附加牺牲人格或接受惩罚的条件。❶ 随着贫困问题在工业化进程中的激化,社会责任取代个人责任被视为贫困的根源。个人改变命运的能力在普遍存在的社会风险中日渐式微,制度性、结构性的因素也被认为是造成贫困凝固化的重要原因。在以个人为目的、以国家为手段的宪政理念中,国家应该承担起改善个人生存条件的责任。因此,国家通过必要的给付形式满足公民需求,是公民基本权利的要求,不是国家的慈善,而是国家的法律义务。

在贫困问题不断走向严峻和与之伴生的人们对国家保障给付性质认识转变的过程中,社会权或称福利权、生存权等要求国家采取积极措施保障基本生存的新型权利逐渐出现并被写进宪法。马歇尔认为,社会权利即公民要求得到福利国家服务,包括获得医疗保健、教育和保持收入水平的权利,它们将确保每一个公民享有广泛的社会地位和机会平等。这种权利不再满足于消除社会底层的匮乏,而是要改变整个社会不平等方式。❷ 他还阐述了社会权利与公民权利和政治权利即公民身份包括的三个类型权利之间的关系,"社会权利不同于公民权利和政治权利,但又是它们的延续和补充。它们使人们能够参与文明社会,并在一定程度上使公民权利和政治权利所取得的成就更加丰满"。❸ 早在《魏玛宪法》便已经规定了国家对基本权利的给付义务,如第 145 条规定,国民小学及完成学校之授课及教育用品完全免费;第 151 条规定,国家经济制度应该保障每个人都能获得合乎尊严的基本生活等。经历二战的洗礼,人权呼声高涨,马歇尔基于公民身份的社会权利理论和基于代际人权理论的"第二人权"成为学界共识,各国宪法和国际法律文件规定了国家针对社会基本权利广泛的给付义务。❹ 自此,国家改善生存条件的给付义务具有了最高且具体的法律依据,也为从基本权利的角度界定国家给付义务范围提供了可能。

由此可见,国家给付从针对特定弱势群体个体、具体的社会风险,再到基本权利,是一个伴随社会发展的历史进化过程。先后出现的不同给付依据,后者往往是对前者的超越,后者不仅是在前者基础上发展而来,而且没有排除或否定前者对国家给付的影响。从上述针对界定国家给付范围的一般标准发展情

---

❶ 例如,日本明治政府在 1874 年(明治 7 年)颁布《恤救规则》,明确了国家的救贫责任,对那些生活极端贫困者,70 岁以上和 15 岁以下的残疾者等给予救济。1932 年实施《救护法》,把救济种类分为生活救助、医疗救助、生育救助、小本生意救助 4 种。救济对象因战争死亡时,还可以得到一定丧葬费。该法同时规定,从接受救助之日起,被救助人员即丧失选举权和被选举资格。

❷ T. H. Marshall and Tom Bottomore, *Citizenship and Social*, London: Pluto Press, 1992, pp. 27 - 28.

❸ [英]莫里斯·罗奇:《重新思考公民身份——现代社会中的福利、意识形态和变迁》,郭忠华、黄冬娅、郭韵、何惠莹译,吉林出版有限责任集团 2010 年版,第 20 页。

❹ 薛小建:《论社会保障权》,中国法制出版社 2007 年版,第 59—66 页。

形的考察中，可以总结出两条基本规律：第一，国家给付义务伴随着一般界定标准的发展而扩展。第二，国家给付一般标准的发展是对不断出现的新的生存矛盾的回应，并且更加注重人的尊严的维护。

二、具体国情之下给付义务的具体范围

各国在政治、经济、自然、文化、历史背景等方面的差异，一方面，决定了人们基本需求的差异，另一方面，决定着给付义务所依赖的资源构成及其提供方式的更大区别。因此，国家给付义务范围不可能存在统一的标准。

（一）特定给付义务及其产生的典型

倘若"把欧洲的福利制度或者美国、日本、拉美的某种福利制度作为衡量的标准或楷模是多么的文不对题"。❶ 譬如，大规模推行公共住房计划是地少人多的新加坡与香港的福利政策重心，而英美一贯重视普及性的失业保险与养老保险的建立与完善；欧洲福利干预立法普遍进行较早、覆盖面较宽、保障水平较高，而在美国，政府对福利的干预明显地晚于前者，覆盖面也相对狭窄，并在支付项目与时间上有所限制。❷

1. 特殊的战后社会矛盾导致日本医疗保障给付先于养老保障给付

国家给付义务范围随着经济社会发展而发展，国家在养老保障方面的给付早于医疗保障方面的给付。但在日本，由于二战后特殊的国情决定，其对医疗保障方面的给付先于养老保障给付出现。

工业社会改变了传统农业社会的生活方式和社会保障方式，年老造成的生活能力下降成为一种直观且必然的个体风险，随着资本主义危机对个人应该对命运负责观念的冲击，保障老年人的基本生活是国家最先采取制度化形式干预个人生活的领域之一。美国为了摆脱经济危机，作为罗斯福新政之一，1935年推出的《社会保障法》便设立了老年保险制度（OAI）和老年援助项目（OAA）。❸ 在美国的社会保障体系中，养老保障给付占很大一部分内容，包含社会及老年、遗嘱和残障保险、老年社会保障残障保险、老年收入补充保障政策、雇主养老社会保障制度、铁路部门退休与失业保障制度等方面。相对而

---

❶ 周弘著：《福利的解析——来自欧美的启示》，上海远东出版社1998年版，第24、21页。

❷ 陈治：《福利供给变迁中的经济法功能》，西南政法大学2007年博士学位论文，第14页。

❸ 养老保险制度规定，除政府雇员、农场工人、临时工、商船海员、教育、宗教及慈善机关雇员外，其他年收入在6000美元以下的所有雇员都必须参加全国性的养老保险。凡在就业后缴纳社会保险税，且年满65岁的公民，都能够领取老年退休金。老年援助项目规定，对于那些不能参加养老保险制度或那些虽然参与了养老保险制度，但仍需要帮助的老年人，由联邦和州政府支付有关对其关照、护理等方面的成本。

言，医疗给付出现较晚，且最初伴随老年保障出现。1965年，美国国会通过《老年医疗保险法》，在法律层面确认了国家医疗保障给付的责任。20世纪70年代后，医疗保险问题突出，从尼克松到奥巴马经历了美国医疗改革——强化国家医疗保障给付责任的长征。❶ 瑞典早在1913年便通过"全国养老金法案"，为全国的老年和丧失劳动能力的劳动者提供保障，从发展中国家看，19世纪初，智利就已存在为公务员和铁路工人建立的职业养老计划，其早期的医疗保险制度建立于20世纪20年代，但功能是为不同阶层的工人提供不同级别的养老基金。❷ 直到1942年、1952年分别成立的服务于白领工人的国家卫生服务体系（SER-MENA）和雇员国家医疗服务体系（SNS），才确立实质意义上的医疗保障给付。

与国家给付发展的一般规律相区别，日本医疗保险起步比较早，先于养老保险。1922年颁布局部实施的《健康保险法》，1927年扩大该法的适用对象，开启日本医疗保险的帷幕，1938年为了适应战争对人力资源的需求，建立了强制性的国民健康保险，1941年实行战时医疗统制政策。战后，1956年实施《全国普及国民保险四年计划》，1958年颁布《国民健康保险法》，到1961年，全国基本实现医疗保险100%覆盖。在养老保险方面，战前日本存在为军人和公职人员提供养老保险的制度，但具有强制性的全民保险制度得追溯到1959年通过、1961年进行较大修订的《国民年金制度要纲》。直到石油危机之后，面对产业结构和人口结构的巨大变化，1985年开始对《国民年金法》进行大幅度修改，养老保险体系才逐步完善。日本在国家给付义务范围拓展方面形成的与其他发达资本主义国家不同特点，是由其实际国情决定的。以战后日本为例，具体表现为两个主要方面：首先，大战期间确立的强制性医疗保险制度，在进入太平洋战争时期已经开始陷入瘫痪状态。战后，为了恢复国民对健康保险的信任感，政府需要用一种崭新的面貌吸引民众，全民医疗自然是最能打动民众的一面旗帜。其次，20世纪50年代以后，日本大量农村劳动力涌向城市，集中进入工资待遇差和劳动环境相对恶劣中小企业。这些没有参加任何医疗保险的新增劳动力，出现高疾病发病率和高工伤致残率现象，导致了以没有医疗保险的劳工为主体的社会运动蓬勃兴起，并逐渐发展到全体国民。是否实现医疗保险引起社会各界、各阶层的高度重视和呼应，成为政治家吸引选票的重要筹码。由于当时医疗保险呼声集中和能削弱更多的社会矛盾，所以医疗保障给付成为日本政府的工作中心。随着"少子老龄化"的发展，社会保障的重点才转向老年保障给付。

---

❶ 该法案使目前3200万没有医疗保险的美国人获保，从而使全美医保覆盖率从85%升至95%左右。同时，法案也对富人征收新税，以及禁止保险公司以投保人有病为理由拒绝受保等。

❷ 李朦、史丹丹：《智利社会保障制度》，世纪出版集团2010年，第147页。

2. 人口增长压力下的欧洲子女补贴给付

与我国实行计划生育、对超生子女征收社会抚养费相反，欧洲大部分国家实行子女补贴制度，国家按照子女数目对家庭予以金钱给付。欧洲国家子女补贴纳入国家给付义务范围，主要基于两方面的现实考虑。

首先，子女补贴是解决贫困问题的有效措施。在市场逻辑主导的工业社会中，家庭收入来自劳动力在市场上的交换价值。由于工资高低只取决于劳动力的生产情况，与家庭人口数没有关系，因此，国家实际上并不能靠工资分配制度实现最低生活保障。在两次世界大战期间，英国社会调查表明，尽管20世纪前30年工资实际增长了1/3，但对减少贫困意义不大。这种现象主要出现在劳动者中断或丧失劳动能力、家庭人口过多这两种情况之下。❶因此，国家对尚不能进入劳动市场的未成年子女进行补贴，能有效地解决家庭贫困问题。

其次，鼓励生育，优化人口结构，以实现人类自身的可持续发展。早在贝弗里奇报告中便明确指出，按当时的出生率，大不列颠民族将难以为继。该报告认为，子女补贴是扭转出生状况的良方。虽然子女补贴或其他经济手段本身都不大可能让那些不想要小孩的父母为了得到经济补助而生育子女，但子女补贴有利于提高生存率。一方面，因为它使那些还想再生育的父母能在不损害已出生子女机会的情况下，让其他的孩子来到这个世界；另一方面，能够作为国家鼓励生育的信号为社会舆论定调。至于抚育子女问题，不管将来家庭人口是否会比现在多一些，但由于目前家庭子女少，我们更有必要让每个已出生的子女得到比过去更好一点的照顾。（仍然是针对现状的特殊举措）要想身体健康，必须在儿童时期打好基础。子女补贴既可视为帮助父母尽抚养责任，也可理解为由社会承担了这项过去并未承担的责任。❷

基于欧洲社会的实际情况以及贝弗里奇报告的推动，欧洲大部分国家都实行了子女补贴制度，有的更在这一思路之下对补贴作了进一步的扩展。法国制定了《母子保护法》，德国还形成了"父母津贴"政策。德国的社会补贴制度❸于1938年首次立法，主要针对妇女和儿童，覆盖范围包括有一个及一个以上子女的家庭，资金来源主要是政府的财政拨款。1975年，德国政府颁布了《联邦子女补贴费用法》，以法律的形式对未成年者补贴做出规定，补贴标准

---

❶《贝弗里奇报告——社会保险和相关服务》，劳动和社会保障部社会保险研究所组织翻译，中国劳动社会保障出版社2004年版，第174页。

❷《贝弗里奇报告——社会保险和相关服务》，劳动和社会保障部社会保险研究所组织翻译，中国劳动社会保障出版社2004年版，第175页。

❸ 社会补贴的福利待遇主要包括母亲保护、儿童津贴、生育津贴、父母津贴等。按照社会补贴的相关规定，职业妇女及家庭妇女从怀孕到分娩后这一时期内都可享受一系列的特别保护和照顾。

主要根据每个家庭子女的多少和家庭收入的多少来决定。❶ 从2007年1月1日起，德国启动了"父母津贴"（Elterngeld）政策。❷ 这项政策一经推出就得到德国民众的拥护，刺激了出生率的回升。根据联邦家庭部（Bundes familien-ministerium）统计，2007年德国有7%的父亲申请了父母津贴，是2007年之前申请儿童教育津贴比例的一倍。❸

3. 不同福利政策下的妇女就业给付

早期的福利国家都以充分就业为基础，但不同国家的福利制度和就业政策致使妇女就业的情况差异显著。北欧四国到福利国家"黄金时代"结束时，还保持包括很低就业率、妇女的高劳动参与率在内的四个斯堪的纳维亚模式特点❹。而在欧洲大陆，迄今为止的福利国家制度安排是以特定的常态假设——家庭主妇式婚姻为基础的。❺ 正因如此，丹麦和瑞典的妇女（带幼儿的妇女也一样）参加工作的比率高达80%，较欧洲其他国家青壮年就业比率还高。

妇女就业并非仅仅是一个福利制度和就业政策的问题，而是一个广泛的社会问题。首先，在家庭方面，妇女要求就业和更大的经济独立，相应的，如果家庭能依赖于两个挣钱者，这个家庭在对抗贫困上就可能更有韧性。其次，在人口结构方面，妇女就业就可能推迟生育和减少生育，如果人口少出生率下降，那么老龄化负担将加重。但如瑞典一样推广产假或父母假、儿童日托等，又将促进出生率的增加。在政府调控方面，随着制造业的不断下降，对无技能的群众（大多数为妇女）的解决，斯堪的纳维亚各国采取再培训和创造工作岗位的办法，对过剩的就业人口"非工业化"，美国用削减工资的办法来安排，而欧洲大陆各国则选择以进行补贴的办法让她们离开工作岗位（尤其是通过提前退休离开工作岗位）。

与其他福利国家消极对待妇女就业不同，斯堪的纳维亚国家对妇女就业（尽管并非专门针对但主要指向妇女）进行积极给付。首先，积极创造公营部

---

❶ 子女越多，每个子女享受的补贴越多，每个家庭的前三个孩子每月可以获得154欧元的儿童津贴（Kindergeld），从第四个孩子以后每个孩子可获得每月179欧元的儿童津贴，儿童津贴的领取期限一般为未成年人18岁之前，18岁之后未参加工作，期限最长可延至27周岁。而低收入家庭为照顾未成年人而无法工作，可申请儿童教育津贴（Erziehungsgeld），每月可领取300—450欧元。此项措施主要是针对目前德国人口出生率过低的现象，德国近几年来出生率始终低于死亡率，造成了老龄人口比例急剧上升。为了鼓励生育，德国的社会补贴还加入了生育津贴，第一孩子出生以后的一年内，父母可以得到为期一年每月560欧元的生育津贴。

❷ 根据该项政策，凡是在家照顾子女的父母均可得到子女未出生前净收入的67%作为补贴，最高每月可达1800欧元。如果父亲停职两个月在家照顾子女，就可得到长达14个月的父母津贴。

❸ 王川：《德国社会保障制度的经济学分析》，吉林大学2008年博士学位论文，第58页。

❹ 另外两个特点为在公共医疗保健、教育和福利就业方面的较高水平。

❺ [德] 弗兰茨·科萨韦尔·考夫曼：《社会福利国家面临的挑战》，王学东译，商务印书馆2004年版，第48页。

门的服务岗位，不仅表现为妇女在公共医疗保健、教育和福利方面提供了就业机会，更形成妇女集中在公营部门工作，而男人集中在私营部门工作的就业格局。到20世纪80年代中期，公营部门的工作增长占丹麦和瑞典全部工作净增长的约80%，而社会工作在90年代末占全部工作的约30%。❶ 其次，公共就业增长的年代结束后❷，实施积极的劳动力市场的给付措施，诸如劳动力的培训和流动，以及工资补贴等。这种就业给付直接与经济增长和就业政策有关。1970年，北欧四国失业率都很低的时候，瑞典花费了比其他三国3倍的资金用在积极劳动力市场措施上。1987年，当芬兰失业率是5%，丹麦失业率是8%，瑞典的失业率只有1.9%。不过，瑞典将国内生产总值的1.9%用在了积极的劳动力市场措施上，而芬兰和丹麦分别只用了国内生产总值的0.9%和1.1%。❸

（二）具体国情下给付义务界定的一般规律

通过对特定国情之下不同给付义务的承担情况的考察，可以总结出以下国家给付义务的规律。

首先，国家给付义务是维护基本生存的需要，直接针对现实存在的比较突出的生存矛盾，其最根本的目的在于确保符合人的尊严的基本生存。国家给付义务在生存困境的情况下才介入个人生活，旨在以帮助个人解决生存困境的方式保障个人生理面向的人的尊严。国家给付义务在实际上是一种利益授予，但在内容上以何种方式表现，既取决于具体的受限制的基本需要，也取决于所在国家当时当地的具体情境。比如，从各具体国家给付义务产生规律看，国家针对养老的给付义务较之针对医疗的给付义务产生在先，但由于日本二战后特殊的国情以及日本自身的发展阶段，医疗矛盾较之养老矛盾问题是更为尖锐的生存问题，国家为了保障迫切的医疗需求，选择了首先承担医疗保障的国家给付。毋庸置疑，医疗给付和养老给付都是对基本生理需要的维护，并且医疗给付事实上包括养老给付中对老年人的医疗照护，对基本需要的满足无论以何种方式进行，都是对人的尊严的维护。

其次，具体国家给付义务在法律上的认可及履行受具体国情影响，主要表现在经济、政治和社会矛盾方面。某一方面的基本需要虽然存在主要与之对应的具体国家义务，但事实上可以通过多种具体国家给付义务从不同的侧面获得

---

❶ [意] 哥斯塔·艾斯平-安德森：《转变中的福利国家》，周晓亮译，重庆出版社2003年版，第18页。

❷ 庞大的公营部门劳动力市场带来日益沉重的税收负担，依赖于很高的生产增长率，而生产和私人投资的萧条化，使得衰退的财政能力与创造公共就业岗位和收入补贴的日趋增长的压力结合在一起。

❸ 哥斯塔·艾斯平-安德森：《转变中的福利国家》，周晓亮译，重庆出版社2003年版，第55页。

不同程度的满足。但国家具体通过何种给付义务对基本需要予以关注，有国家裁量的因素。在经济方面，日本之所以先行开始对医疗保障的给付，并不是否认养老矛盾的存在，而是当时的经济条件只能选择最严峻的矛盾予以缓和。德国将生育津贴由对母亲的保护扩大达到对父亲的保护，这是与德国经济实力的增长密不可分的。在政治方面，无论相关的政治制度还是选民政治本身都影响着对具体给付义务的选择。比如，欧洲大陆和斯堪的纳维亚国家不同的福利制度导致对妇女就业所负的给付义务不同，而日本针对医疗的国家给付义务的产生在一定意义上可以说是选民政治的结果。在社会矛盾方面，具体的国家给付义务总是针对突出的社会矛盾，国家针对生育的给付义务是迫于发达国家低生育引起的可持续发展压力，而对妇女就业的给付也不是出于对妇女权利的尊重[1]，更重要的是针对家庭贫困以及生育压力问题。

三、"优势偏序"的给付义务范围之确定

国家给付义务维护人的尊严的生存需要的宗旨恒定，但在具体国情中有不同的侧重和表现，因此，可以结合基本需要与人的尊严的关联程度及实际情况确定国家给付义务的范围。事实上，这一思路已经在实践中得到应用，但需要进一步完善。为有效解决工业发展中不断扩张的贫困率带来的社会剥夺问题，1976年举行的世界就业会议规定了"基本需求的发展思路"。该思路强调优先制定政策和规划，确保发展中国家的穷人能获得清洁水、营养、栖身之地、卫生保健、教育和安全。基本需求的倡导者认为，政府不能等到经济增长之后才来解决贫困和社会剥夺的问题，而应当寻求立即解决的途径。

（一）"优势偏序"的标准及方法问题

1. 满足需要的"效用"标准

对国家给付义务范围的界定，事实上是一种评价活动。按照阿玛蒂亚·森的观点，任何一种评价活动至少包括两个基本问题：第一，有价值的对象是什么？第二，它们有多大的价值？严格地说，第一个问题是第二个问题的基础。[2] 所谓有价值的对象，就是与评价活动具有直接的内在相关性的东西，这种相关性一方面与非相关性区分开来，另一方面也必须与非直接或派生的相关性区分开来。至于价值的大小问题，一般以比较的方法予以描述。确认有价值的对象，价值对象之间就会产生一种"偏序"。在同种价值的对象之间，可以通过比较价值量来确定。如两种具有相同价值的对象 x 和 y，如果 x 拥有的有

---

[1] 欧洲大陆国家和斯堪的纳维亚国家具有同样尊重权利的传统，所以二者在就业给付上的差异不能说是斯堪的纳维亚国家更加注重权利保障，更加注重男女权利的平等。

[2] ［印］阿玛蒂亚·森等：《生活水准》，徐大建译，上海财经大学出版社2007年版，第2页。

价值的东西比 y 多，则 x 比 y 价值大。在不同种的价值对象之间，可以通过"序数性"比较，即比较价值与评价目的的相关程度来确定。如两种不同价值的对象 a 和 b，如果你在 a 和 b 之间选择 a，则对于你来说 a 比 b 具有更大的价值。亦即"当一个人更希望获得此物而非彼物时，则此物对其有更大效用"。❶这样的偏序成为"优势偏序"。

对国家给付义务范围评价的目的在于使之更好地满足基本权利需要，故以满足需要的"效用"作为评价工具对不同的国家给付义务进行评价。生活是各种"行为"和"状态"的组合，对生活的评价活动中，有价值的对象就是功能活动和可行能力。国家给付义务对基本权利的保障最终落实在对公民功能活动和可行能力需要的满足上，"效用"即对这种需要满足的表述。因为"效用"与国家给付义务具有直接的内在的关联性，因此，"效用"即是国家给付义务范围评价活动中的第一个基本问题——有价值的对象。公民基本需要的内容和国家履行义务满足的需要的方式都具有多样性，有价值的对象便是各种不同类型的"效用"。而评价活动中的第二个基本问题——"效用"的比较问题。以"序数性"比较来界定不同类型"效用"的大小，有人认为混淆了选择与得益，故受到怀疑。但是选择是需要的一种反映，且选择的东西也与人的动机相关，所以用选择去评价满足需要的"效用"大小，具有一定程度的可行性。并且国家给付义务所满足的基本生存主要包括基本生理需要和最低限度可行能力需要，满足生理需要的"效用"相对于满足能力需要的"效用"明显具有"优势偏序"。

2. 构成性多元的范围界定方式

国家给付义务范围的界定便是对多样性"效用"的衡量，必须通过相应的方法确定。阿玛蒂亚·森在探讨生活水准多种多样的衡量标准时，对"竞争性多元"和"构成性多元"进行了区分。阿玛蒂亚·森认为在生活水准观念中，存在着两种不同类型的多样性。其中一种类型的多样性，可称之为"竞争性多元"。在这种多样性之中，不同观点彼此之间都是备选方案。我们可以选择其中的一种对立的观点，但不能选择所有对立的观点（实际上只能选择其中一种）。另一类多样性，即"构成性多元"。这种多样性在某种意义上是一种观点内部的内在多元性，它可以具有一些不同的方面，这些方面彼此能补充。构成性多元意味着，一方面，用一个篮子不同的属性来衡量生活水准，哪怕接着很可能又以指数的形式用数字来表述这个篮子。另一方面，竞争性的多元所关注的却是考虑各种备选的篮子（每个篮子可以放一样东西，也可以放许多东西），看看应当选择其中的哪个篮子。❷

---

❶ [英] 亚瑟·赛斯尔·庇古：《福利经济学》，何玉长、丁晓钦译，上海财经大学出版社 2009 年版，第 14 页。

❷ [印] 阿玛蒂亚·森等：《生活水准》，徐大建译，上海财经大学出版社 2007 年版，第 1 页。

对国家给付义务的界定，目的是在现有条件下更有效地保障基本权利，而不是减少国家给付的承担，因此只能选择"构成性多元"的方法。事实上，以"效用"为评价工具对不同的国家给付义务进行评价，即是选择了"效用"作为一个总的观点，那么各种不同类型的"效用"就是这一总的观点内部存在着的构成性的多元。多元"效用"之间的"优势偏序"，决定具体的国家给付义务在范围上的"优势偏序"。首先，在不同类型的"效用"中，满足基本生理需要的"效用"相对于满足必要可行能力需要的"效用"明显具有"优势偏序"。因为要满足基本生理需要不可克减、不容迟缓，我们将之称为根本性的国家给付义务。而因为对可行能力能够提高个人的生存能力，对必要可行能力需要的满足有助于其他需要的满足，我们将之称为基础性的国家给付义务。在"优势偏序"的国家给付义务范围上，根本性的国家给付义务排在基础性的国家给付义务之前。其次，在相同类型的"效用"中，"效用"越大越反映需求的根本性和紧迫性，因此将"效用"大的称为即刻实现的国家给付义务，而将"效用"小的称为逐步实现的国家给付义务。在"优势偏序"的国家给付义务范围上，即刻实现的国家义务优先于逐步实现的国家给付义务。

（二）第一序列：根本性国家给付义务

根本性的国家给付义务指国家给付义务中满足基本生理需求的部分，基于其本身的特点和其体现的生理面向人的尊严，根本性的国家给付义务必须即刻履行，在"优势偏序"的国家给付义务范围中处于第一序列。

首先，生理需要在人的需要层次中的根本性地位，决定了旨在满足基本生理需要的根本性国家给付义务必须率先履行。对人的需要层次的区分可以从不同的角度和以不同的方式进行不同背景和目的的界分，但所有的分类方式都具有一个共同的特点，无不例外地将生理需要及其相关的需要列为第一层次（见图5-1），并且认为，只有在第一个层次获得适当满足之后，才会产生后续的需求。也即在所有需求满足中，生理需求满足的"效用"最大。

其次，满足生理需要的物质资料最具有可得性和操作性，从资源利用效率看，满足生理需要的根本性国家给付义务应当率先履行。人的需求的满足，特别是国家给付义务针对的基本生存需求都是以社会资源为基础的，而物质资料的稀缺性以及需求满足对于它们的依赖性处于永恒的冲突状态。那么，资源利用的效率则是国家给付义务履行中必须考量的问题，国家必须以有限的资源满足最紧迫、最容易满足（成本最小）的需要。如同"在同样使人感到满足的不同消费行为中，一种消费行为的影响可能使人堕落，另一种则可能使人奋发向上[1]"，同样，资源对需求的满足，一种满足方式可能使人不快，另一种则

---

[1] ［英］亚瑟·赛斯尔·庇古：《福利经济学》，何玉长、丁晓钦译，上海财经大学出版社2009年版，第10页。

可能使人愉悦。对食物、水等人们赖以生存的物质资料的提供不仅对需要满足的"效用"最大，而且相对于医疗、教育服务等其他需要满足的方式成本最低、时间最短、程序最为简省。因此，对基本生理需要的满足效率最高，同样多的资源对生理需要的满足表现出的"效用"也最大。

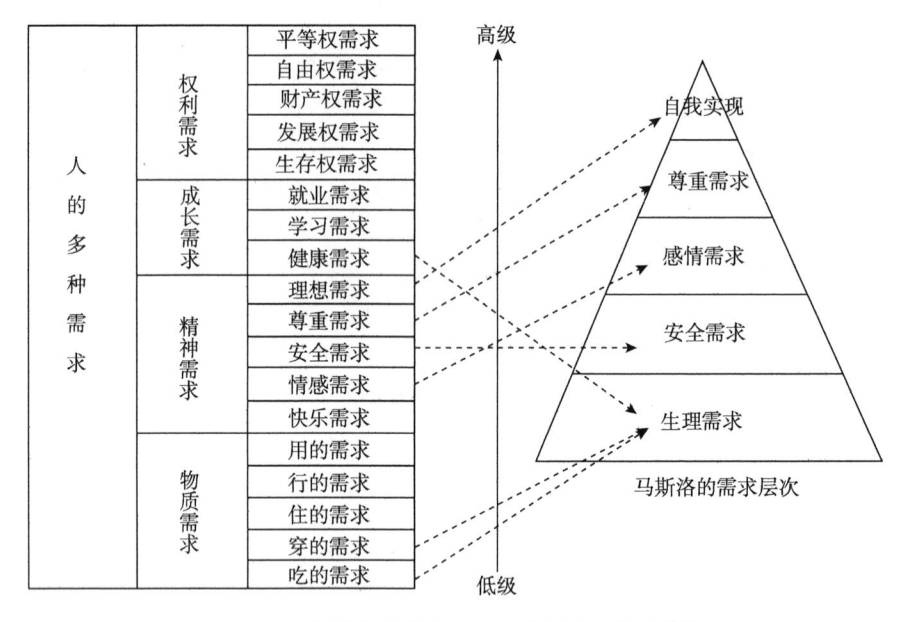

图 5-1　人的多种需求及不同分类方式的对应[1]

最后，满足生理需求的根本性国家给付义务，体现的是生理面向的人的尊严价值，从价值位阶的角度看根本性的国家给付义务也应该是最先被履行的。生理面向的人的尊严价值主要表现为基本生存价值和社会安全价值，是由个人的生存和人类繁衍的生物属性决定的。生理面向的人的尊严价值囿于人的正常生理机能之中，是人参与社会活动、进行自我选择和自我决定的生理基础。因此，满足人的生理需要维护人的正常生理机能，不仅是人的自然属性的要求，也是人的社会属性的必须，亦即体现社会面向人的尊严价值的前提。基于生理面向的人的尊严价值在人的尊严价值体系中的基础性地位，这种价值指向的国家义务部分应该排在优先位置。

从国家给付义务界定的一般标准看，对根本性的国家给付义务在界定上适合采用基本权利标准。生活水准权表现的主要是获得物质资料满足生理需要的基本主张，与之对应的根本性国家给付义务则包括提供食物、水等必要的生活资料的义务。

---

[1] 李佐军：《人本发展理论：解释经济社会发展的新思路》，中国发展出版社2008年版，第30页。

（三）第二序列：基础性国家给付义务

基础性国家给付义务是国家给付义务中满足必要可行能力需要的部分，由于其该项国家义务所满足的权利需要对权利主体的基础性作用决定其在"优势偏序"的国家给付义务范围中的次优地位。

可行能力和功能性活动是人的两种基本需要。"也许能力方法最初关注的概念是功能性活动。功能性活动代表了个人状态的各个部分——特别是他或她在过一种生活时成功地做或成为各种事物。一个人的能力反映了这个人能够获得的功能性活动的可选择性的组合，他或她可以从该组合中选择一个集合。"❶可行能力，即一个人左右价值的活动或达至有价值状态的能力。具体而言，就是能使功能得到发挥的力量，凭借这种能力个人可以实现有价值的功能；它不但标志着个人能做什么或不能做什么；而且体现着个人过自己所欲的生活或实现合理目标的自由，即个人有实质自由去选择他认为有价值的生活；一个人的能力越大，他过某种生活的自由也就越大。❷可行能力具有首要的"建构性作用"，即它本身就是人的需要的重要组成部分，直接体现人的尊严，不需要其他事物或中介来体现其价值。同时，可行能力具有重要的工具性作用。阿玛蒂亚·森指出，其具有政治自由和公民权利、经济条件、社会机会、社会透明性保证、安全性的防护保障五种基本的工具性自由，它们直接或间接地帮助人们实现有尊严的生活。❸

根据可行能力的特征，表现可行能力需要的基本权利主要有受教育权和工作权。受教育权是一项基础性的权利，兼具文化权、财产权和发展权等多重属性。另外，受教育权是一项典型的要求国家提供积极保障的权利，但却是国际社会少有争议并被普遍列入宪法保护的基本权利。受教育权之所以具有多种性质并受到广泛承认，关键在于受教育能够发展人的个性、才智和身心能力，以获得平等的生存和发展机会。因此，受教育权本身就蕴含自由、平等的价值社会面向的人的尊严价值。而且通过受教育对个人行为能力和选择能力的促进，能够更有效地实现生存乃至追求幸福生活，从而体现生理面向的人的尊严。国家通过给付义务满足受教育需求，应当仅次于基本生理需求的满足。同样，国家对工作权的给付主要在于提高劳动能力，恢复劳动者的市场地位以获得生存保障。

---

❶ ［印］阿玛蒂亚·森：《能力与福祉》，载［印］阿玛蒂亚·森、［美］玛莎·努斯鲍姆：《生活质量》，龚群等译，社会科学文献出版社2007年版，第37页。

❷ Amartya Sen, *Commodities and capabilities*, Amsterdam: Noah—Holland, 1985, p. 353.

❸ ［印］阿玛蒂亚·森：《以自由看待发展》，任赜、于真译，北京：中国人民大学出版社2002年版，第31—33页。

（四）第三序列："逐步"实现的国家给付义务

前述根本性和基础性国家给付义务的界定，是以国家给付义务在满足基本权利需要中表现出的不同类型的效用为标准的。并且都包含一个限定，即在同类中这些国家给付义务效用最大或者相对比较大。从国家给付义务范围界定的一般标准的梳理和对特定国家具体给付义务范围的考察中，我们发现，国家给付义务范围不仅受基本生存状况即人的尊严需要的决定，还受一国具体经济、社会和政治具体情况的影响。以效用为标准界定的根本性和基础性国家给付义务，纯粹从人的尊严出发依据基本生存需要决定的，而没有涉及经济、社会和政治情况。

在对根本性和基础性国家给付义务界定的反思表明，这一分类至少存在两个问题：第一，具有同类型效用的国家给付义务，是否不分效用大小一概按照"优势偏序"中的序列顺次履行，如果这样，仅仅把国家给付义务两分没有太大意义，并且会有导致诸如生理需求中昂贵却并不紧迫的需要先于关键的可行能力的满足等违背给付原理和经验的问题。第二，"优势偏序"的国家给付义务范围如何反映社会现实的问题，对现实的回应往往是任何理论构建的生命力所在。

其实，在根本性和基础性国家给付义务的表述中，已经隐含了"优势偏序"的国家给付义务界定的一个基本原则：刚性需求（效用大）依据人的尊严确定，柔性需求（效用小）考虑现实情况。根本性和基础性的国家给付义务只是对生理需求和可行能力需求分别对应的效用相对大的部分的国家给付义务的界定，其中，除国家给付义务效用最大或明显较大的部分由人的尊严限定下的基本生存需要直接纳入根本性和基础性的序列之外，如生理需求中的食品、水等和可行能力中的受教育权。其他同种类型的国家给付义务效用是较大还是较小，当依国家具体的经济、社会和政治情况而定。这样，根本性和基础性国家给付义务之外的其余国家给付义务都属于"逐步"实现的国家给付义务，在"优势偏序"的国家给付义务范围中排在第三序列。而第三序列中的国家给付义务如何履行，也以各国的具体情况而定，这是一国经济、社会和政治情形影响国家给付义务范围的第二种情形。

第二节 国家给付义务的程度

国家给付义务程度是国家给付义务基准中与国家给付义务范围相对应的另一个维度。国家给付义务范围指满足不同需求的具体国家给付义务应按照效用大小顺次履行，而国家给付义务程度指对某一具体的基本生存需要，国家应通过给付满足其到什么程度的问题。然而，基本生存也是一个集合化概念，包含着多样化的基本需要，逐一考察基本生存所包含的需要层次以确定国家给付义务程度既不现实也不必要。国家给付义务程度可以通过对总体上生存需要满足状态的考察中体现出来，即经国家给付后基本生存获得改善的程度，对具体基本需要的满足只是方法上的指引。国家给付义务追求的是保障基本生存的效果，因此是一种结果义务而不是行为义务，其是否能达到预期的效果不仅与履行的方式而且与履行程度有关。对国家给付义务程度的探讨是非常有必要的，"决不允许任何人为了提高其他条件而有一项条件低于最低标准，如果一个公民没有钱达到所有方面的最低标准，但低于个别标准仍能保持独立生活，政府也决不允许对此不予理会"。[1] 本书基于国家给付义务对应的基本需要的测量和客观性，从下限和上限两个维度对国家给付义务程度进行探讨。

一、给付义务程度的分析范式

在国家给付义务基准中，范围和程度分别是对国家给付义务质和量的界定。范围决定具体给付义务是否在场以及在场的排序问题，程度则是在范围语境之下具体给付义务的度量问题。国家给付义务对于权利主体而言是一种经济性利益，在某种程度上即庇古所称的社会福利。庇古认为"社会福利的一部分，它能够直接或间接地与货币度量尺度发生联系"。[2] 因此，国家给付义务及其对应的主要通过物质资料满足的基本需要都具有度量性。

（一）确定给付程度的一维与二维选择

国家给付义务是对基本需要的满足，对国家给付义务的度量可以从对基本需要满足角度考察。实证主义方法认为度量必须具有可观察的物，在对国家给付义务的度量中，可观察的物一方面表现为国家给付义务所包含的经济利益，另一方面表现为基本需要赖以满足的物质资料。二者正是一个问题的两方面，满足基本需要的物质资料正是国家给付产生的经济利益的载体。国家给付义务的根本任务在于以增进利益的形式保障符合人的尊严的基本生存，符合人的尊严的基本生存本身就意味着一个低得不能再低的限度。那么，提供满足权利主体确保人的尊严的生存需要的必要生活资料便是国家给付义务的下限，通过这种客观性的必要的生活资料可以实现对国家给付义务的度量。然而，国给付义

---

[1] [英] 亚瑟·赛斯尔·庇古：《福利经济学》，何玉长、丁晓钦译，上海财经大学出版社2009年版，第388页。
[2] Pigou A. C., *The Econmics of Welfare.* London: Macmillan, 1952, p.11.

务下限所表现的度量，是否就是国家给付义务程度？

人的尊严价值的双重面向决定着对国家给付义务的度量，既包括国家给付义务的下限，也包括国家给付义务的上限。国家给付义务保障的基本生存的目的确定的是国家给付义务的下限，即国家给付提供的生活资料必须达到满足生理面向的人的尊严的要求——最低保障，否则，国家便没有尽到保障其基本权利的义务，权利主体可以向国家提出相应的权利主张。人的生存需要有最低的要求，却没有最高限度。基本生存意在表现最低要求，而不在于对更高需要的限制。与生理面向人的尊严对应的社会面向的人的尊严却对国家给付义务满足的生存需要的上限提出要求。社会面向人的尊严价值主要表现为自由和平等，自由对国家最根本的要求是防御国家权力的干预和侵害，即要求尊重和保护个人必要的空间，因此，在满足基本生存需要确保个人具有相应行使自由的条件后，国家便不能过多地干涉个人生活，哪怕是对个人的授益行为；平等要求国家无差别地对待，在对社会弱者予以相应差别补偿后，如继续增进其利益，便是对其他人平等权益的侵犯。因此，国家给付义务的最终目的是维护权利主体符合人的尊严的生活，生理面向的人的尊严决定国家给付义务的下限，而社会面向的人的尊严决定国家给付义务的上限。

国家给付义务确保人的基本生存和帮助自立，也要求对国家给付义务的度量采取下限和上限的双重维度。国家给付义务的价值是国家给付义务的内在规定，也是其产生和履行的指向，国家给付义务的作用则是国家给付义务履行产生的实际效果。国家给付义务的作用主要表现在两方面：其一，保障和改善基本生存。一方面，国家给付义务主要针对陷入生存困境的社会弱者，社会救助等国家给付义务的履行将直接改善社会弱者的生存条件。另一方面，国家通过民生投入，提供公共参与的基础设施，改善生存环境，为确保每个人的基本生存提供平等机会。其二，帮助自立。作为国家给付义务的主要对象，社会弱者基于生理、心理等各种原因，通过市场无法满足自身需要。其中一部分通过国家给付的帮助弥补在市场竞争中的减损和提高市场竞争能力，重新获得自立。个人的生存主要依靠自我实现，只有在个人失败之后国家才提供最后的"安全网"。两方面的作用对国家给付义务程度的度量要求不同。保障和改善基本生存的作用规定国家保障至少应达到的程度，即国家给付义务的下限。从帮助自立的角度，国家必须为失败的个人提供帮助以确保其重获自立的可能，但国家帮助以提供个人自立的基本条件为限，不能刺激其惰性而对自立产生消极影响，因此同时体现对国家给付义务下限和上限的度量要求。

从技术性处理的角度看，国家给付义务保障的基本生存需要是一个不确定的量，从下限和上限两个角度进行限定更具可操作性。"最低保障"，特别是合乎人性尊严最低生存标准的所需给付，是一个流动的概念，可能会随着国民生活的日渐富裕或匮乏而异其内涵。❶ 对于一个不确定量的度量，如果只有一个确定的标准，便会围绕标准上下波动。这样，要么是标准本身无法确定（不具备可确定性），要么是突破标准。在对国家给付义务的度量中，如果以确保人的尊严的最低需要即国家给付义务下限为标准，这一标准显然是不能突破的，则国家给付义务下限本身不可确定。但如果确定两个标准，就会恒定在上标和下标之间波动。这样，以确保人的尊严的最低需要即国家给付义务下限为下标，以国家给付义务上限即国家给付义务履行的必要性为上标，则可以同时满足最低需要不可突破和其本身是可以确定的要求。

（二）下限与上限的对立统一

国家给付义务的上限和下限都以基本生存需要为依据，体现了对国家给付义务要求的不同侧面，二者是对立统一的。

国家给付义务上限和下限的对立，表现在保障基本生存的国家给付义务的程度倾向上。国家给付义务的下限要求国家必须履行足够的给付义务以保障基本生存需要，是对国家给付义务程度的积极强调。国家给付义务的下限由生理面向的人的尊严决定，主要关注其对于保障基本生存的作用。在一定意义上，国家给付义务的保障程度越高，对基本生存的保障更为有效。国家给付义务的上限则要求国家对基本生存保障履行必要的给付义务，是对国家给付义务程度的消极强调。国家给付义务的上限由社会面向的人的尊严决定，主要关注其对于帮助自立的作用。国家给付义务对于竞争失败者的自立的基础——基本生存所需而言必不可少，自立的含义主要指脱离对生活保护的依赖，因此，国家给付义务应以恢复自立所需为限。

国家给付义务下限和上限虽受人的尊严的不同面向决定，但统一于人的尊严之下。生理面向和社会面向的人的尊严是人的尊严价值的不同侧面和不同程度的表现，生理面向人的尊严是社会面向人的尊严的基础，而社会面向人的尊严是生理面向人的尊严的保障，二者相辅相成。在自由、平等不兴的前资本主义时代，锦衣玉食的统治者在人的自然性方面受到很好的保障，但其享有的只是作为特权阶层的尊严，而不是作为人的尊严。而在自由主义社会，虽然每个人在社会中都享有同等的自由和权利，但如果社会弱者作为人的基本生理需求都得不到满足，形式上的人的尊严也不足以维护和实现人作为人的价值。因此，人的尊严是生理面向和社会面向的统一，二者不能偏重更不可或缺，同样，受二者决定的国家给付义务下限和上限也是统一的。

保障基本生存是帮助自立的基础，保障基本生存和帮助自立统一于国家给

---

❶ 许宗力：《宪法与法治行政国行政》，元照出版有限公司2007年版，第191页。

付义务所要实现的目的——符合人的尊严的生活。对于有尊严的生活而言，个人自立是主要的，而国家只是承担补足的作用。但是，国家的补足对个人自立具有相当重要的意义。当个人陷入不能自立的困境中时，国家给付义务立足于维持其最低限度的生活，使其适应社会生活，培养、帮助其具有的潜在能力，维持其发挥人之所以为人而具有的自主独立的可能性。并且，对于不具备劳动能力的人来说，通过国家给付义务弥补其经济上不能自立的事实，可以保障其人格上的自立。因此，"帮助自立与生存权保障的实现是不可分割的，因为在保障其最低生活的同时，积极地帮助其自立也是实现生存权所要达到的目的"。❶

二、国家给付义务的下限

国家给付义务的下限和上限是由基本生存需要出发，度量国家给付义务程度的两个相互对应的标准。在国家给付义务程度分析框架中，国家给付义务的下限是主要的标准，而国家给付义务的上限起辅助作用。

（一）国家给付义务下限的内涵

国家给付义务下限的界定是以基本生存需要的客观性和确定性为基础的。根据多伊和高夫的解释，需要（需求）（need）是与想要（欲求）（want）相区别的，需要是必要条件，有 X 才有 Y 的达成，具有客观性；想要是主观条件，有主观性，只想具体的满足物。同时，需要指被认为是全人类通用的特定目标，而想要则指源自个人特殊偏好和文化环境的目标。❷ 因此，"需要是关于人的事实，并具有确定性的味道；一个人不得不拥有它们，它们甚至能够被科学地证明"。❸ 有的观点更是认为需要的客观性独立于经济社会的发展水平，并且阐明这并不是否认现代社会会产生"虚假"的需要和欲望，而是反对把人的"真正"需要限定在最低生存需要的范围内。也不意味着需要就得相应于当时的供应水平而被理解，一个社会的经济水平也许无法满足来自它对一种最低限度的体面生活的理解的所有那些需要，但这并没有给予修改需要内容的理由。❹

在需要的客观性基础上形成的基本生存需要具有强制性，决定保障基本生存的国家给付义务以满足基本生存需要为下限。在社会中人的基本生存需要具

---

❶ 韩君玲：《日本最低生活保障法研究》，北京：商务印书馆2007年版，第122页。
❷ 彭华明：《西方福利理论前沿》，中国社会出版社2009年版，第39页；黄晨熹：《社会福利》，格致出版社、上海人民出版社2009年版，第6页。
❸ [英]诺曼·巴里著：《福利》，储建国译，长春：吉林人民出版社2005年版，第154页。
❹ [加]罗伯特·韦尔、凯·尼尔森编：《分析马克思主义新论阅》，鲁克俭、王来余、杨洁等译，北京：中国人民大学出版社2002年版，第81—82页。

有强大的道德力量，据此个人可以向其他人提出某些主张。"需要是证明为正当的语言，规定了匮乏者可以正当地向拥有者提出提供必需品的要求。"❶ 在人类大部分地区的习惯法中，当一个人因饱尝饥渴而窃取食品的行为是不受追究的。而在公民和国家的关系中，国家负有满足需要的义务，并且国家必须对公民的需要满足在一定的程度，比如基本需要。这便对满足公民需要的国家给付义务提出了下限的要求。一个社会总是存在着对人而言什么可算作最低限度体面生活的标准，倘若社会中存在大量没有得到这种水平满足的群体，那么，这个社会在道德上就失去了合理性。基本需要没有得到满足，意味着道德底线被违背，应该履行相应义务的国家没有担负起责任。❷

然而，作为国家给付义务下限的基本生存所需并非每个人事实存在的基本需要，而是成为社会公示并获得法律认可的基本需要。基本生存所需不仅牵涉到特定的社会经济环境，也涉及文化因素的差异。台湾学者许宗力将其区分为"绝对生存最低所需"和"通念中的最低生存所需"两个概念。"绝对生存最低所需"乃是维持个人生理上继续存活的最低所需，这也是国家必须绝对保障的。但在多数现代福利国家中，并不采取如此苛刻的界定（能够存活与维持符合人性尊严的生存之间尚有较大差距），而多是透过立法界定出"通念中的最低生存所需"，这是依照该社会通念当中认为那些生存条件是一个符合人性尊严的生存所必要的，而随着具体社会的差异会有极大的不同。对立法者而言，"绝对生存最低所需"的保障等于是强制性的宪法要求，必须获得确保。至于怎样的生活物资属于"通念中的最低生存所需"，则具有立法裁量空间，应保留给立法者依据社会通念与经济条件来决定。❸

国家给付义务下限是国家必须承担并且切实履行的义务，不受资源或者其他条件的限制，意味着负责监督国家义务履行的法院可以对权利人的相关主张予以裁判。国家给付义务下限包含的国家义务内容也即国家人权法上所提出来"最低核心义务"，是不管条件如何必须立即实现的义务，因此，对监督国家义务履行具有很强的操作性。作为可主张的国家给付义务下其内容对应一般基本权受益功能。因此，法律上对具体基本权利受益功能的承认都保持审慎保守的态度，不仅只愿承认极少数特定基本权具有受益权功能，即给付范围，亦只愿就低标的承认之，也就是只愿意就合乎人性尊严最低生存标准之给付。从我国台湾地区看，承认受教育权、生存权与工作权等少数基本权具有受益权功

---

❶ Michael Ignatieff, *The Needs of Strangers*, London：Chatto & Windus, The Hogarth Press, 1984, p. 27.

❷ 刘丽伟：《政治哲学视域下的福利国家研究——以英国为例》，黑龙江大学 2010 年博士学位论文，第 159 页。

❸ 蔡维音：《社会国之法理基础》，正典出版文化有限公司 2001 年，第 51 页。

能，且将受益权功能所提供的保障程度压到"最低保障"。

(二) 国家给付义务下限的界定

对国家给付义务程度的度量可以从基本需要的满足及其所必需的物质资料入手，经济学和社会保障学为基本需要的度量提供了宏观和微观的标准。能够反映国家给付义务下限的宏观标准主要有物质生活质量指数和人类发展指数，微观标准主要有最低生活指标。

"物质生活质量指数"（PQLI）：基本需要满足状态度量。是关于基本生活需要满足状态的一个指标，为了衡量发展中国家贫困居民生活质量状况，美国学者莫里斯在1975年提出关于"维持人类生存的生理素质"方面的综合衡量指标。莫里斯认为，人均GNP属于投入方面的总量指标且存在度量和可比性等问题。故应该选择婴儿死亡率[1]、人均预期寿命[2]和识字率[3]三个具有"泛人类色彩"、具有广泛可比性、能够真正反映贫困人口"基本需要"满足状况的相对指标来构造综合衡量指标。将以上三个指数进行简单平均即PQLI数值，可以以60、80为界划分为低、中、高三个等级水平来描述各国的未知生活质量。婴儿死亡率与预期寿命都有上限，只有是绝大多数贫困人口基本需要得到满足，婴儿死亡率与预期寿命指数才会有大大改善，PQLI数值才能大幅度提高。因此，PQLI是衡量人类基本需要满足程度的一个简易指标，受到国际社会普遍关注，并在世界各国发展规划中得到广泛应用。对国家给付义务程度具有重要参考意义。

"人类发展指数"（HDI）：世界反贫困指针。人类发展指数是由平均预期寿命、成人识字率和按购买力平价计算的人均GNP三个指标指数化后进行算术平均而得。"人类发展指数"的提出，试图以简明的综合指标来反映世界各国、特别是发展中国家反贫困的进展状况。[4] 世界银行将贫困定义为，缺少达到最低生活水准的能力，这里的生活水准是由家庭收入和人均支出以及营养状

---

[1] 婴儿死亡率是指每千名婴儿的死亡人数，以1950年联合国统计数据中最高水平（加蓬，229‰）为0，以最低水平（瑞典，8‰）为100，由此做100等分，每改变2.22个千分点婴儿死亡率指数就改变一点，这样，婴儿死亡率指数可以根据以下公式计算：

$$婴儿死亡率指数 = \frac{229 - 实际千名婴儿死亡数}{2.22}$$

[2] 预期寿命按1岁时计算。1岁时预期寿命，以当时统计数据中最低水平（越南）38岁为0，最高水平（瑞典）76岁较高的（2000年）预期水平77岁为100，由此做100等分，每改变0.39岁预期寿命指数就改变一个点，这样预期寿命指数就可以根据以下公式计算：

$$预期寿命指数 = \frac{一岁预期寿命 - 38}{0.39}$$

[3] 识字率是指15岁以上人口识字者所占百分比，直接转化为（0，100）取值的指数。

[4] UNDP, *Human Development Report*, Oxford: Oxford University Press, 1990.

况、医疗卫生、预期寿命、识字能力等因素综合决定的。❶ 一般而言，贫困是由低收入引起的基本物质生活条件和社会活动机会相对或绝对缺乏的一种生存状态。但从基本生存的角度看，贫困首先是绝对意义上的生存贫困，即在特定的经济环境中，人无法凭借劳动所得或其他合法收入维持基本生存需要，以致生命延续受到威胁的状态。UNDP（联合国开发计划署）认为，从基础层面看，人类发展实际上是一个不断摆脱贫困状态、提高生存机会的历史过程。而充足的收入、健康长寿并能受到良好的教育，便是人类摆脱贫困、获得良好生存机会的基本标志。

最低生活水平标准旨在建立最低的生活条件标准，足以使任何人能脱离极端匮乏境况，保障基本生存。早在1909年，韦伯（Weber）明确要求政府采取行动保障"强制性的最低文明生活"之前，就已经有人提出实现最低生活的构想。直到二次世界大战期间，贝弗里奇报告在欧洲社会引起的"贝弗里奇"革命，"最低标准"受到普遍关注并成为整个社会政策思想的基础。贫困线是最常用的最低生活标准。贫困线是指为度量贫困而制定的针对维持基本生活条件所需的费用，一般认为宜综合采用目前国际上常用的"恩格尔系数法""国际贫困线标准""市场菜篮子法""生活形态法"进行确定。它可以分为三个层次：生存线，满足最起码的生理需求的最低费用，包括食品、居住、水费、电费、燃料费；温饱线，满足最起码的温饱需求的最低费用，包括衣着、交通费、女子教育费；发展线，基本上能自给有余并具备发展能力的需求的最低费用，包括成人教育、医疗费。三个层次的关系是，温饱线包含生存线，发展线包含温饱线。❷ 世界银行从生存线的角度确定的绝对贫困线标准是：每人每天的食品提供为2150千卡热量，食品支出占总支出的比例农村为63%、城市为61%。我国政府确定的农村绝对贫困线标准是：每人每天的食品提供为2100千卡热量，食品支出占总支出60%。❸

以上对基本需要和贫困状况的度量标准，都具有一个共同的特点。即不能将标准设想为一种主观最低满足，而应当视为一种客观的最低条件。而且最低条件不仅仅包括生活的某一方面，而且涉及各个方面。因此，这种最低条件包括某个明确数量和质量的住房、医疗服务、教育、食品、休闲以及工作的卫生安全设施等，而且最低条件是绝对的。❹ 国家给付义务下限应该在物质生活质量指数和人类发展指数的指导下，以最低生活标准的方式表现。最低生活标准

---

❶ 世界银行《1990年世界发展报告》，中国财经经济出版社1990年中译本，第26页。
❷ 周迎春、张双喜著：《社会保障收支预测与平衡》，中国经济出版社2005年版，第164页。
❸ 张姝：《社会保障权论》，吉林大学2005年博士毕业论文。
❹ ［英］亚瑟·赛斯尔·庇古：《福利经济学》，何玉长、丁晓钦译，上海财经大学出版社2009年版，第387页。

既要反映对基本生理需要的保障,也要反映对必要可行能力的保障。同时,最低生活标准还要通过适调机制以反映社会的发展和需要的变化。目前,我国最低生活保障标准的调整机制存在调整手段单一、调整标准不规范、调整参数设置不当等问题。应当将最低生活保障标准与价格挂钩,保持最低生活保障标准的购买力不变;而且还应与收入挂钩,使最低生活保障标准随社会平均收入水平的提高而提高。❶

(三) 司法实践中的国家给付义务下限

尽管司法界对国家给付义务及其对应的依赖高度政治考量国家资源分配利用的基本权利受益权,向来持比较谨慎的态度,但还是有所涉及。本书选取了两个案例表现司法对国家给付义务下限的裁量方式和限度。

在著名的朝日诉讼中,朝日茂以厚生大臣制定的日用品费每月600日元的标准不足以维持宪法和新生活保护法保障的最低生活水准为由,将国家(厚生大臣)告向东京地方法院。在对这一案件的审理中,东京地方法院、高等法院及最高法院在厚生大臣的生活保护基准制定行为可成为司法审查对象这一点上,持相同看法,但对审查范围宽窄的认知方面有明显差异。虽然东京高等法院和地方法院同样认为生活保护基准可以成为司法审查的对象,但在生活保护基准的制定方面,东京高等法院与最高法院的判决所持观点略有区别。❷

在林某要求变更生活保护裁决一案中❸,一审法院判决认为,林某虽然具备从事较轻的工作的能力,但即使其有工作的愿望,实际上也找不到活用能力的机会。因此,以林某的能力没有活用不能满足补足性(国家保护)要求为由拒绝为林某提供生活保护的做法是违法的。但二审却做出了截然不同的判决,认为林某不应固执地坚持从事对两腿有重大负担的建筑劳动,应该按自己劳动能力的程度努力拓展就业市场,其"有就业的机会、就业的场所的可能性不能否认",因此,林某不具备接受生活保护的资格。本案最终告到最高法

---

❶ 杨立雄、胡姝:《城镇居民最低生活保障标准调整机制研究》,《中国软科学》2010年第9期,第33页。

❷ 韩君玲:《日本最低生活保障法研究》,北京:商务印书馆2007年版,第154页。

❸ 林某以打短工维持生计,随着短工需求减少,并且患上筋肉疼痛等病,找不到工作,不得已开始了流浪生活。此后,数次到福祉事务所说明情况,进行咨询。福祉事务所为其提供一天的医疗扶助并指示其去医院接受诊疗,医生诊断其如果可以劳动,福祉事务所不必为其提供生活扶助及住宅扶助。随后,林某在流浪的同时继续寻找工作,虽然通过介绍找到了建筑工地的工作,但因身体原因被解雇。于是,林某向福祉事务所提出开始生活保护的申请,但福祉事务所根据医生的诊断结论做出了只提供医疗扶助,不提供生活扶助和住宅扶助的决定。为此,经审查请求和再审查请求的裁决林某以开始保护决定违法为由提起取消诉讼,并一并要求所在市对其进行赔偿。

院，最终因林某中途死亡而终结。这是对既无收入又无住所的生活无着流浪汉抛弃不管的判决。❶

三、国家给付义务的上限

国家给付义务的承担会增加财政压力，对于对应的权利主体而言也并非越多越好。西方福利国家的衰落和对福利的质疑，在一定意义上与福利给付的限度不无关系。因此，国家给付义务在保障基本生存的基础上，应以必要性为限，以确保国家义务的效率性和法律属性。

（一）确定国家给付义务上限的维度

确定国家给付义务上限的维度，也即国家给付义务存在的理由，主要包括以下方面：

首先，资源的稀缺性及与之相关的需要的有限性，从国家给付义务的保障和来源决定其具有上限。任何国家义务的履行都必须依赖社会资源，而增益性的国家给付义务更需要以坚实的国家财政为基础。因为国家给付义务的行使在本质上是一种转移支付，即国家通过再分配的形式将社会资源从富人向穷人转移。所以，国家给付义务面临的资源的稀缺性不仅仅是自然资源的稀缺，而是更为稀缺的财政资源。为了利用有限的资源有效地确保更多人甚至所有人的基本生存，国家给付义务既要有必须达到的下限，也要有不能超越的上限。另外，国家给付义务是对基本需要的满足，从基本需要的有限性角度看，国家给付义务也是有上限的。对基本需要的满足主要或全部通过物质资料的消费来满足。物质需要受自然的约束、技术约束和合理性选择的约束，是有限的。基本需要及其满足，既需要必不可少的物质条件，同时也具有明显的物资有限性。

其次，国家给付义务的行使具有强制性，为了尽可能地确保自由，应当确立国家给付义务的上限。弗里德曼认为，从本质上看，个人的福祉应完全从属于个人的经验，个人的福利应是通过市场购买来实现，个人的生活满足感或幸福也只有从市场的交换中才可能得以改善❷。尽管在市场失败时国家应当介入以补足市场带来的损失，但因此对市场经济的负面影响以及由此带来的对公民自由的限制仍然备受关注。所以，在自由主义者对个人的充分信任和对防御国家的传统中，国家的本质就应该是处在被限定之中的，对最小国家的需求，本身就是一种上限。国家给付义务是通过国家行为实现的，为了确保个人自由的

---

❶ [日] 桑原洋子：《社会福祉法制概论》，有斐阁2006年版，第95页。
❷ N. Barry, *Friedman*, in: V. George & R. Page (eds.), *Modern Thinkers on Welfare*, London: Prentice-Hall, 1995, p. 35.

空间不受可能的干预和侵犯，首先就是限定国家行为的最大幅度，这表现在国家给付义务上便是其上限。

最后，确定国家给付义务的上限，是平衡权利的需要。国家给付义务的履行是国家对社会资源进行二次分配的表现。在分配领域中，第一次分配追求效率，第二次分配讲究公平。第一次分配是社会资源在人与人之间依据已有的社会资源、禀赋和运气进行配置，形成财产权；第二次分配的社会资源来源于对个人财产权的剥夺，实际上是通过对富人财产权的限制来满足穷人的生存权利。这种对神圣的财产权的限制其正义性来自与权利之间的比较，拥有了财产的权利自然应该让位于具有更高位阶的生存的权利。但是，当国家给付义务已经保证了基本生存之后，继续通过国家给付义务所获得的利益就不再具有生存权利的属性，也成了一种财产性的权利。如此，接受者若继续从对富人财产权的剥夺中受益，就不再具有正当性，而因此对富人财产权的剥夺也变成一种侵犯。因此，为了平衡财产权和生存权的关系，必须设置一个限制国家给付义务过度履行的幅度，这便是国家给付义务的上限。

国家给付义务上限的设置，还有多方面的意义，比如便于对国家给付义务履行的监督、减少财政压力、提高给付效率等。国家给付义务的上限其实很早以前便受到过立法的关注。旧的日本生活照护法没有"基准"用语，但第10条规定"保护应不超过生活必要的限度"，对此，相关的解释为既然保护是对被保护者最低生活的保障，那么超过必要限度的宽裕生活自然是不被允许的。❶

（二）福利国家转型中对国家给付义务上限的探索

对国家给付义务下限的探索往往表现在对贫困状态和反贫困需要的度量中，而国家给付义务上限尚未引起人们足够的关注，但其客观地存在于西方福利国家转型过程中削减福利的努力和尝试中。对给付义务上限的确定，可以从20世纪70年代以后福利国家紧缩国家福利的措施中发现影踪和得到启发。主要包括如下方面努力。

第一，从时间方面确定。①规定等待期。1991年，瑞典政府开始对健康保险津贴实行2天的等待期；1993年，瑞典社会保障立法规定，领取失业保险的时间从失业后第六天开始。②限定享有福利的期限。瑞典相关法律规定，失业者领取失业保险金的时间为300天。1996年，美国颁布法案规定，贫困家庭享受福利救助时间不得超过5年；有劳动能力的成年人在接受福利补助的

---

❶ [日] 小山进次郎：《改订增补生活保护法的解释和运用》，中央社会福祉协议会1951年版，第510页。转引自韩君玲：《日本最低生活保障法研究》，北京：商务印书馆2007年版，第60页。

两年内必须参加工作；有工作能力而又不抚养小孩的人在 3 年之内只能领取到食品券补助。

第二，附加条件。20 世纪 80 年代以后，瑞典在社会保障制度中加入就业指标，将"愿意就业"作为享受社会保障的基本条件，失业者必须参加就业培训或在职业中心登记才能领取失业津贴，领取社会救济和残疾人福利的人必须证明自己已经尽力工作了。❶

第三，削减支出总量和削减福利项目。改革方案中包括直接降低一些福利项目的津贴标准的措施，从而实现明显降低政府福利支出的目的。在 1980 年的政府预算中，撒切尔政府首先开始削减一部分福利项目的津贴标准。1986 年的福利法又进一步减少了养老金津贴水平，国家给付养老金的最高津贴水平已减少到平均收入的 20%，而不是工党政府时期的 25%。❷

第四，改变标准。"二战"以来，在英国的各项福利津贴标准一般按照收入水平与物价水平来确定，通常是取其中较高水平作为基本标准，但正是这种做法，却造成了福利津贴水平的持续上升趋势。为了能够更加有效地减少福利支出和促使福利津贴水平更加合理，1982 年出台的福利法对这一惯例进行了改革，规定今后的福利津贴标准将以物价水平为准，特别是养老金津贴标准，将随物价水平的变化而改变。❸

第五，确定某些具体给付的标准。如瑞典在 1990 年规定，老人身体治疗收费标准每天不能超过 1800 瑞典克朗，老年病治疗标准每天不能超过 1300 克朗，结束"敞口花钱"机制。

第六，裁减非必要给付。20 世纪 80 年代，瑞典取消了定期牙科医疗补助，取消了第一胎的双亲假。

第七，加强监督机制。1991 年，瑞典政府规定在对健康保险津贴发放中，医生的证明不能作为病假者状况的充分证据，由雇主承担前十四天的健康保险津贴责任，并有义务调查因病长期不工作者的实际情况。

---

❶ 张鹏：《欧洲社会保障制度研究及中国的启示》，吉林大学 2005 年硕士毕业论文。
❷ 丁建定：《论撒切尔政府的社会保障制度改革团》，《欧洲》2001 年第 3 期。
❸ 刘丽伟：《政治学视域下的福利国家研究》，黑龙江大学 2010 年博士毕业论文。

第六章　国家给付义务的履行

第一节　国家给付义务履行的基本原则

一、权利保障原则

权利保障原则以权利本位为基础，权利本位理论是为个体权利保障而构建的[1]。国家给付义务履行，是国家介入个人生活以解决基本生存问题的活动。因此，从关系角度而言，该权利保障中的权利本位指权利与公共权力之间的关系问题，而不是普通民众或者公民的权利与义务之间的关系问题。在公民权利与国家权力之间，权利本位即公民和国家宪法关系体现，即国家权力来源于公民权利，公民权利第一性，国家权力第二性，国家权力是保障公民权利的工具。

权利保障原则强调国家给付义务及其履行的基本价值追求就是对公民权利的保障。依据公民权利与国家权力之间关系的权利本位原理，国家权力是保障和实现公民权利的工具，国家给付义务履行的另一面又表现为国家权力行使，因此，国家给付义务履行必须尊重公民的主体性和个体性，以公民的权利为出发点和归宿。从基本权利防御权功能视角而言，公民权利保障是宪法的基本原则，宪法以根本大法的形式对公民的基本权利加以确认和保障，成为近代宪法鲜明的主旨。宪法的基本内容是保障公民权利，限制国家权力，"宪政的本质就是用宪法和法律来限制政府专横的权力保障公民的基本权利"[2]。在制度安排上，国家机关职权的确立和执行应以保障个人基本权利为底线，以确保公民权利免受国家权力的非法入侵与伤害。而从公民基本权利受益权功能视角而言，权利保障原则还要求国家采取积极措施依据具体情况介入市场失利者的个人生活，以保障其基本生存。

国家给付义务的履行历来是基于"生存保障"的理念而实施的，但权利

---

[1] 钱大军：《再论"权利本位"》，《求是学刊》2013年第5期，第94—100页。
[2] 刘军宁：《共和·民主·宪政》，上海三联书店1998年版，第267页。

保障原则要求国家给付重心从"生存保障事业"转向"生存权利保障"。我国历来重视民生保障给付，但国家给付的目的和宗旨事实上是发展生存保障事业。首先，发展生存保障事业是由我国社会主义制度及其优越性决定的，区别于资本主义，社会主义的奋斗理想就是以社会主义公有制为基础确保公民享有实质平等权利，实现民生保障，生存保障事业即是社会主义事业的重要组成部分。其次，从民生保障的国家给付实践看，国家给付重在发展公共性的民生保障事业，在法律上鲜有明确确认公民民生权利和注重个体民生权利保障，给付对象只能被动接受。例如，我国宪法明确规定国家发展医疗卫生事业，但对健康权及相关其内容没有明确规定，而现实中"看病难""看病贵"等影响个人健康保障的实际问题更是长期存在。权利保障原则下的国家给付义务履行，应将发展国家给付事业的理念转化为个体权利保障理念，在国家给付提供者和国家给付利用者之间，提供者不能仅从整体状况和大局利益的角度履行国家给付义务，必须回应利用者的实际情况和现实需求，利用者能自由决定接受给付的内容、时间和费用等。

二、辅助性原则

辅助是指给那些陷于困难中的人们提供支持、救助和帮助。对于辅助性原则，理论上主要具有国际法和宪法两种情形。国际法意义上的辅助性原则在欧洲一体化进程中为平衡欧盟与国家主权的关系而提出，该辅助性原则指联盟只会被授予处理各成员国已不再能够有效处理的事务的那些责任，以确保欧盟不会超过现在的共同体所做的事情，不会造成一个集中化的超级国家。

而宪法意义上的辅助性原则，主要在于限定国家对个人生活介入的条件及程度，具有以下几方面内涵：第一，国家介入是最后的选择，只有穷尽其他途径，才启动国家介入。按照辅助性原则的理念，在个人层面能解决的问题，就应由个人来解决，而不应交由社会或者国家来处理；在社会层面能够解决的问题，就应由社会来解决，而不应交由国家来处理。❶ 个人首先要对自己负责，在个人无法解决的时候，可通过自愿合作来解决共同的问题；在自愿合作无法解决的时候，才需要公权力的介入；而进入公权力的范围之内，也应当由较小的共同体承担解决共同问题的责任；只有在下层共同体需要更高一层支持的时候，更高一层才能予以干预。个人、社会、国家乃至国家内部各级政府之间形

---

❶ 熊光清：《从辅助原则看个人、社会、国家与超国家之间的关系》，中国人民大学学报 2012 年版第 5 期。

成递升的辅助关系。❶ 第二，国家介入需具有目的性和有效性。从辅助性原则看，在特定公众和组织无法自主实现其目标时，高一层级的组织应该介入，但仅限出于保护他们的目的，并且，高一层级组织只能处理那些低一层级的组织无法独立处理而高一层级的组织又能更好完成的事务。❷ 第三，国家有条件介入个人生活困境，其原因在于个人对国家的防御性及国家能力的有限性。一方面，国家权力应该给个人保留足够的发展空间，以确保其自由权利免受干预。凡是公民、法人和其他组织能够自主解决的，市场竞争机制能够调节的，行业组织或者中介机构通过自律能够解决的事项，除法律另有规定的之外，行政机关不要通过行政管理去解决。另一方面，国家不仅在个人权利方面必须克制以确保权力有限性，而且事实上国家权力资源也是有限的，有限是有为的前提和保障。"如果我们把较低层级和较小团体所能有效完成的任务，都交由较高层级和较大团体去做，那就是非正义的事情，并且会扰乱正常的社会秩序。国家应当把一些不太重要的事情交由次级团体去处理，而不至于分散自己的力量。"❸ 国家给付义务履行是国家对个人生活的介入，因此，国家给付义务履行所要遵循辅助性原则是宪法意义上的。

　　国家给付义务履行，必须坚持辅助性原则，不仅具有辅助性原则本身包括的有限国家以确保个人自由空间和提升国家权力效率的考量，而且包含对实践经验教训的总结概括。国家给付义务履行是解除个人的生存风险，保障每个社会成员的生活安全，维持其基本生活并不断提高其生活质量从而保证其生存权的有效保障。但国家给付并非越多越好，应当控制在适度的范围和程度之内。否则，不仅给给付财政带来压力，还会对社会形成反向刺激。民生保障的给付水平过高，可能使部分社会成员滋长懒惰心理和不劳而获思想，培养出一批"懒汉"，挫伤从业人员工作积极性，会使积累匮乏，抑制企业投资和居民储蓄的意愿，导致部分经济效率损失。甚至，福利国家的高水平给付，正成为解释其经济和社会问题的原因。伴随着西方滞涨时代的到来，有关"福利国家政制乃经济增长缓慢乃至停滞的元凶""应当大幅度削减福利，以刺激经济增长"的言论和主张不绝于耳。福利国家当前面临的问题固然与国际环境及人口结构变化等经济社会环境变化所引起的周期性经济衰退有关，但与其在经济增长"黄金时期"不理性地全面扩张福利项目、过度透支未来财力的行为也不无关系。因此，将国家义务履行设置必要的条件并控制在可以承受的范围之

---

❶ 闫海：《地方财政自主的宪政逻辑：辅助原则的分析进路》，学术探索 2006 年第 2 期。
❷ Ken Endo, *The Principle of Subsidiarity: From Johannes Althusius to Jacques Delors*, Hokkaido Law Review, 43 (6), 1994, pp. 553 – 652.
❸ 熊光清：《从辅助原则看个人、社会、国家与超国家之间的关系》，中国人民大学学报 2012 年第 5 期。

内，避免过度保障，是提高国家给付效率，避免"福利病"的必要坚守。

三、发展原则

国家给付义务依赖于国家的经济基础，其给付范围和给付水平必须与经济社会发展相适应。毋庸置疑，国家给付义务履行应与社会经济发展相适应，并且不断增进社会保障制度安排与其他制度或政策的协调程度，提高该制度安排包括经济效能在内的综合效能。除此之外，国家给付义务履行中应坚持的发展原则至少还包括以下两方面的内容。

国家给付义务履行，应坚持的发展原则，既包括个人发展，也包括社会发展，而这一发展原则的前提基础就是安全、公平、正义与共享。显然，国家为社会失败者提供给付以确保其基本生存，自然是为失败者提供发展能力，积蓄发展潜力，促进其走出生活困境，扫除个人发展障碍。而社会是个人的集合，国家给付义务的履行为社会提供了一道安全屏障，既避免了失败者铤而走险威胁社会安全，也提供了一套社会缓冲机制，为社会发展提供保障。同时，国家给付基于人权无差别地提供社会保障安全网，实现风险共担、福利共享，分享经济社会发展成果。另外，国家给付义务的履行能促进个人和社会的发展，还必须坚持社会公平优先而非经济效率优先。国家给付义务履行中追求的效率首要是制度本身的即社会效率以及运行效率，而非经济效率。国家给付义务及其履行，旨在矫正市场经济运行必然导致的"效率有余而公平不足"问题，因此，国家给付义务履行虽然依赖于经济基础，但不可能也不应当局限于市场机制等经济制度或政策来解决的经济效率问题，在国家给付中应对符合资格者平等对待、同等保障。

国家给付义务履行所遵循的发展原则，还包括国家给付义务的履行要不断适应社会变迁。虽然国家给付义务以平等保障基本生存权为己任，但随着社会情势的变化，基本生存威胁和基本生存保障需求群体也会不断转移变化，为了确保国家给付的准确性和提高国家给付效率，需要实施依据社会实际情况调整给付范围、程度，确立给付重点，调整给付策略。恰如前述国家给付义务范围所示，不仅在不同时期塑造国家给付义务内容的社会给付需求不一，即使在同一时期的不同国家或地区，基于各国在政治、经济、自然、文化、历史背景等方面的差异，其所要求的国家给付义务亦不一样。

第二节 确保基本生存保障效果的政府给付

国家给付义务履行，以国家财政为基础来保障社会弱者的基本生活，实质上是资源配置的一种方式。政府和市场作为基本的资源配置机制，在国家给付义务履行过程中，其地位和作用之间的关系随着时代变迁而变化。

从世界范围看，20世纪以来，尤其是第二次世界大战以后，福利国家逐渐成为西方发达国家的目的，给付行政随之实现了"从摇篮到坟墓"的扩张。20世纪70年代中后期，首先在西方发达的国家，然后在世界范围内出现了似乎与福利国家方向背道而驰的政策趋向：大政府受到质疑，市场机制重新赢得青睐。❶ 80年代以后，一些新的替代福利国家的概念不约而同地被构思着，如"志愿福利国家""福利多元主义""福利社会""福利国家私有化"等。所有这些概念都有一个共同的特点，就是主张引入非政府部门的力量（市场或志愿部门）来补足甚至代替政府部门的社会福利角色。❷ 市场机制被认为是提高福利给付效率以及化解福利社会问题的重要依靠。

在我国计划经济时期，政府是生存保障唯一提供者，承担了几乎所有的民生保障给付，不但给国家财政造成了沉重负担，而且国家给付质量也长期无法提高。改革开放以后，我国实现了从计划经济向市场经济的转变，政府在生存保障供给机制上也逐步引入了市场机制，从一家"包办"走向"减负""撒手"，使得医疗、教育、养老等基本民生需求失去兜底保障，"看病贵""上学贵""养老无着"等民生问题突出。

一、政府的角色定位

基本生存保障的市场给付机制，能发挥政府供给并不具备的一些优势，能提供生存保障给付效率，但绝不可能成为政府提供的替代机制。市场给付机制本身具有两面性，正如欧文·休斯所言："市场化为公共服务带来了希望，但是也随之带来了困难，不应把它看成是一种包治百病的灵丹妙药。"❸ 因此，自由市场这只看不见的手，尽管有它不可怀疑的力量，但是它仍不足以确保许多牵涉到人类幸福以及能让人类持进步乐观态度的社会目标的实现。❹ 理论和实务界对市场机制本身都保持着足够的警惕，例如，有观点指出市场基本教义错误解释市场运作方式，让市场扮演一个过度重要的角色，无意中对开放社会构成危险。而全球资本主义最大的缺陷之一，是容许市场机制和利润动机渗透

---

❶ ［美］本杰明·卡多佐著：《司法过程的性质》，苏力译，商务印书馆1998年版，第39页。
❷ 林万亿：《福利国家——历史比较分析》，巨流图书公司1994年版，第314—315页。
❸ ［澳］欧文·E. 休斯：《公共管理导论》，彭和平译，中国人民大学出版社2001年版，第522页。
❹ 张成福：《公共行政的管理主义：反思与批判》，《中国人民大学学报》2001年第1期，第15－21页。

第六章　国家给付义务的履行

到了原来不应该出现的活动范围之内。❶ 在实践中市场机制在改善公共服务质量的同时也存在着诸如滋生寻租与腐败、损害公民权、破坏社会公平等诸多风险。

国家扮演的角色从之前的"给付主体"日益变迁到"保障给付的主体",国家对人民生存照顾所担负的国家责任亦从全面负担的给付责任转变为保障给付的责任。德国学者 F. Schupper 提倡的责任阶段论,其依照国家执行行政任务密度之观点,由强至弱,依序将行政责任区分为"履行责任""保障责任"和"网罗责任"。履行责任指国家或其他公法人自行从事特定任务之责任。保障责任指特定任务虽由国家或其他公法人以外之私人与社会执行,但是国家或其他公法人必须负起担保私人与社会执行任务之合法性。网罗责任则着重在备位功能,仅于具有公益性之管制目的无法由私人与社会达成或管制失灵时,此项潜在之国家履行责任始被予以显性化,网罗责任为具有结果取向之国家责任。现代国家即使将民生保障给付任务的履行责任移转给私人,也仅意味着国家责任转变为"保障责任"与"网罗责任",国家并非从相关的任务领域中完全撤离。❷ 因此,在基本生存保障的某些领域,引进市场机制实现给付供给,并不是政府责任的免除,而是政府责任方式的转变。正如戴维·奥斯本认为:"政府移交的是服务项目的提供,而不是服务责任。"❸ 基本生存保障的政府供给转向市场供给,不但不能转移政府的保障责任,而且当政府供给转交给市场供给时,为抑制市场风险,政府保证民生供给的责任反而更重了,因为"服务能够外包,但是治理却不能够"。❹

政府在基本生存保障给付中应进一步明晰生存保障供给者和生产者两种不同的角色。所谓生产者是一系列集体选择行为的总称,它包括是否提供某种公共服务、如何提供、何时提供以及提供的质量和数量等的一系列规定。公共服务的生产是指将各种有形(如资金和设备等)和无形(制度和政策)的资源转化为产品和服务的技术过程。❺ 基于政府在宪法结构中的执法者角色,以及

---

❶ 韩艺、王红卫：《西方公共服务市场化借鉴效用的反思》，《江西行政学院学报》2006 年第 1 期，第 14－15 页。

❷ Vgl. F. Schupper, *Die offentliche Vernaltung im Kooperationaspektrum staatlicher and privater Aufgabenerfüllung*: *Zum Denken in Verantwortungsstufen*, in：Die Vernaltung 31，1998，s. 415ff（423），转引自詹镇荣：《民营化后国家影响与管制义务之理论与实践》，载《民营化法与管制革新》，元照出版公司 2005 年版，第 125 页。

❸ ［美］戴维·奥斯本、特德·盖布勒：《改革政府——企业家精神如何改革着公营部门》，上海译文出版社 1996 年版，第 32 页。

❹ ［澳］欧文·E. 休斯：《公共管理导论》，彭和平译，中国人民大学出版社 2001 年版，第 522 页。

❺ 谭英俊：《公共事业民营化改革中的政府治理能力提升探讨》，《理论导刊》2015 年第 1 期，第 13—16 页。

现代社会基本生存保障给付需求的迅速扩张和多元化发展，政府实际上已经无法再继续承担事必躬亲的基本生存保障给付生产者。因此，政府要更多地担当供给者而非生产者的角色，即政府应该在决定是否提供某种基本生存保障产品及程序、需要提供怎样的基本生存保障产品及程序、如何界定基本生存保障给付的范围、用什么方式来生产基本生存保障产品及程序、怎样监督评估基本生存保障给付质量效益等方面努力，以保证基本生存保障产品及程序能满足社会的需求。至于生产性功能，则可放手通过市场机制提供。国家保障的生存照顾日益成为一种得透过市场自由竞争方式而提供的私经济活动。国家对从事涉及人基本生存照顾的私经济活动，通过引导、管制以及监督等各种措施，以确保人基本生存所需的相关物资与服务得以同由国家提供一般，亦能够由私企业普及、无差别待遇、价格合理，且质与量兼顾地提供。❶ 同时，在政府与市场的关系方面，政府应该从传统的"父辈"变成"同辈中的长者"，充当元治理的角色，"作为不同政策主张的人士进行对话的主要组织者，作为有责任保证各个子系统实现某种程度团结的总体机构，作为规章制度的制定者，使有关各方遵循和运用规章制度，实现各自的目的，以及在其他子系统失败的情况下作为最高权力机关负责采取最后一着补救措施"。❷

二、政府给付的具体内容

明确政府的供给者角色，政府从全能型保障角色变成保障基本生存供给的提供者与治理者，有助于将政府从繁重的生产任务中抽身出来，发挥好政府的作用。政府作用和功能在范围上的有限化发展趋势，不仅不会削弱政府的保障力度，反而将有利于政府给付效力的强化。基本生存保障中的政府给付应集中在以下方面。

第一，财政投入。基本生存保障的国家给付义务履行建立在财政投入基础之上。政府财政支出对文化教育、医疗卫生、社会保障等与基本生存息息相关的公共服务供给具有决定性的影响。首先，给付产品本身即是社会资源，必须由财政负责。随着经济社会发展，需要政府保障的基本生存事项范围在不断扩大，所要求的水准与质量也越来越高，给付压力越来越大。其次，国家给付义务的履行是针对特定对象的基本生存保障，除提供给付产品之外，尚需大量组织和人员具体经办，由此，不菲的经办费用必须由财政承担。

近年来，我国基本生存保障领域的国家投入不断加大，为保障和改善基本

---

❶ 詹镇荣：《生存照顾》《民营化法与管制革新》，元照出版公司2005年版，第2页。
❷ [英] 鲍勃·杰索普：《治理的兴起及失败的风险：以经济发展为例的论述》，《国际社会科学杂志（中文版）》1999年第1期，第31-48页。

生存提供了难得的契机,并且国家将继续确保基本生存投入的稳步提升,这将是国家给付义务顺利履行的坚强后盾。2014 年,教育、医疗卫生与计划生育、社会保障和就业、住房保障四项民生支出总额为 53873 亿元,占财政总支出的 35.6%,其中,教育占 15.1%,医疗卫生与计划生育占 6.7%,社会保障和就业占 10.5%,住房保障占 3.3%。财政部数据显示,2010 年至 2014 年间,全国财政总支出一直呈现高速增长态势,增速最高的是 2011 年(21.6%),增速最低的是 2014 年(8.2%)。2010 年,全国财政总支出为 89874 亿元,到了 2014 年,这一数字达到 151662 亿元,增幅接近 68.7%。[1] 然而,我国政府在民生保障领域采取的"分级自治""垂直管理"的基本模式,导致地方政府公共服务的财政支出与其所承担的公共服务责任严重不匹配,成为制约基本生存保障给付一个现实问题。

第二,组织与制度给付。组织与制度给付属于程序给付范畴,并不直接满足给付对象的基本生存需求,但对确保给付对象能有效获得产品给付具有重要的保障意义。

在组织给付方面,为确保国家给付义务履行,国家必须建立一套组织管理以及具体经办的组织机构体系,这些组织体系既包括行使民生保障管理职权的各级政府机关及政府部门等行政主体,也包括国家为了实现国家给付和颁布制度规定各种协助或与国家给付义务履行相关的各种社会组织。由于我国现行国家给付义务的履行,主要依靠政府系统,给付组织也主要是政府组织。政府承担着国家给付义务履行中政策说服,政策规划,目标制定,监督标准拟定以及执行、评估、修正等广泛的活动。"政府职能框定了政府能力的基本内容和发展方向;政府能力的大小强弱则决定了政府职能的实现程度。"[2] 从实践结果看,一方面,随着给付行政的开展、行政职能的扩张导致行政人员的增加和行政机构的膨胀,这又导致了部分机构臃肿、效率低下。另一方面,随着市场机制的引入,国家给付义务履行将更少地依赖政府而更多地依赖市场,势必要求政府转变职能、重组机构、优化流程,这就意味着政府要撤销、合并、调整、重组部分机构和岗位,需要适时调整给付组织。

在制度给付层面,政府还没有成为一个有效的制度供给者。当前,我国基本生存保障制度一方面还远不能为民众提供一个完整的保障体系,相对仍然广泛存在制度漏洞,制度之间衔接产生的断裂问题更加值得关注。另一方面,现有的民生保障制度都难免二元户籍制度的渗透,普遍存在公平问题。新制度经济学认为,制度是指"由人制定的规则。他们抑制着人际交往中可能出现的

---

[1] 向楠、史额黎:《财政收入有多少用于民生》,《中国青年报》2015 年 3 月 7 日,第 3 版。
[2] 金太军:《政府能力引论》,《宁夏社会科学》1998 年第 6 期,第 27 – 32 页。

任意行为和机会主义行为"。❶ 只有在科学合理的制度框架内，国家给付义务履行才能有序地发展并取得令人满意的成效。

第三，产品给付。基本生存保障产品具有多种形式，政府直接给付的产品主要包括最简单和最困难的两种极端形态。基于政府客观能力限制，将政府在基本生存保障给付中角色定位为提供者而非生产者，即主要负责为给付产品提供经济保障。在给付产品中，现金给付是最简单的，并不在技术或者人力上给给付行为带来麻烦，且由政府直接给付不仅便利而且更加安全可靠，因此，凡可以现金形式给付的民生保障，都可以由政府直接负责。除现金给付之外，具有技术要求的服务产品给付，不仅超出政府的能力范围，而且一味由政府主持公营公办以确保服务提供，势必将导致机构庞大和垄断的官僚体制弊端，往往可以通过民营化生产而由政府购买形式以确保给付效率和效果。但对于部分技术要求或者风险特别高的给付产品，民营组织等社会机构不愿生产或不能生产的，也只能由政府直接负责。

第三节 促进基本生存保障效率的市场化给付

一、公私协力

20世纪90年代后，各国为求组织瘦身、削减行政成本、提升行政效率，莫不锐力进行政府改造，试图引进民间活力与市场竞争原理，行政任务的执行渐次"由官至民"。❷ 公私协力行为打破政府对公共事务的垄断，提供了公共部门与私人部门之间进行密切合作的机会。公私协力旨在描述公共部门与私人部门间的伙伴关系，共同致力于特定行政目标的达成或执行行政任务的一种合作关系。通常也称之为公私合伙关系、公私合作关系，以及行政参与合作等。

公私协力体现了单中心的"统治"模式向多中心的"治理"模式的嬗变。多中心治理理论认为，在公共事务管理中，存在许多形式上独立的决策中心，并且这些多中心的决策之间是一种竞合的关系，既存在竞争性，也可存在合作性或契约性。它打破了传统观念中政府、市场两种主体的二元思维模式与传统意义上政府是单一权威主体的权力格局，形成了一个具有多个决策中心的治理

---

❶ [德]柯武刚、史漫飞：《制度经济学——社会秩序与公共政策》，韩朝华译，商务印书馆2000年版，第33页。

❷ [日]米丸恒治：《公私协力与私人行使权力》，刘宗德译，政治大学法学院公法中心编《全球化下之管制行政法》，元照出版社2011年版，第351页。

网络，这一网络成为社会治理主体，负责处理公共事务、提供公共服务。政府应该把企业、非营利组织、公民等都纳入公共服务体系，通过优势互补、竞争合作，有效地改善公共服务质量。如此，在民生保障给付中，政府不再高权单独实施民生保障供给，政府与私人组织之间在公共服务之提供、财政取得中建立一种伙伴关系。此处须使用的行政行为包括行政契约，亦须以官民间君子协定、协商、共同理解、谘商、容忍等"非制式化之程序"。❶

在国家给付义务履行中，公、私部门的合作关系多存在于提供"产品"或"服务"的给付行政范畴。通过公私协力，政府可利用私营机构的运营效率和竞争压力，提高公共事业部门的生产和技术效率，同时，政府利用合同规范私营机构中的公共福利目标，实现公共利益的最大化。私营机构则可以从合同管理中减少由于监管机构自由裁量权带来的损失，在稳定的法律环境中寻求自我发展的空间，追求自身的利润，在政府和私人机构之间这种长期的博弈中，形成一个长期稳定的"纳什均衡"。

二、民营化

自从世纪年代末，撒切尔夫人在英国推行民营化改革之后，民营化迅速发展。而在新公共管理运动的推波助澜之下，短短的十几年时间内，民营化更是成为"席卷全世界的滚滚洪流"❷。所谓公共事业民营化，是指通过民间资本在公共事业领域的介入，将市场机制引入传统上由政府垄断经营的公共事业，鼓励民营企业与社会组织提供产品和服务，通过合同承包、特许经营、凭单等形式，把公共服务委托给在竞争市场中运营的私营公司和个人。"更多地依赖民间机构，更少地依赖政府来满足公众的需求……在产品/服务的生产和财产拥有方面减少政府作用，增加社会其他机构作用的行动。"❸ 民营化在规制缓和大背景下得以大力推行，但是民营化绝不意味着政府的彻底归隐，民营化绝非简单的"私有化了之"，只是相对之前，更多依靠民间力量，更少依赖政府满足公众需求。❹

公共事业民营化是为了更好地履行提供公共服务和公共产品的职能。通过公私领域的不断渗透和有效竞争与合作，弥补了政府对公共服务供给能力的不

---

❶ 黄锦堂：《行政契约法主要适用问题研究》，载《行政契约与新行政法》（台湾行政法学会2001年学术研讨会论文集），第45页。
❷ [美] E. S. 萨瓦斯：《民营化与公私部门的伙伴关系》，中国人民大学出版社2002年版。
❸ [美] E. S. 萨瓦斯：《民营化与公私部门的伙伴关系》，中国人民大学出版社2002年版，第168页。
❹ 陶春丽：《公共服务民营化的目标原则与政策供给》，《特区经济》2006年第12期，第109—110页。

足。从域外民营化经验和我国民营化实践情形看，民营化确实带来了某些方面的积极作用，主要表现在：第一，降低了公共事业的运营成本。民营化在公共事业领域引入竞争机制，打破政府的单一产权和独家垄断，公共产品生产和供给的成本有所降低，使公众享受到比以前更优质的产品和服务。第二，拓宽了公共事业的融投资渠道，筹集了更多基础设施建设资金，减轻了政府的投资压力。第三，拓展了公共服务供给渠道，增强了公共服务供给能力，促进了公共服务对社会需求的满足，有效保障和维护了民众相关权利。第四，实现了公共事业的制度创新。

从国家给付义务履行而言，政府作为单一给付主体的给付制度和模式存在多种弊端，而基本生存保障的生产民营化供给，将是落实政府基本生存保障给付提供者定位的具体方式。从观念上看，虽然前期的民营化改革在一定程度上造成了国有资产流失、公益性淡化等不良社会反应，但民营化本身并不是问题的关键。"民营化不仅是一个管理工具，更是一个社会治理的基本战略。它根植于这样一些最基本的哲学或社会信念，即政府自身和自由健康社会中政府相对于其他社会组织的适当角色。民营化是一种手段而不是目的，目的是更好的政府，更美好的社会。"❶从现实情况看，一方面，我国虽然在经济建设上取得了显著进步，物质产品已经极其丰富，但中国是一个大国，人口基数大，地域发展不平衡，社会差距程度高，且老龄化程度日渐提升，政府无力保证基本生存保障的全部责任。另一方面，受长期的计划体制制约，市场发育程度不高，不可能过分依靠公共服务民营化。因此，目前我国基本生存保障民营化，重点应培育民营服务力量，放宽准入条件，鼓励非政府资金进入公共服务领域。同时，在民生保障民营化过程中，政府不应仅将部分公共产品的生产权和经营权直接转嫁给私营企业，应一并注重民营化初期的引导和民营化后期的监管。

三、政府购买

在基本生存保障给付的市场化供给机制中，民营化是公私协力的表现形式之一，政府购买则是民营化的题中应有之意或者说是结果。基本生存保障给付是国家在个人失败的情形下，基于公平、共享的原则向其做出的基本生存产品提供。而民营化的生存产品生产具有营利性，这就要求国家以提供者的身份向民营化的生产者购买生存产品给付给需求者，即凭自身努力无法保障基本生存的社会失败者。

---

❶ [美] E. S. 萨瓦斯：《民营化与公私部门的伙伴关系》，中国人民大学出版社2002年版，第350页。

政府购买公共服务意味着在公共服务的供给上越来越少地依赖于行政体系的力量,而越来越多地依赖市场和社会的力量来承担公共服务的生产功能。作为一种市场化改革的工具,政府购买公共服务的优势在于使公共组织形成规模经济,缓解供给需求矛盾,规避高额劳动力成本,以激励手段实现有效竞争,从而克服官僚制的无效率。❶ 在实践中,正是因其在促进政府职能转变、降低服务成本和提高公共服务效率方面的优势在西方国家备受推崇,即便是在 20 世纪 90 年代以后全球公共部门民营化改革日渐式微和衰退的背景下,政府购买服务依然保持了良好的持续发展态势。

政府购买服务改变了传统基本生存保障给付关系及基本生存保障服务递送过程。在传统供给体系中,基本生存保障的基本参与者是政府部门及其行政人员和公民,政府实施购买服务之后,基本生存保障的参与者中增加了基本生存保障产品生产商,导致民生保障给付供给关系由公民(给付对象)和政府部门之间的行政给付关系,演变成公民和政府部门之间的行政给付关系、给付产品生产者和政府部门之间行政合同关系,以及给付对象与给付产品生产者之间服务合同关系的综合体,基本生存保障给付供给的复杂指数随之呈现递增的情形。在传统模式下基本生存保障给付递送过程是在行政体制内部完成的,公民把基本生存保障需求输入政治系统,政治系统整合公共需求后向行政机构输入决策和命令,行政机构根据政治系统的决策和命令向公民提供基本生存保障服务并听取公民的反馈意见,进而改善服务。但在政府购买公共服务的政策框架下,行政机构不再直接生产民生保障产品,而是以公民的利益代言人和服务购买者的身份出现,向服务市场提出购买需求,并借助服务合同方式向服务生产商购买服务以满足基本生存保障需求。

政府购买的国家给付义务履行方式,在我国保障和改善基本生存的浪潮中,正得到政府的重视。我国已经在国家战略层面提出政府购买公共服务的改革任务。❷ 第十八届三中全会通过的《中共中央关于全面深化改革若干重大问题的决定》首次强调了市场在资源配置中起决定性作用,要求通过政府向社会购买公共服务的方式,"积极稳妥从广度和深度上推进市场化改革","凡属事务性管理服务,原则上都要向社会购买"。此后,国务院及各省市出台的《关于政府向社会力量购买服务的指导意见》均提出,政府购买服务关键要解决好"买什么""谁来买""向谁买""怎么买"和如何"买得值"等问题。

"我们的人民热爱生活,期盼有更好的教育、更稳定的工作、更满意的收

---

❶ Boyne G. A., *Bureaucratic Theory Meets Reality*: *Public Choice and Service Contracting in U.S. Local Government*, Public Administration Review, 1998 (6): 58.

❷ 李军鹏:《政府购买公共服务的学理因由、典型模式与推进策略》,《改革》2013 年第 12 期。

入、更可靠的社会保障、更高水平的医疗卫生服务、更舒适的居住条件、更优美的环境,期盼孩子们能成长得更好、工作得更好、生活得更好。""人民对美好生活的向往,就是我们的奋斗目标。"❶ 在党和政府的高度重视下,民生建设逐渐设成为与经济建设相比肩的主流话语,自党的十七大报告明确提出加快推进以改善民生为重点的社会建设以来,国家在养老、医疗、教育、住房、就业等民生领域持续发力。2017 年的"国家账本"中,全国财政支出占比中,教育、社保、医疗毫无悬念地成为"前三甲",尽显民生情怀。❷ 国家对基本生存保障的给付不仅份额大,而且增长明显。❸ 然而,医疗、教育、住房等民生问题仍然是当前社会矛盾的焦点所在,制约着经济持续快速增长及社会和谐安定。可见,民生建设的效果与国家给付的内容和力度有关,更受给付方式的制约。本书认为,在全面深化改革的进程中,国家给付义务履行应在严格遵守权利保障原则、辅助性原则与发展原则的前提下,处理好政府和市场的关系,坚持政府给付确保基本生存保障效果,促进市场化给付以提高基本生存保障效率。

---

❶ 《十八大以来重要文献选编(上)》,中央文献出版社 2014 年版,第 70 页。

❷ 全国财政花在教育上的支出预算为 2.94 万亿元,占总支出的 15.1%,成为第一大支出。2017 年,中央安排城乡义务教育补助经费 1432 亿元。全国财政花在社保和就业上的支出预计超过 2.2 万亿元,占总支出 11.6%。全国财政用于医疗卫生和计划生育的支出预算约为 1.4 万亿元,占财政总支出的 7.2%。为让更多人住有所居,财政将再支持建 600 万套棚改房;脱贫攻坚"不让一个困难群众掉队",中央将补助地方 861 亿元。韩洁、季明、郁琼源、程士华:《从"国家账本"看 2017 年国计民生》,http://news.xinhuanet.com/politics/2017-03/06/c_1120578890.htm。

❸ 从具体支出预算来看,社会保障和就业支出预算数比 2016 年执行数增加 101.28 亿元,增长 11.4%。医疗卫生与计划生育支出预算数比 2016 年执行数增加 45.88 亿元,增长 50.3%。教育支出预算数比 2016 年执行数增加 72.15 亿元,增长 5%。李金磊:《2017 中央财政预算怎么花?民生领域支出增加》,http://www.chinanews.com/gn/2017/03-30/8186935.shtml。

第七章 国家给付义务的司法保障
——以基本医疗给付义务为例

第一节 国家给付义务可诉性分析

国家义务的可诉性是指有权司法机关对国家义务行为的司法审查，亦即对国家义务正当行使的司法强制的可能性，实质上是对国家义务的一种司法监督。❶ 基本医疗服务国家给付义务是维护和保障公民健康权的根本保证。作为典型社会权的健康权，依赖于一定的社会资源保障实现，由于社会成员不可避免地存在支付能力的差异，只有国家承担基本医疗服务给付责任，才可能实现基本医疗服务提供的公平性与可及性。将基本医疗服务国家给付义务置于司法审查之下，是健康权的有力保障。与基本医疗服务国家给付义务可诉必要性同样值得关注的，是基本医疗服务国家给付义务可诉的可能性。

一、国家给付义务可诉的必要性

权利的实现取决于相应义务的适当履行，对应义务的可诉性较之权利本身的可诉性更具保障效力。基于国家义务与基本权利之间的内在关联，某一基本权利是否具有请求性决定了相应国家义务的性质及内部构造，某一国家义务的可诉性与该义务对应的权利的可请求性是同一事物的两个对应面。从行为模式角度而言，义务较之权利更加明确、具体，因此更具可操作性。可诉性即司法机关对法律行为合法性的审查能力，法律规定越明确、越具体，可诉程度就越高。可见，国家义务的可诉性及其可诉程度，往往是由其自身构造决定的，即某一类型的国家义务是不是可诉、在何种程度上可诉，由该义务本身的性质决定，而较少受外在条件制约，较之权利的可诉性更具稳定性。因此，对权利可诉性的研究，从其对应面——国家义务的可诉性入手，更加明确、具体。❷

在公法关系中，司法审查就是监督和控制公权力以保障和救济公民权利的

---

❶ 刘耀辉：《国家义务的可诉性》，《法学论坛》2010年第5期，第88—94页。
❷ 刘耀辉：《国家义务的可诉性》，《法学论坛》2010年第5期，第88—94页。

一种手段。司法审查是在消极自由观念的基础上发展起来的，主要是为了防御和对抗公权力对个人基本权利的侵害。在自由法治国理念下，司法是防御国家的最后屏障，甚至认为"司法实施宪法是一个政治行为，一种替代革命的和平方案。而革命的正当性，无论源于大众还是源于司法都是由于政府对自然权利的侵犯才确立起来的"。❶ 在社会法治国理念下，强调国家以再分配形式采取积极措施确保个人基本生存，不仅要防御国家，还要在凭个人之力无法抗拒市场风险的时候必须依靠国家，如果国家怠于履行或者不恰当履行积极义务，将使竞争失败者置于社会完全之外，损及人之为人的尊严。同时，"给付行政之目的在于增加国民福利，但是其给付本身就是一种权力在起作用的过程，如果作为与福利给付的交换从而使国民的自由受到侵害，那么确实福利给付中的权力滥用就会带来侵害人权的危险"。❷

国家担负着通过积极的给付来确保公民的生存权等基本人权实现的生存照顾，在现代国家中，这种给付义务逐渐从道德层面向法律层面转变，与传统主权者居于完全主动和居高临下的救济性质的给付已经全然不同，行政机关是否给付并非凭借自己的自由裁量，而是受到法律的约束。为确保国家给付义务正位运行，最有效的约束手段是直接赋予公民请求特定给付的权利。

同时，随着给付国家的发展，为了监督国家给付义务的适当履行，理论界结合司法界实际操作，提出给付诉讼类型。给付诉讼的目的是原告欲借助法院的判决，使被告履行金钱或财产的给付义务，如果被告再次拒绝，则可予以强制执行。在给付行政领域里，基于不加以法律规制的给付行政同样会产生侵害行政的效果，从防止给付行政的恣意性、个人社会给付请求权利的保护，以及社会安全与社会正义目标的实现，应首先将给付行政置于行政合法性原则加以考察。

二、国家给付义务可诉的可能性

国家义务可诉性取决于两个要素：首先，是不是法律义务，是不是具体的法律义务。只有法律义务才具有司法监督的可能性，道德义务和政治义务不具可诉性。另外，如果法律义务不具体，过于抽象、概括性，或者指向含糊、实施机构不明确，虽然为法律明确规定，但其司法的强制性低，不具或只具有一定程度的可诉性。其次，义务的履行主要取决于相关公权力主体的态度还是能力，司法审查适合于价值甚于事实裁量。❸ 基本医疗服务国家给付义务的司法审查无疑是以相关法律为依据的，对基本医疗服务可诉性争议主要集中在司法

---

❶ [美] 西尔维亚·斯诺维斯：《司法审查与宪法》，谌洪果译，北京大学出版社2005年版，第62页。
❷ [日] 大须贺明：《生存权论》，林浩译，法律出版社2001年版，第60页。
❸ 刘耀辉：《国家义务的可诉性》，《法学论坛》2010年第5期。

审查能力方面。

首先，健康权不具可诉性，对应的基本医疗服务国家给付义务自然无从进入司法审查程序。司法具有被动性，司法审查无不以得到相应请求权为基础，认为基本医疗服务国家给付义务对应的健康权之类的社会权，在性质上只是纲领性或政策性宣言，不具备法律效力，因此，不具备司法审查请求权。"行政给付诉讼是否有理由之决定因素，是原告请求给付之请求权是否存在。"❶ 在西方法学传统上，在权利的可诉性方面，自由权与社会权长期处于二元对立的状态。具有防御功能的自由权对应的公权力消极行为，可以方便司法机关依据法律对其权限及程序进行审查，而具有受益功能的社会权对应的公权力积极行为，法律往往只是概况性规定，并受制于社会资源约束，司法审查会带来"主权僭越""技术困难"等问题，于是实践中长期排除了社会权具有司法性。

因此，健康权在基本权利功能方面，主要是约束和刺激国家采取积极措施提供基本医疗服务，即强调作为客观秩序面向功能而抑制了公民据以提出具体请求的主观功能。亦即法律体系中的健康权规范主要在提供立法、行政及司法之措施及刺激，要求国家在可能的范围内有义务创造法律上、组织上及财政上之条件，使人民在事实上有可能利用及行使基本权利。对于宪法上宣示的社会权落实，只能通过政治而非司法解决，立法者有道德义务要认真对待宪法，他们要受到选民的监督，因此，他们会根据国家的实际情况有选择地将宪法上宣示的社会权在不同程度上具体化为法律，以实现之。❷

其次，基本医疗服务国家给付义务履行受制于资源限制，司法机关对资源分配不具备审查能力。基本医疗服务由于成本极其高昂，受到国家现有资源的极度限制。给付行政则不必有形式意义的法律保留，只要预算有经过议会之许可即可，不具"可司法性"。《经济、社会和文化权利国家公约》第二条第一款在对国家实现义务的规定中，只明确了立法措施："每一缔约国家承担尽最大能力个别采取步骤或经由国际援助和合作，特别是经济和技术方面的援助和合作，采取步骤，以便用一切适当方法，尤其包括用立法方法，逐渐达到本公约中所承认的权利的充分实现。"在一些国家的司法实践中，法院以违反分权原则不支持要求政府提供资源保障社会权实现的请求，并进一步认为，在某些情况下，法院可以宣告政府没有兑现其宪法义务，但法院的权力也就到此为

---

❶ 彭凤至：《德国行政诉讼制度及诉讼实务之研究》台湾地区"司法机构"1998年印行，第131页。

❷ Mark Tushnet, *Social Welfare Rights and the Forms of Judicial Review*, in: Texas Law Review, Vol. 82, No. 7, 2004, pp. 1899 – 1900.

止，至于具体指令政府该如何做，这不是法院的职责。❶

上述以健康权可诉性及基本医疗服务国家给付义务资源依赖性质疑其可诉性的观点是闭塞的，没有关注和回应社会权理论的发展及广泛存在的社会权司法实践。首先，消极权利——积极权利或者自由权——社会权的二分只是相对的，基本权利都具有综合性的特征，并且基本权利所针对的国家义务也具有综合性。任何基本权利都对应有国家积极给付和消极保护的义务，而对于基本权利防御公权力的主观功能已毋庸置疑，因此，否认健康权的主观权利面向的谬误并不难澄清。其次，任何权利保障都会耗费一定社会资源，为确保作为人的基本尊严，任何社会都要建立与其社会发展水平相适应的生存保障标准。社会权的实现不仅与资源的多寡有关，更与资源的分配有关。当立法机关和行政机关无法或不愿实现资源的合理分配时，法院应在这方面发挥更大的作用。❷

由此，为了克服"逐渐实现"的义务给经济和社会权利的实施和监督所带来的困难，《林堡原则》指出各缔约国应采取的适当措施包括司法❸，即肯定了经济和社会权利是可诉的。人权委员会第 5 届会议上，更是明确指出："除了立法之外，可被认为是适当的措施还包括，为根据国家制定的法律制度属于司法范围的权利提供司法补救办法。"为了提升司法的审查能力，经济、社会和文化权利委员会提出并发展了"最低核心义务"的概念，即在确保最低生活水准这一最低核心义务范围内，国家负有的义务不受现有资源限制必须实施，可由法院强制。基于健康权的基础性，《经济、社会和文化权利国家公约》"第 14 号一般性意见"尤其强调，健康权必须在国家和国际层面得到有效的司法或其他适当方式的补救，并在国际组织下建立报告审查机制。

从国内情形看，德国形成请求权制度已在社会法领域获得了广泛认可。联邦社会法院已在逾一百件判决中，将该请求权的要件与法律后果予以具体化，

---

❶ 爱尔兰也发生过一个相关的案子，政府收容了一些智力与精神上有问题的孩子，但这些孩子和他们的父母通过律师起诉政府，认为其没有充分实现这些孩子宪法上的教育权（《爱尔兰宪法》第 42 条）。针对该案，下级法院中止了诉讼，以观察政府承诺的教育改革的效果。当发现这些改革并无实效之后，法院发出了具体而内容广泛的命令，要求政府采取适当的教育措施以兑现承诺。这一做法被最高法院所否定，最高法院不支持所谓政府没有兑现孩子们宪法上的教育权的诉求，最高法院判决的多数意见认为下级法院对于政府的指令违反了分权的原则。聂鑫：《宪法社会权及其司法救济》，《法律科学（西北政法大学学报）》2009 年第 4 期。

❷ 张雪莲：《南非社会权司法救济的方式评析》，《河南政法管理干部学院学报》2009 年第 3 期，第 69 页。

❸ 对国家实现义务条款做出了具体解释：在国家一级，各缔约国应根据此种权利的性质运用一切适当措施，包括立法、行政、司法、经济、社会和教育措施，以履行其依公约所承担的义务。

确定了其教义学基础、在社会法领域的定位和具体适用范围，并获得学界与司法实务界的肯定。[1]

第二节　国家给付义务司法审查机制

通过司法审查监督基本医疗服务国家给付义务履行，是健康权保障的有效机制。但是，基本医疗服务国家给付义务毕竟不同于防御性的消极义务，司法机关仅依据相关法律对公权力行为进行合法性审查。基本医疗服务国家给付义务司法审查可能会面临依据抽象、超越司法审查能力、难以实质保障健康权利等一系列问题。司法对基本医疗服务国家给付义务如何审查？

一、审查能力：司法审查性之有无强弱之分

依据司法对基本医疗服务国家给付义务的审查能力及监督执行能力，不同的基本医疗服务国家给付义务或相同的基本医疗服务国家给付义务在不同的情形之下，其司法审查性具有有无和强弱之分。

（一）具体基本医疗服务国家给付义务司法审查性的有无

具体基本医疗服务国家给付义务是否具有司法审查性，即其本身是否可受司法监督，主要取决于国家给付义务所增进的利益性质。对法律上抽象的基本医疗服务给付规范，司法机关不具有审查能力及监督执行手段；而对于增进公共利益的基本医疗服务国家给付义务，则难以启动审查程序。

首先，从法律规范效力看，该国家给付义务只有对应公法权利才具有司法审查性。司法保护的是法定利益（至少在大陆国家如此），宪法健康利益的规定包括四种效力形式，"方针条款""宪法委托""制度保障"和"公法权利"。所谓"方针条款"，是指宪法规定的社会权只是给予立法者一种日后行为的"方针指示"，不具法律约束力，这些方针指示的作用，其政治或道德意义大过法律意义。"宪法委托"是指立法者由宪法获得一个立法的委托，从而将社会权法律化、具体化，这种委托只对立法者产生法律约束力。"制度保障"是指宪法保障社会权，如同宪法所特别保障的政党、私有财产制度、宗教自由制度及公务员制度一样，如以后立法者的立法违背这些制度之基本内容及目的时，这些法律将构成违宪之效果。前三种方式都否定了社会权的直接司法效力，只有"公法权利"承认社会权受到侵害时公民可直接请求法院予以

---

[1] 娄宇：《公民社会保障权利"可诉化"的突破》，《行政法学研究》2013年第1期，第123页。

救济。❶

其次，从利益性质看，该基本医疗服务国家给付义务只有直接增进个人利益才具有司法审查性。司法审查必须对应一定请求权，指向个人利益的基本医疗服务国家给付义务才具有明确的请求权。该规范必须至少同时具有保护人民个体利益的目的，这一点对解释个体是否享有公法权利至关重要，因为某些行政法规范纯粹是为了维护公共利益而设定的，即使这些规范给行政机关设定了相应的义务，也不能从中推导出公民个体的公法权利。❷当法律规定某种特定公法义务的规范目的不仅仅是公共利益，还包括保护公民个体利益时，则可从义务性规范中推导出公民的公法请求权。❸

（二）具体基本医疗服务国家给付义务司法审查性的强弱

对于具有司法审查性的基本医疗服务国家给付义务，在司法审查上又具有强审查和弱审查的区分，强审查对应强救济，弱审查对应弱救济。

从审查能力来看，如果司法机关在审查过程中，能够依据司法的合法审查方式及自身司法专业技术经验，便能确定具体基本医疗服务国家给付义务是否需要履行、应该如何履行，则司法可强制相关公权力进行相应作为，是为强审查；反之，对于可司法的基本医疗服务国家给付义务履行者本身具有一定自由裁量范围的，则为弱审查。

从审查结果，即司法对被审查者的约束形式来看，司法机关给出明确指示的，为强审查；司法机关只要求作一定给付，但不具体规定给付内容的，或者只作消极指示而不要求具体给付的，是为弱审查。以对基本医疗服务行政给付的司法审查为例，对行政机关具有两种不同形式的约束，一种是课予行政机关做出特定的具体行政行为的义务，另一种是课予行政机关做出具体行政行为（或者答复）的义务。两者的区别在于，对于前者，具体行政行为的内容法院已经给了明确的指示；对于后者，法院只是要求行政机关做出具体行政行为，至于做何种具体行政行为，由行政机关自己决定。亦即，主要看行政机关此时是否还有裁量权。如果行政机关尚有裁量权，则法院只能课予行政机关做出具体行政行为的义务；如果行政机关没有裁量权，比如裁量权收缩为零或者原告请求行政机关做出羁束行为的，法院则课予行政机关做出特定的具体行政行为的义务。❹

---

❶ 陈新民：《法治国公法学原理与实践》，中国政法大学出版社2007年版，第84—85页。
❷ ［德］哈特穆特·毛雷尔：《行政法学总论》，高家伟译，法律出版社2000年版，第155页。
❸ 徐以祥：《行政法上请求权的理论构造》，《法学研究》2010年第6期，第35页。
❹ 王锴：《行政法上请求权的体系及功能研究》，《现代法学》2012年第4期，第81页。

二、审查方式：司法审查的实体与程序之别

依据的抽象性和指向公共利益是排除基本医疗服务国家给付义务司法审查性的两个基本标准，然而，就依据的抽象性而言，很难进行其具体界定。因此，有些看似有具体依据的基本医疗服务国家给付义务，司法机关亦很难从实体上进行判断，但司法机关可从该义务履行的方式入手予以监督。

（一）实体审查和程序审查的内容

实体审查是指由司法机关直接通过对基本医疗服务国家给付义务涉及的利益处分进行的审查，然后明确地做出是否给付，以及作何种程度给付的判决。基本医疗服务国家给付义务及其履行，不仅取决于国家在民生保障方面积极与否的态度，还取决于国家可利用的资源数量。对基本医疗服务国家给付义务所影响的利益处分既涉及国家预算，也受相关专业技术决定，司法机关对此存在权限和经验不足的问题，因此，在相关实践中司法机关尽量避免做出实体判断，即使在必须做出判断的情形之下，也只是做出一般性的指示，而不涉及实体内容。一般只在涉及最低核心义务的范畴内，才对实体利益做出明确处分。

然而，即使在"最低核心义务"范畴之外，对于可司法的具体基本医疗服务国家给付义务，司法监督仍然是大有作为的。法院虽然不能对国家逐渐实现的给付义务进行何时实施、实施到什么程度的审查，但法院可从该义务履行的方式入手予以监督。一方面，"在相关资源分配明显不合理或缺少善意时，法院亦可准备好予以干预。比如，在以牺牲满足处于不利地位群体的社会需求为代价而将资源优先供给特权群体时，就会发生前述情形。另外，法院亦可以做出积极命令，指导对已经划出给特定社会——经济计划但由于官僚低效或腐败而尚未动用的自己的支出"。❶ 另一方面，"逐渐实现的责任也可以受制于司法监督的程度。其表现形式为要求国家证明多采取的关涉社会——经济权利的任何倒退措施的合理正当"。❷ 逐步实现的概念明确指出，应给予任何有益的倒退措施——以最周密的审视，同时亦需要通过参照公约规定的资源背景下，充分证明其合理性。

（二）实体弱审查与程序强审查

依据区分实体审查与程序审查的进路分析，不难发现基本医疗服务国家给

---

❶ S. 利本堡：《在国内法律制度中保护经济和社会权利》，［挪］A. 艾德、［芬］C. 克罗斯、［比］A. 罗萨斯：《经济、社会和文化的权利》，黄列译，中国社会科学出版社2003年版，第71页。

❷ S. 利本堡：《在国内法律制度中保护经济和社会权利》，［挪］A. 艾德、［芬］C. 克罗斯、［比］A. 罗萨斯：《经济、社会和文化的权利》，黄列译，中国社会科学出版社2003年版，第79页。

付义务司法审查中审查对象、审查能力及救济效果之间的内在关系。其中,实体审查为弱审查,具有弱救济性;而程序审查为强审查,具有强救济性。但也不绝对,首先,实体审查在一定情形下会出现强审查机制,因而产生必然的强救济。其次,程序审查从审查能力上看具有确定的强审查特征,但对于权利救济而言却不见得总具有强效应,甚至沦为比弱救济还不确定的救济可能性。

对于实体强审查而言,能否从能力和意愿上超越司法机关不对基本医疗服务国家给付义务作实体处分的惯例,取决于"裁判时机成熟"与否。所谓"裁判时机成熟",是指当所有事实和法律上的要件均已具备时,法院可径直做出被告完全依照原告请求内容进行给付的判决。反之,如果行政机关对原告的给付请求还具有裁量余地,案情没有达到可为之裁判的程度,则法院不能做出具有明确给付内容的判决,而只能做出"答复判决"——判决行政机关在采取行动时,应注意法院的法律观。❶ 当"裁判时机成熟"时,给付条件和给付内容都具有明确设定,司法机关便能依据设定(法律)直接判令被告做出原告所请求的给付。"最低核心义务"给付就属于这种情形,因此能形成有效救济。

至于程序强审查可能出现的弱救济,其原因是程序审查主要面向公权力的行为瑕疵,而不以回应公民权利具体需求为目的。程序审查是司法机关回避公权力行为对公民利益的具体处分的审查,而主要从公权力行使是否符合程序规定,以及是否符合平等规制等,从司法技术角度审查基本医疗服务国家给付行为的合法性。这一审查方式不仅能将更为广泛的国家给付义务纳入司法审查范围,而且充分利用了司法审查专长,大大提升了司法对国家给付义务的监督空间与能力。然而,由于该审查方式实质上是在政府专有处分权和公民权利的对立之间采取的一种迂回路径,避免直接地强制实现社会性权利可能政府(包括立法与行政机关)发生正面的激烈冲突。从保障公民权利目的出发,而在手段上却只注重公权力行为方式,即通过基本权利的防御性功能间接地保障受益权功能。因此,程序强审查只能对公权力行为合法性做出处分,从结果上看也就是传统的撤销之诉。如果司法机关对相应的给付内容进行处分,则转变成了实体审查。

三、审查对象:基本医疗救助与基本医疗保险

审查能力与审查方式主要从审查主体的角度考察基本医疗服务国家给付义务的司法审查运行逻辑,而司法审查对象即基本医疗服务国家给付义务的具体内容本身对司法监督的进路与强度也具有重要影响。

---

❶ [德]弗里德赫尔穆·胡芬:《行政诉讼法》,莫光华译,法律出版社2003年版,第463—464页。

从基本医疗服务国家给付义务的内容上看，基本医疗救助和基本医疗保险具有司法审查性。基本医疗服务国家给付义务在内容上可分为产品给付和制度与组织给付，恰如前文论及制度给付与组织给付由于相应法律规范对应的非主观公权利性质，不在司法审查范围之内。对于产品给付类型，典型的基本医疗服务国家给付义务包括基本医疗救助、基本医疗保险，以及公立医院公益性补偿等。其中，公立医院明显指向公共利益，虽然不排除个人就此获得具体利益而成为利益主体，但不具有司法审查性。公法规范一般以保护公共利益为主要目的，对此，人民并无要求行政机关履行规范义务的一般法律执行请求权，更不存在相应的诉讼途径（大众诉讼）。此时，个人即使从中获益，仅属"反射性利益"，并非公权利。❶

依据一般请求权类型，基本医疗救助对应原始给付请求权，基本医疗保险对应分享权。公权是指人民基于法律行为或以保障其个人利益为目的而制定的强行性法规，得援引该法规向国家为某种请求或为某种行为的法律上地位。❷依据基本医疗救助和基本医疗保险功能及法律渊源，基本医疗救助与基本医疗保险属于主观公权利。请求权是公权利的一项重要权能，公权利的一般给付请求权又可分为两种：第一，原始的给付请求权（Originare Leistungsanspruche），是指直接由基本权利导出的对国家的财物给付或生活照顾的请求权。当然，这种原始的给付请求权只在最低限度或最基本程度内得到承认。第二，分享权（Teilhaberechte），是指国家已有一个先行的行为，却拒绝他人的一个特定给付，此时，他人即可要求相同的给付。❸ 基本医疗救助是基于作为人的资格要求国家提供基本医疗服务以确保其基本健康，是国家为竞争失败者提供的健康安全兜底网，属于原始的请求权对应的国家给付义务。基本医疗保险是国家为了确保基本医疗服务公平性与可及性，基本健康保障不受个人支付能力限制而组织社会保险分担医疗费用，国家因此负有的组织和部分支付义务，属于分享权对应的国家给付义务。

基本医疗救助和基本医疗保险在司法审查启动条件、审查方式等方面都存在差别。基本医疗救助指符合法定条件者向相应政府部门提出申请，通过审查后向依法申请者提供相关救助待遇，体现公民与政府之间的双向关系。医疗救助请求权的行使，往往由政府不确认申请者救助资格及不提供法定救助待遇而引起的，对医疗救助的司法审查既包括对医疗救助作为一般给付义务的程序审查，也包括对其"最低核心义务"属性规定的实体审查，都具有强救济效应。

---

❶ 王锴：《行政法上请求权的体系及功能研究》，《现代法学》2012年第4期，第79页。
❷ 王和雄：《论行政不作为之权利保护》，台北：三民书局1994年版，第20页。
❸ 王锴：《行政法上请求权的体系及功能研究》，《现代法学》2012年第4期，第82页。

基本医疗保险是组织个人、企业利用保险法则建立的医疗费用分担机制，在国家、经办机构、个人、企业、基本医疗服务提供者之间形成复杂关系，基本医疗服务国家给付义务司法审查只针对其中的公法关系，从狭义上讲，还只针对个人请求涉及的公法关系，在实践中往往包括基本医疗保险待遇方面的比例、范围，在司法审查中表现出程序强审查弱救济的特征。

第三节 我国国家给付义务司法审查面临的问题

国家给付义务司法审查除受上述给付义务司法审查机制影响外，还与我国现行诉讼制度密切相关。

一、司法审查的法律依据障碍

作为典型的成文法国家，我国司法审查坚持以事实为基础、以法律为准绳的基本原则。具体基本医疗服务国家给付义务的司法审查，除具有相应的主张外，还必须具有具体法律依据，否则将被排除在司法机关的受案范围之外。而法律对基本医疗服务国家给付义务的具体规定情形，又将影响其司法审查能力。现有基本医疗服务国家给付义务司法审查面对的法律规范问题，主要包括以下方面。

第一，从宪法规范看，作为社会主义国家宪法，我国宪法在内容上规定了大量保障人民幸福生活的给付事项，但这些规范在形式上很少被视为主观公权利，更多地以方针条款、宪法委托以及制度性保障的形式存在。作为基本大法的宪法将国家给付对人民生活的保障视为一种社会事业，而不注重对个人权利及向国家主张能力的确认，使得保障基本医疗服务国家给付义务的司法审查空间狭小。具体到健康权而言，我国宪法并没有规定健康权，健康权的实现更大程度地依赖于公共政策。我国一旦缺失了对健康权在内的经济和社会权利的主要内部司法救济制度，对这类权利的可裁决性便陷入了依赖辅助的外部救济的瘸腿状态。[1]

第二，从宪法规定具体化看，在内容上，现有立法中存在请求权确认和给付义务明确化双重问题，都在一定程度上限制了基本医疗服务国家给付义务的司法审查。一方面，一些立法虽然采取了直接确认公法请求权的立法方法，但由于缺乏相应的规范去界定公法请求权的具体内容，也使公民公法请求权不能

---

[1] 夏立安：《经济和社会权利的可裁决性——从健康权展开》，《法制与社会发展》2008年第2期，第78—85页。

得到切实保障。❶ 另一方面，一些立法通过规定政府职责和义务的方法来隐藏或暗含授予公民给付请求权的立法模式，在我国的法律中广泛存在。这种间接确认公民给付请求权的方法，虽然可以给予政府部门更多的灵活性和机动权，但不利于公民权利的真正实现，容易造成社会给付中的不公平现象，也不利于司法对社会给付的监督。与直接确认公法请求权的立法条文相比，通过规定义务或职责的方法对公民请求法院判决社会给付的赋权是模糊的，需要法院借助保护规范理论对法条进行解释。

在形式上，现有对基本医疗服务国家给付义务的宪法规定主要是通过规范性文件落实，立法严重滞后。具体而言，基本医疗服务国家给付义务仅在《社会保险法》《社会救助暂行办法》等有限的几部法律法规中得到规定，尚未制定基础性、系统性的基本医疗服务保障法。由于"行政规范性文件"不具备法律效力，依据我国诉讼法原则不能成为法院裁判依据。虽然《最高人民法院关于执行〈中华人民共和国行政诉讼法〉若干问题的解释》第六十二条规定"人民法院审理行政案件，可以在审判文书中引用合法有效的规章及其他规范性文件"，但还是不利于基本医疗服务国家给付义务的司法审查。一方面，行政规范性文件缺乏相应权威，司法机关选择使用，将增加司法审查的不确定性。另一方面，行政规范性文件属于政府行为，本来属于司法监督对象，转变成司法审查依据后，不仅司法上无法进行有效的监督和制约，而且影响了司法的监督能力。

第三，在法律内容构造方面，重实体轻程序，制约了国家给付义务司法审查原本倚重的程序审查。实体法上确认了行政相对应的请求权，但是由于我国的行政给付制度存在着大量忽视程序制度建设的问题，很大程度上制约了行政给付行为的实施，影响了行政主体提供救助的效率。❷ 比如，在新型农村合作医疗给付规范中，国务院及其各部委颁布的有关新型合作医疗的行政规范性文件中没有关于医疗给付程序的规定，虽然在省、市、县所颁布的相关行政规范性文件中规定了一些医疗给付程序，一般包括登记、缴费、报销等几项程序，其中，报销程序一般包括申请（持有效证件和医疗凭证）、审查、核准和审核时限等，但是这种程序性规定只是办事程序，不具有现代行政程序法意义上的程序特征。

---

❶ 例如，最新颁布的《社会保险法》第二条确认了公民请求社会保险方面物质给付的权利，但这些社会保险给付请求权的最终落实，还得依赖于未来各种具体的社会保险规范对给付内容和义务主体的具体化。

❷ 应松年：《行政法与行政诉讼法学》，法律出版社 2005 年版，第 208 页。

二、司法审查的诉讼机制障碍

首先，由于宪法救济制度缺失，使得基本医疗服务立法滞后并造成基本医疗服务国家给付义务司法审查困难。最高人民法院在 1955 年对新疆维吾尔自治区高级人民法院的批复中规定，在刑事判决中，宪法不宜引为论罪科刑的依据。在 1986 年给江苏省高级人民法院《关于制作法律文书应如何引用法律规范性文件》中，则先确认法律法规、行政法规、地方性法规、自治条例和单行条例为"法律"，可以在制作法律文书时被引用，有明确规定不可以引用的规范性文件包括国务院各部委发布的命令、指示和规章，各县、市人民代表大会通过和发布的决定、决议，地方各级人民政府发布的决定、命令和规章，以及最高人民法院的意见和批复等。结合 1955 年批复，虽然在该回复中既没肯定和也没否定宪法依据，但宪法不能作为裁判依据的惯例就此形成。由于宪法救济制度的缺失，公民社会权在某种程度上只是一种权利宣告和价值观念，当其遭受侵犯或国家不能保障时，就会因无法获得有效的救济而陷入司法与立法权力无能的尴尬局面。❶ 由于我国包括基本医疗服务国家给付义务在内的民生保障立法滞后，而司法审查又排除宪法依据，都将不利于健康权保护。

其次，现有的公法诉讼仍停留在以撤销诉讼主中心的诉讼模式，对日渐强化的国家给付缺少必要回应。以行政诉讼为例，长期以来，受秩序行政中心主义和行政行为形式论的影响，我国行政诉讼格局呈现以矫治违法行政行为、保障行政相对人合法权益免遭公权力侵害为目的的撤销诉讼一体主义，几乎将行政诉讼全部等同于以具体行政行为为适用对象的撤销诉讼。在加快推进以改善民生为重点的社会建设中，国家面向教育、医疗、就业、环境、社会保障、公共福利等方面，旨在帮助人们过上更为体面生活的给付制度越来越成为公权力行为的重要组成部分。"行政并非仅系国家实践法律与权力目的之手段，而是应作为国家福利目的之工具，来满足社会之需求。"❷ 而以通过司法审查敦促行政主体忠实地履行为民众提供"生存照顾"的基本义务为目的的给付诉讼类型尚未得到应有的发展，2017 年修订的《行政诉讼法》第十二条第十款规定，人民法院受理认为行政机关没有依法发给抚恤金或者支付最低生活保障待遇、社会保险待遇的诉讼，拓展了行政给付诉讼的受案范围，尤需据此进一步发展出与撤销诉讼并列的给付诉讼类型。

最后，尚需建立诉讼执行监督机制回应请求者诉求。诉讼一般都是以诉讼请求为中心，但是行政诉讼却把诉讼请求置之一旁，把行政行为的合法性审查

---

❶ 胡锦光：《违宪审查比较研究》，人民法院出版社 2006 年版，第 361 页。
❷ 陈新民：《公法学札记》，中国政法大学出版社 2001 年版，第 105 页。

（全面审查）奉为原则。殊不知，不审查诉讼请求的合理性、合法性，在很多情况下就无法对权利救济请求尤其是各种具体的给付请求做出精准到位的回应。❶ 我国现行《行政诉讼法》的诉讼程序和规则主要是围绕行政撤销诉讼而展开的，并没有考虑行政给付诉讼特殊之处。比如，在公权利防御性案件中，为原告设定负担的被诉具体行政行为被撤销，原告同时就获得了救济，至少被诉行政行为对权利的威胁解除了。但是公权利受益性案件及给付诉讼中，请求者的目的是要求行政机关做出增进自身利益的行政行为，被诉具体行政行为撤销并非原告起诉的主要目的。而法律并没要求判决撤销的同时责令行政机关重新做出具体行政行为，更没要求法院判决行政机关具体如何行为，实践中，法院往往一撤了之，却没有解决真正的争议。即使判决重作，行政机关在处理程度上也存在很大的裁量空间。为了强化程序审查下对公民权利的救济能力，给付诉讼迫切需要建立执行监督机制，以确保请求者的正当权利受到司法有效保障。

第四节　强化保障效果的基本医疗给付行政司法监督机制构想

　　当前，我国基本医疗服务国家给付义务司法审查主要以行政诉讼的方式进行，为通过行政诉讼实现健康权有效保障，首先必须明确行政诉讼的主观诉讼模式，在现有行政诉讼体制下，针对基本医疗服务国家给付义务之类的行政给付诉讼特点，通过诉讼调解和诉讼执行监督实现申请者正当诉讼目的。

一、基本医疗给付诉讼中坚持主观诉讼模式

　　行政诉讼中对基本医疗服务国家给付义务的司法审查应以健康权保障为中心，坚持主观诉讼模式。保护公法权利和实现客观的法律秩序是行政诉讼最重要的两种功能，行政诉讼的客观诉讼模式与主观诉讼模式即由此划分。主观诉讼模式是指国家设立行政诉讼制度的核心功能在于保障公民的公法权利，而客观法律秩序的维护只是保障公民公法权利的附带功能。客观诉讼模式是指国家确立行政诉讼制度的目的是维持客观公法秩序并确保公法实施的有效性，其功能取向在于协助行政机关创造或重建行政行为的客观合法性。❷ 权利与秩序都

---

❶ 李广宇：《王振宇行政诉讼类型化：完善行政诉讼制度的新思路》，《法律适用》2011年第5期，第9页。

❷ 邓刚宏：《论我国行政诉讼功能模式及其理论价值》，《中国法学》2009年第5期。

是法律价值的体现,从价值属性而言,权利属于目的性价值,而秩序属于工具性价值,因此,权利具有第一性,价值具有第二性,秩序应该服从服务于权利。并且,司法是权利的最后屏障,司法通过权利救济的方式维持秩序。所以,在行政诉讼中要坚持主观诉讼模式。

基本医疗服务国家给付争议行政诉讼旨在监督政府履行给付义务,具有积极性,尤其需要坚持主观权利诉讼模式。依据申请者主张的公权利的功能类型,将行政诉讼区分为消极诉讼和积极诉讼。消极诉讼指申请者主张公权利防御性功能,要求排除行政行为侵害,使原有利益不受损失或赔偿损失以恢复原有利益。积极诉讼是指申请者主张公权利受益性功能,要求行政机关履行积极义务增进利益。一方面,从权利、秩序诉讼模式与消极、积极诉讼类型之间的关系看,消极诉讼更体现秩序诉讼模式,而积极诉讼更需要积极诉讼模式加以保障。在行政关系中,行政主体是秩序的主导者,在消极诉讼中秩序和权利基本具有一致性,申请权权利损失来源于行政主体行为对法定秩序的违反,维护公法秩序的同时保障了公法权利。而积极诉讼中,对行政行为是否遵循法律秩序的审查不能满足给付诉讼功能和申请者诉讼目的,必须在对申请者主张正当性审查的基础上对相应行政行为进行实质审查。另一方面,给付诉讼主张的公权利利益具有基本性,如果司法机关怠于救济,将损及人之为人的尊严。秩序诉讼模式下的消极审查,将造成无可挽回的后果。

可见,秩序诉讼模式更多地体现为程序性消极审查,属于撤销诉讼类型。而权利诉讼模式要求进行实体性的积极审查,应当成为给付诉讼类型的诉讼模式。

二、基本医疗给付诉讼中适当发挥诉讼调解功能

基本医疗服务给付诉讼对权利诉讼模式的需求与基本医疗服务国家给付义务司法审查能力和方式之间存在悖论。基本医疗给付诉讼属于要求增进利益的积极诉讼,即要求司法在审查申请者主张正当性的基础上对行政行为进行实质审查,尽量对申请者主张利益做出实体处分。而基于基本医疗服务国家给付义务履行依赖社会资源及受行政技能制约等特点,决定其更适合于采取程序审查方式中的强审查弱救济,只在基本医疗救助方面可以实行实体性强审查。而实践中,基本医疗救助也往往被程序审查弱救济化。如在《周某诉永州市冷水滩区社会救助工作管理局救助案》一案中,被告珠海市香洲区人民政府以长期生病享受低保待遇的原告周某没有丧失劳动能力,更无其他特殊贫困情况,且长年在外打工,月人均收入明显超过165元,又不在当地居住,耕地长年抛荒,其就业年龄内有劳动能力为由,不批准原告周某享受农村低保待遇。审理中,法院最终以被告举证存在瑕疵判决撤销被告做出的不予批准周某享

受农村低保待遇的《城（乡）居民最低生活保障审批结果通知书》应予撤销。该判决虽然判定被告败诉，然原告能否够获得低保待遇配套的医疗救助未得而知。

在基本医疗给付行政诉讼中，从诉讼申请者立场，诉讼需求与诉讼供给的悖论无法消解，为实现基本医疗给付诉讼有效救济健康权，可以适当使用诉讼调解以回避诉讼机制的不足。在司法实践中，司法机关为了达到行政主体与行政相对人之间的平衡，已经大范围采取协调结案的形式，促使诉讼当事人协调，最终行政主体在一定程度上满足原告诉求，原告撤诉。现有行政给付诉讼中调解方式的运用主要针对行政给付深受政策、社会形势影响的特征，以及在没有充分法律规范的情况下，行政主体按请求者要求做出正当选择。除此之外，在行政给付诉讼中，司法机关对原告主张正当性审查之后，积极促成诉讼双方充分交换意见，并为行政主体提供法律意见，促成行政主体适当履行给付义务。

现行《行政诉讼法》第六十条规定，人民法院审理行政案件，不适用调解。但是，行政赔偿、补偿以及行政机关行使法律、法规规定的自由裁量权的案件可以调解。可见，行政诉讼不适用调解，主要适用于撤销诉讼中的违法行政，目的是避免公权力拿公共利益作交换。在基本医疗给付诉讼中，行政主体具有给付裁量权，从法理和规范角度都可以使用调解。

三、基本医疗给付诉讼中充分发挥司法建议作用

对基本医疗服务国家给付义务履行的司法审查，更多的是应用合法性审查的司法技术作程序监督，对申请者请求权益只能发挥弱救济的效用。囿于司法和行政的分工及能力的区别，在行政的自由裁量范围内，司法机关不便代替行政机关对诉讼申请者提出的给付主张做出实体性裁决。但在基本医疗给付争议的司法审查中，司法机关有能力判断行政机关具体给付行为的性质。对于司法机关明显不当的行为，除了撤销之外，为保障申请者健康基本需求，还可以采取措施督促行政机关做出合适的给付。

《行政诉讼法》第九十六条第四款规定，行政机关拒绝履行判决、裁定、调解书的，第一审人民法院可以采取下列措施：向监察机关或者该行政机关的上一级行政机关提出司法建议。在司法实践中，司法建议发挥过很好的社会作用。江苏省无锡市中级人民法院针对刑事被害人救助工作进行了充分调研，向无锡市人大提出司法建议，积极推动人大出台了《无锡市刑事被害人特困救助条例》，使刑事被害人救助法定化、常态化，进入良性循环。现有司法建议主要面对每一例普遍社会现象的规范化、系统化管理，法院根据司法实践向人大、政府等有关部门提出合理司法建议，促进该管理法律的规范化、系统化。

在撤销诉讼类型中，司法建议是法院在审判中发现行政主体在管理、制度、行为方面存在的漏洞提出建议，以促进行政主体加强管理、堵塞漏洞。在基本医疗给付诉讼中，可通过司法建议敦促行政机关适当履行基本医疗服务国家给付义务。

结 语

国富民强是芸芸众生生生不息的夙愿。当下，保障和改善民生不仅是改革开放新阶段的重要议题，还是政治独立、经济崛起之后义不容辞的历史使命，更是实现中华民族伟大复兴的关键所在。随着民生问题的凸显，学界从基本权利保障的传统视角即制度保障和司法保障，对民生保障及与其相关内容进行了多方面探讨。然而，在公民与国家的关系中，基本权利的实现必须依赖国家义务的实现，无论对民生的制度还是司法保障，最终都落实到国家义务的履行。因此，即使在现有制度和司法保障的论述中民生保障的办法可行，也仍有必要对保障民生的国家义务即与社会权相对应的国家给付义务进行系统的研究。

国家给付义务是社会权的根本保障。作为宪政的产物，人权是国家义务的目的和价值所在。国家义务体系由具有层进关系的尊重义务、保护义务和给付义务三部分组成。尊重义务和保护义务是自由法治国义务，主要在于保有现有的利益。给付义务是社会法治国义务，主要在于增进利益。在历史上，伴随着自由主义产生、发展和转向而渐次产生保护义务、尊重义务和给付义务。

国家给付义务是国家义务的重要组成部分，对应基本权利中保障基本生存的社会权，是社会权的根本保障。从国家给付义务的生成逻辑看。国家给付义务随着自由法治国向社会法治国演变产生，社会法治国秉承了自由法治国的宪政秩序，而增加了风险社会和生活政治的内容。风险社会和生活政治为国家给付义务的产生提供了社会基础和政治条件，但国家给付义务由国家的人道主义援助或慈善行为演变成为一种法律义务，是在宪政秩序中实现的。基本权利积极受益权功能对应国家给付义务，积极受益权功能为社会权所特有，所以，国家给付义务是由社会权决定、具有社会法治国性质的国家义务。

从国家给付义务的价值看，社会权决定国家给付义务具有实质主义人的尊严的价值——以基本生存保障为基础，区别于以自由、平等为基本规定的传统的形式主义人的尊严。福利国家的福利和国家给付义务都能满足人的基本生存需要。但国家福利面临的广泛质疑和福利国家衰落的事实表明，国家福利不能有效保障基本生存。实质主义人的尊严价值是国家义务与植根于经济和政治选择需要体现工具性价值的国家福利的根本区别所在，并且在实质主义人的尊严价值指导下的国家给付义务，能有效地保障社会权规定的基本生存。

从国家给付义务内容看，国家给付义务保障社会权的内涵在内容上得到充分体现，为权利主体提供直接经济利益的产品性给付直接保障社会权，而间接增进利益的程序性给付则间接保障社会权。明确的内容使国家给付义务走向可操作化，更有利于社会权保障实践。产品性给付受制于社会资源，国家对其具有裁量自由；但私利产品给付属最低核心义务具有强制性，公共产品给付在公平利用方面受司法监督。程序性给付更多地取决于国家态度，应当充分履行且具有可诉性。

从国家给付义务的基准看。确定国家给付义务标准，使国家给付义务可操作化，有利于充分、有效地保障社会权。将横向度的国家给付义务范围和纵向度的国家给付义务程度作为考察国家给付义务基准。国家给付义务范围针对在实践中国家应当具体对哪些事项承担给付的义务，或者国家在何种情况下承担给付的义务。国家给付义务范围即依据国家义务的效用与具体国情确定的"优势偏序"，渐次为根本性的、基础性的和"逐步"实现的国家给付义务。国家给付义务程度表示对国家给付义务所满足基本的需要层次的度量，可以通过国家给付后基本生存获得改善的程度进行考察。应该通过确立国家给付义务上限和下限的双重维度来确定国家给付义务程度。

民生就是基本生存，在宪法上表现为社会权。国家给付义务是民生的根本保障，所以保障和改善民生必须以国家给付义务为立足点。对于保障和改善民生这一重大课题而言，对国家给付义务是保障和改善民生合适的立足点的论证只是第一步，还必须探讨国家给付义务有效地保障社会权的方式，以及这些给付义务履行方式如何在我国国情中有效适用的问题。

参考文献

一、中文著作

[1] 龚向和. 作为人权的社会权：社会权法律问题研究［M］. 北京：人民出版社，2007.
[2] 龚向和. 受教育权论［M］. 北京：中国人民公安大学出版社，2004.
[3] 尚书［M］. 王世舜，王翠叶译注，北京：中华书局，2012.
[4] 柳华文. 论国家在《经济、社会和文化权利国际公约》下义务的不对称性［M］. 北京：北京大学出版社，2005.
[5] 黄金荣. 司法保障人权的限度——经济和社会权利可诉性问题研究［M］. 北京：社会科学文献出版社，2009.
[6] 林喆. 权力腐败与权力制约［M］. 北京：法律出版社，1997.
[7] 张翔. 基本权利的规范构建［M］. 北京：高等教育出版社，2008.
[8] 何勤华，张海斌. 西方宪法史［M］. 北京：北京大学出版社，2006.
[9] 白钢，林广华. 宪政通论［M］. 北京：社会科学文献出版社，2005.
[10] 林来梵. 从宪法规范到规范宪法——规范宪法学的一种前言［M］. 北京：法律出版社，2001.
[11] 张恒山. 义务先定论［M］. 济南：山东人民出版社，1999.
[12] 陈慈阳. 宪法学［M］. 台北：元照出版有限公司，2005.
[13] 周鲠生. 国际法（上册）［M］. 北京：商务印书馆，1976.
[14] 翁岳生教授祝寿论文编辑委员会. 当代公法新论——翁岳生教授七秩诞辰祝寿论文集（上）［M］. 台北：元照出版有限公司，2002.
[15] 法治斌，董保城. 宪法新论［M］. 台北：元照出版有限公司，2006.
[16] 许宗力. 宪法与法治国行政［M］. 台北：元照出版有限公司，2007.
[17] 袁柏顺. 寻求权威与自由的平衡——霍布斯、洛克与自由主义的兴起［M］. 长沙：湖南人民出版社，2006.
[18] 李宏图. 密尔《论自由》精读［M］. 上海：复旦大学出版社，2009.
[19] 陈新民. 公法学札记［M］. 北京：中国政法大学出版社，2001.
[20] 曾繁正. 西方国家法律制度社会政策及立法［M］. 北京：红旗出版社，1998.
[21] 秦奥蕾. 基本权利体系研究［M］. 济南：山东人民出版社，2009.
[22] 钱宁. 现代社会福利思想［M］. 北京：高等教育出版社，2006.
[23] 俞可平. 社群主义［M］. 北京：中国社会科学出版社，2005.
[24] 夏正林. 社会权规范研究［M］. 济南：山东人民出版社，2007.
[25] 林纪东. 比较宪法［M］. 台中：五南图书出版公司，1980.

[26] 彭华民，等. 西方社会福利理论前沿——论国家、社会、体制与政策 [M]. 北京：中国社会出版社，2009.
[27] 周良才. 中国社会福利 [M]. 北京：北京大学出版社，2008.
[28] 中华人民共和国统计局. 2006 年中国统计年鉴 [M]. 北京：中国统计出版社，2007.
[29] 最新社会保障法律政策全书 [M]. 北京：中国法制出版社，2009.
[30] 刘岩. 风险社会的理论新探 [M]. 北京：中国社会科学出版社，2008.
[31] 郑秉文，和春雷. 社会保障分析导论 [M]. 北京：法律出版社，2001.
[32] 高德步. 西方世界的衰落 [M]. 北京：中国人民大学出版社，2009.
[33] 应奇. 从自由主义到后自由主义 [M]. 北京：生活·读书·新知三联书店，2003.
[34] 陈新民. 公法学札记 [M]. 北京：中国政法大学出版社，2001.
[35] 张光博. 权利义务要论 [M]. 长春：吉林大学出版社，1989.
[36] 沈宗灵. 现代西方法理学 [M]. 北京：北京大学出版社，1992.
[37] 马新福. 法社会学原理 [M]. 长春：吉林大学出版社，1999.
[38] 卓泽渊. 法的价值论 [M]. 北京：法律出版社，1999.
[39] 李惠宗. 宪法要义 [M]. 台北：元照出版有限公司，2001.
[40] 粟芳，魏陆. 瑞典社会保障制度 [M]. 北京：世纪出版集团，2010.
[41] 陈国刚. 福利权研究 [M]. 北京：中国民主法制出版社，2009.
[42] 胡敏洁. 福利权研究 [M]. 北京：法律出版社，2008.
[43] 葛克昌. 国家学与国家法：社会国、租税国与法治国理念 [M]. 台北：月旦出版社股份有限公司，1996.
[44] 高鹏怀. 历史比较中的社会福利国家模式 [M]. 北京：中国社会出版社，2004.
[45] 蔡维音. 社会国之法理基础 [M]. 台南：正典出版文化有限公司，2001.
[46] 李震山. 人性尊严与人权保障 [M]. 台北：元照出版有限公司，2000.
[47] 萧淑芬. 基本权利基础理论之继受与展望——台日比较 [M]. 台北：元照出版有限公司，2005.
[48] 李鸿禧教授六秩华诞祝寿论文集 [M]. 台北：月旦出版社股份有限公司，1997.
[49] 彭华明. 西方福利理论前沿 [M]. 北京：中国社会出版社，2009.
[50] 李昌麒，卢代富. 经济法论坛 [M]. 第 3 卷. 北京：群众出版社，2005.
[51] 丁建定. 英国社会保障制度的发展 [M]. 北京：中国劳动社会保障出版社，2003.
[52] 王振华. 撒切尔主义：80 年代英国内外政策 [M]. 北京：中国社会科学出版社，1992.
[53] 陈红霞. 社会福利思想 [M]. 北京：科学文献出版社，2002.
[54] 杨玲. 美国、瑞典社会保障制度比较研究 [M]. 武汉：武汉大学出版社，2006.
[55] 薛小建. 论社会保障权 [M]. 北京：中国法制出版社，2007.
[56] 周弘. 福利的解析——来自欧美的启示 [M]. 上海：上海远东出版社，1998.
[57] 李驹，史丹丹. 智利社会保障制度 [M]. 北京：世纪出版集团，2010.
[58] 周迎春，张双喜. 社会保障收支预测与平衡 [M]. 北京：中国经济出版社，2005.

[59] 韩君玲. 日本最低生活保障法研究［M］. 北京：商务印书馆，2007.

[60] 黄晨熹. 社会福利［M］. 上海：格致出版社，上海人民出版社，2009.

二、外文译著

［1］邦雅曼·贡斯当. 古代人的自由和现代人的自由［M］. 阎克文，刘满贵，译. 北京：商务印书馆，1999.

［2］昆廷·斯金纳，博·斯特拉思. 国家与公民：历史·理论·展望［M］. 彭利平，译，上海：华东师范大学出版社，2005.

［3］弥尔顿. 为英国人民申辩［M］. 何宁，译. 北京：商务印书馆，1958.

［4］洛克. 政府论（下篇）［M］. 叶启芳，等，译. 北京：商务印书馆，1964.

［5］C.H. 麦基文. 宪政古今［M］. 翟小波，译. 贵阳：贵州人民出版社，2004.

［6］A.J.M. 米尔恩. 人的权利与人的多样性［M］. 北京：中国大百科全书出版社，1995.

［7］杰克·唐纳利. 普遍人权的理论与实践［M］. 王浦劬，等，译. 北京：中国社会科学出版社，2001.

［8］美浓部达吉. 宪法学原理［M］. 欧宗佑，何作霖，译. 北京：中国政法大学出版社，2003.

［9］大沼保昭. 人权、国家与文明：从普遍主义的人权观到文明相容的人权观［M］. 王志安，译. 北京：生活·读书·新知三联书店，2003.

［10］A. 艾德，C. 克罗斯，A. 罗萨斯. 经济、社会和文化的权利［M］. 黄列，译. 北京：中国社会科学出版社，2003.

［11］霍布斯. 利维坦［M］. 黎思复，黎廷弼，译. 北京：商务印书馆，2008.

［12］F. 基佐. 一六四〇年英国革命史［M］. 伍光健，译. 北京：商务印书馆，1985.

［13］乔治·霍兰·萨拜因. 政治学说史（下册）［M］. 刘山，等，译. 北京：商务印书馆，1986.

［14］汉密尔顿，杰伊，麦迪逊. 联邦党人文集［M］. 程逢如，等，译. 北京：商务印书馆，2004.

［15］约翰·密尔. 论自由［M］. 许宝骙，译. 北京：商务印书馆，1982.

［16］霍布豪斯. 自由主义［M］. 朱曾汶，译. 北京：商务印书馆，2009.

［17］孟德斯鸠. 论法的精神（上册）［M］. 张雁森，译. 北京：商务印书馆，1982.

［18］贡斯当. 古代人的自由与现代人的自由——贡斯当政治论文选［M］. 阎克文，刘满贵，译. 北京：商务印书馆，1999.

［19］卢梭. 社会契约论［M］. 何兆武，译. 北京：商务印书馆，1980.

［20］米瑟斯. 自由与繁荣的国度［M］. 韩光明，等，译. 北京：社会科学出版社，1994.

［21］威廉·冯·洪堡. 论国家的作用［M］. 林荣远，冯兴元，译. 北京：中国社会科学出版社，1998.

［22］哈耶克. 自由秩序原理［M］. 邓正来，译. 北京：生活·读书·新知三联书店，1997.

［23］玛丽·安·格伦顿. 权利话语：穷途末路的政治言辞［M］. 周威，译. 北京：北京大

学出版社，2006.

[24] 伊利.民主与不信任——关于司法审查的理论［M］.朱中一，顾运，译.北京：法律出版社，2003.

[25] 阿玛蒂亚·森，等.生活水准［M］.徐大建，译.上海：上海财经大学出版社，2007.

[26] 迈克尔·沃尔泽.正义诸领域——为多元主义与平等一辩［M］.褚松燕，译.北京：译林出版社，2002.

[27] 贝弗里奇报告——社会保险和相关服务［M］.劳动和社会保障部社会保险研究所，译.北京：中国劳动社会保障出版社，2004.

[28] 安东尼·哈尔，詹姆斯·梅志里.发展型社会政策［M］.罗敏，范酉庆，译.北京：社会科学文献出版社，2006.

[29] 艾伦·克拉特.社区福利与公共福利———公共保障系统管理：理念、模式和准则之完善［M］.长春：东北师范大学出版社，2008.

[30] 乌尔里希·贝克.风险社会［M］.何博闻，译.北京：译林出版社，2004.

[31] 安东尼·吉登斯.失控的世界［M］.周红云，译.南昌：江西人民出版社，2001.

[32] 安东尼·吉登斯，克里斯多弗·皮尔森.现代性——吉登斯访谈录［M］.尹宏毅，译.北京：新华出版社，2001.

[33] 伯纳德·曼德维尔.蜜蜂的寓言：私人的恶德与公众的利益［M］.肖聿，译.北京：中国社会科学出版社，2002.

[34] 皮埃尔·罗桑瓦龙.乌托邦资本主义［M］.杨祖功，等，译.北京：社会科学文献出版社，2004.

[35] 哥斯塔·埃斯平-安德森.福利资本主义国家的三个世界［M］.北京：商务印书馆，2010.

[36] R.米什拉.社会政策与福利政策——全球化的视角［M］.郑秉文，译.北京：劳动与社会保障出版社，2007.

[37] 克劳斯·奥菲.福利国家的矛盾［M］.郭忠华，等，译.长春：吉林人民出版社，2006.

[38] 保罗·皮尔逊.拆散福利国家——里根、撒切尔和紧缩政治学［M］.舒绍福，译.长春：吉林出版集团有限公司，2007.

[39] 尤尔根·哈贝马斯.现代国家中的合法化问题：交往与社会进化［M］.重庆：重庆出版社，1989.

[40] 尤尔根·哈贝马斯.在事实与规范之间：关于法律和民主法治国的商谈理论［M］.童世骏，译.北京：三联书店，2003.

[41] 保罗·萨缪尔森.经济学（第16版）［M］.萧深，译.北京：华夏出版社，1999.

[42] 安东尼·吉登斯.现代性与自我认同［M］.赵旭东，方文，译.北京：三联书店，1998.

[43] 杰弗里·托马斯.政治哲学导论［M］.顾肃，刘雪梅，译.北京：中国人民大学出版社，2006.

[44] 安东尼·吉登斯.超越左与右——激进政治的未来 [M].李惠斌,杨雪冬,译.北京:社会科学文献出版社,2000.

[45] 柯文·M.布朗,苏珊·珂尼,布雷恩·特纳,等.福利的措辞:不确定性、选择性和支援结社 [M].王小章,范晓光,译.杭州:浙江大学出版社,2010.

[46] 凯尔森.法与国家的一般理论 [M].沈宗灵,译.北京:中国大百科全书出版社,1996.

[47] 莱昂·狄骥.公法的变迁·法律与国家 [M].郑戈,冷静,译.沈阳:辽海出版社,春风文艺出版社,1999.

[48] 杰克·唐纳利.普遍人权的理论与实践 [M].王浦劬,译.北京:中国社会科学出版社,2001.

[49] 高夫.福利国家的政治经济学 [M].古允文,译.台北:台湾巨流图书公司,1995.

[50] 弗兰茨·科萨韦尔·考夫曼.社会福利国家面临的挑战 [M].王学东,译.北京:商务印书馆,2004.

[51] 尼古拉斯·施普尔伯.国家职能的变迁:在工业化经济体和过渡性经济体中的私有化和福利改革 [M].杨俊峰,马爱华,朱源,译.沈阳:辽宁教育出版社,2004.

[52] 保罗·皮尔逊.拆散福利国家——里根、撒切尔和紧缩政治学 [M].舒绍福,译.长春:吉林出版集团有限公司,2007.

[53] 卡拉斯·埃克隆德.现代市场经济理论与实践:"瑞典模式的经验与教训" [M].刘国来,译.北京:北京经济学院出版社,1995.

[54] 雅各布·布克哈特.意大利文艺复兴时期的文化 [M].何新,译.北京:商务印书馆,1979.

[55] 弗里德利希·席勒.秀美与尊严 [M].张玉能,译.北京:文化艺术出版社,1996.

[56] 乔治·恩德勒,等.经济伦理学大辞典 [M].王淼洋,等,译.上海:上海人民出版社,2001.

[57] 康德.法的形而上学原理——权利的科学 [M].沈叔平,译.北京:商务印书馆,1991.

[58] 芦部信喜.宪法学Ⅰ(宪法总论)[M].东京:有斐阁,1992.

[59] 泽格蒙特·鲍曼.自由 [M].杨光,蒋焕新,译.长春:吉林人民出版社,2005.

[60] 约翰·密尔.论自由 [M].许宝骙,译.北京:商务印书馆,2009.

[61] 保罗·萨缪尔森,威廉·诺德豪斯.经济学 [M].第十七版.萧深,等,译.北京:人民邮电出版社,2004.

[62] 安东尼·吉登斯.第三条道路:社会民主主义的复兴 [M].郑戈,译.北京:北京大学出版社,2000.

[63] 米尔顿·弗里德曼,等.自由选择 [M].北京:商务印书馆,1962.

[64] 迈克尔·希尔.理解社会政策 [M].刘升华,译.北京:商务印书馆,2003.

[65] 理查德·隆沃思.全球经济自由化的危机 [M].应小端,译.北京:生活·读书·新知三联书店,2002.

[66] 霍布豪斯.自由主义 [M].北京:商务印书馆,1996.

［67］莫里斯·罗奇.重新思考公民身份——现代社会中的福利、意识形态和变迁［M］.郭忠华，黄冬娅，郭韵，等，译.长春：吉林出版有限责任集团，2010.

［68］哥斯塔·埃斯平－安德森.转变中的福利国家［M］.周晓亮，译.重庆：重庆出版社，2003.

［69］亚瑟·赛斯尔·庇古.福利经济学［M］.何玉长，丁晓钦，译.上海：上海财经大学出版社，2009.

［70］阿玛蒂亚·森，玛莎·努斯鲍姆.生活质量［M］.龚群，等，译.北京：社会科学文献出版社，2007.

［71］阿玛蒂亚·森.以自由看待发展［M］.任赜，于真，译.北京：中国人民大学出版社，2002.

［72］诺曼·巴里.福利［M］.储建国，译.长春：吉林人民出版社，2005.

［73］罗伯特·韦尔，凯·尼尔森.分析马克思主义新论阅［M］.鲁克俭，王来余，杨洁，等，译.北京：中国人民大学出版社，2002.

［74］亚瑟·赛斯尔·庇古.福利经济学［M］.何玉长，丁晓钦，译.上海：上海财经大学出版社，2009.

三、期刊论文

［1］韩喜平，赵晓涛.新时代党和国家机构改革的民生导向［J］.中国青年社会科学，2018（3）.

［2］慕良泽.脱贫攻坚：中国民生建设和民生政治的时代表征［J］.贵州社会科学，2018（4）.

［3］贺婷，郑秉文.坚持在发展中保障和改善民生［J］.宏观经济管理，2018（3）.

［4］尹利民，邱观林.民主促民生：精英引领下的基层协商民主治理实践——基于 SQ 村协商民主实践的案例研究［J］.中国行政管理，2018（2）.

［5］慕良泽.民生政治：惠农政策的政治效应分析［J］.马克思主义与现实，2018（1）.

［6］吴超.在发展中保障和改善民生［J］.当代中国史研究，2018（1）.

［7］唐梅玲.从国家义务到公民权利：精准扶贫对象民生权虚置化的成因与出路［J］.湖北大学学报（哲学社会科学版），2018（1）.

［8］童星.社会主要矛盾转化与民生建设发展［J］.社会保障评论，2018（2）.

［9］傅辰晨，蒋锐.20 世纪 30—40 年代中国民生主义计划经济思潮研究［J］.浙江学刊，2018（1）.

［10］王强.民生正义论——对现代社会正义逻辑的反思［J］.哲学研究，2017（12）.

［11］丛颖超.十八大以来保障和改善民生的思路和方式创新研究［J］.理论学刊，2017（6）.

［12］许光.习近平民生思想的价值意蕴与理论创新［J］.当代世界与社会主义，2017（5）.

［13］李合亮.民生取向：中国共产党意识形态建设的基本价值诉求［J］.教学与研究，2017（10）.

[14] 毛文璐. 民生为重：中国道路的本质要求与实践选择［J］. 理论月刊，2017（8）.

[15] 闫莉，徐家林. 当代中国的所有制结构与民生建设［J］. 当代中国史研究，2017（4）.

[16] 李颖. 重大民生政策风险评估中社会参与的回应困境及其破解［J］. 中州学刊，2017（6）.

[17] 刘明松. 求解民生问题与习近平经济思想的理论线索［J］. 马克思主义与现实，2017（3）.

[18] 贺方彬. 供给侧结构性改革与改善民生［J］. 中南大学学报（社会科学版），2017（2）.

[19] 张永红. 习近平生态民生思想探析［J］. 马克思主义研究，2017（3）.

[20] 张学华，邢岩，等. 民生保障大数据应用及其关键技术研究［J］. 科学管理研究，2017（1）.

[21] 胡建兰. 十八大前后民生建设理论之比较研究［J］. 求实，2017（2）. 蓝志勇. 民生领域供给侧结构性改革的探讨［J］. 行政管理改革，2017（1）.

[22] 张彪. 习近平的民生观［J］. 理论视野，2016（11）.

[23] 国务院发展研究中心"中国民生调查"课题组，李伟，张军扩，等. 中国民生调查2016综合研究报告——经济下行背景下的民生关切［J］. 管理世界，2016（10）.

[24] 刘俊祥，边留峰. 民生底线：公平分配与系统保障二维探讨［J］. 理论月刊，2016（10）.

[25] 林祖华. 十八大以来习近平民生思想探析［J］. 中国社会科学院研究生院学报，2016（5）.

[26] 杨渊浩. 社会组织发展与中国民生建设［J］. 探索，2016（4）.

[27] 颜慧娟. 民生法治：十八大以来农村社区治理创新的法治保障研究［J］. 社会主义研究，2016（4）.

[28] 张淑芳. 行政法治视阈下的民生立法［J］. 中国社会科学，2016（8）.

[29] 王树文. 我国民生类公共服务市场化改革的政府管制路径［J］. 甘肃社会科学，2016（4）.

[30] 柯善咨，尹靖华. 民生目标下政府的支出竞争和福利效应［J］. 统计研究，2016（7）.

[31] 陈工，何鹏飞. 民生财政支出分权与中国城乡收入差距［J］. 财贸研究，2016（2）.

[32] 韩喜平，孙贺. 中国特色民生法治化的建构逻辑与路径［J］. 中共中央党校学报，2016（2）.

[33] 韩喜平，孙贺. 共享发展理念的民生价值［J］. 红旗文稿，2016（2）. [34] 洪源，王群群，秦玉奇. 城乡二元经济结构下民生财政对城乡居民收入差距的影响［J］. 经济与管理研究，2016（1）.

[35] 曹爱军. 政府转型、公共服务与"民生财政"［J］. 财政研究，2015（12）.

[36] 樊平. 以民生精准化应对农村空心化［J］. 江苏社会科学，2015（5）.

[37] 陆远权，张德钢. 民生财政、税制结构与城乡居民消费差距［J］. 经济问题探索，

2015 (7).

[38] 李斌, 李拓, 朱业. 公共服务均等化、民生财政支出与城市化——基于中国286个城市面板数据的动态空间计量检验 [J]. 中国软科学, 2015 (6).

[39] 周绍杰, 王洪川, 苏杨. 中国人如何能有更高水平的幸福感——基于中国民生指数调查 [J]. 管理世界, 2015 (6).

[40] 谭之博, 周黎安, 赵岳. 省管县改革、财政分权与民生——基于"倍差法"的估计 [J]. 经济学（季刊）, 2015 (3).

[41] 李霞. 民生财政支出结构对城乡居民消费的效应研究 [J]. 商业研究, 2015 (2).

[42] 鄢一龙. 十三五规划：以构建"民生国家"为主线 [J]. 开放导报, 2015 (1).

[43] 魏建国. 城市化升级转型中的社会保障与社会法 [J]. 法学研究, 2015 (1).

[44] 姜永华, 鲍曙光. 论民生财政 [J]. 财政研究, 2014 (6).

[45] 刘中建. 民生财政与当代中国财政法治化的路径选择——以科学发展观及发展权为视角 [J]. 法学论坛, 2014 (3).

[46] 陈治. 论民生财政的实践模式、路径选择与法治保障 [J]. 法商研究, 2013 (6).

[47] 华国庆. 试论民生支出优先的财政法保障 [J]. 法学论坛, 2013 (5).

[48] 刘俊英. 中国政府民生服务及其减贫效应分析 [J]. 经济问题探索, 2013 (9).

[49] 龚向和. 论民生保障的国家义务 [J]. 法学论坛, 2013 (3).

[50] 陈治. 民生财政权利进路之争鸣、反思与重构 [J]. 法学论坛, 2013 (2).

[51] 高和荣, 辛本禄. 中国民生建设的社会质量向度 [J]. 江海学刊, 2013 (2).

[52] 谢韬. 民主社会主义模式与中国前途 [J]. 炎黄春秋, 2007 (2).

[53] 龚向和. 民生之路的宪法分析 [J]. 学习与探索, 2008 (5).

[54] 韩大元. 国家人权保护义务与国家人权机构的功能 [J]. 法学论坛, 2005 (6).

[55] 孙世彦. 论国际人权法下国家的义务 [J]. 法学评论, 2001 (2).

[56] 陈醇. 论国家的义务 [J]. 法学, 2002 (8).

[57] 高鹏程. 国家义务析论 [J]. 理论探讨, 2004 (1).

[58] 邓成明, 蒋银华. 论国家义务的人本基础 [J]. 江西社会科学, 2007 (8).

[59] 上官丕亮. 论国家对基本权利的双重义务——以生命权为例 [J]. 江海学刊, 2008 (2).

[60] 徐钢. 论宪法上国家义务的序列与范围——以劳动权为例的规范分析 [J]. 浙江社会科学, 2009 (3).

[61] 杨成铭. 受教育权的国家义务研究 [J]. 政法论坛, 2005 (2).

[62] 张翔. 基本权利的受益权功能与国家的给付义务——从基本权利分析框架的革新开始 [J]. 中国法学, 2006 (1).

[63] 林志强. 论健康权的国家义务 [J]. 社会科学家, 2006 (4).

[64] 尹文强, 张卫国. 受教育权的国家义务分类浅析 [J]. 比较教育研究, 2007 (3).

[65] 韩世强. 公民健康权的实现与国家义务的研究 [J]. 时代人物, 2008 (2).

[66] 龚向和, 刘耀辉. 论国家对基本权利的保护义务 [J]. 政治与法律, 2009 (5).

[67] 王金福. "个人本位"价值观就是个人主义价值观 [J]. 高校理论战线, 1999 (6).

[68] 龚向和. 国家义务是公民权利的根本保障——国家与公民关系新视角 [J]. 法律科学, 2010 (4).

[69] 张翔. 基本权利双重属性 [J]. 法学研究, 2005 (3).

[70] 魏迪. 基本权利的国家保护义务——以德、中两国为审视对象 [J]. 当代法学, 2007 (4).

[71] 陈征. 基本权利的国家保护义务功能 [J]. 法学研究, 2008 (1).

[72] Christian Starck. 基本权利之保护义务 [J]. 李建良, 译, 政大法律评论, 1997 (3).

[73] 龚向和. 国家义务是公民权利的根本保障 [J]. 法律科学（西北政法大学学报）, 2010 (4).

[74] 刘耀辉. 国家义务可诉性 [J]. 法学论坛, 2010 (5).

[75] 龚向和, 刘耀辉. 从保护、尊重到给付的国家义务内涵拓展——以自由主义的发展、转向为视角 [J]. 云南师范大学学报（社会科学版）, 2011 (2).

[76] 赵晓芳. 从政府合法性看社会保障 [J]. 社会保障研究, 2008 (2).

[77] 刘同君. 当代中国法律发展的困境与超越——基于路径依赖视角的考察 [J]. 法学杂志, 2010 (1).

[78] 郭忠华. 现代性·解放政治·生活政治——吉登斯的思想地形图 [J]. 中山大学学报（社会科学版）, 2005 (6).

[79] 郭剑鸣. 民生：一个生活政治的话题——从政治学视角看民生 [J]. 理论参考, 2008 (1).

[80] 亢莹. 评述吉登斯"生活政治"思想 [J]. 理论界, 2008 (12).

[81] 罗豪才, 宋功德. 公域之治的转型——对公共治理与公法互动关系的一种透视 [J]. 中国法学, 2005 (5).

[82] 孙英. 权利义务新探 [J]. 中国人民大学学报, 1996 (1).

[83] 北岳. "义务重心"与"权利本位"辨析 [J]. 中外法学, 1992 (3).

[84] 张恒山. 论法以义务为重心——兼评"权利本位说" [J]. 中国法学, 1990 (5).

[85] 布斯奈里. 意大利私法体系之概观 [J]. 中外法学, 2004 (6).

[86] 胡玉鸿. "人的尊严"的法理疏释 [J]. 法学评论, 2007 (6).

[87] 李累. 宪法上"人的尊严" [J]. 中山大学学报（社会科学版）, 2002 (6).

[88] 龚向和, 刘耀辉. 农民宪法权利平等保护的正当性 [J]. 东南大学学报（哲学与社会科学版）, 2011 (1).

[89] 郭忠华. 资本主义困境与福利国家矛盾的双重变奏 [J]. 中山大学学报（社会科学版）, 2007 (5).

[90] 丁建定. 论撒切尔政府的社会保障制度改革团 [J]. 欧洲, 2001 (3).

[91] 杨直. 新社会市场经济倡议 [J]. 德国研究, 2002 (2).

四、外文资料

[1] Henry Shue. Basic Rights: Subsistence, Affluence and US Foreign Policy [M]. Princeton: Princeton University Press, 1980.

[2] C B Macpherson. The Political Theory of Possessive Individualism: Hobbes to Iocke [M]. Oxford: Oxford University Press, 1962.

[3] Michael Oakeshott. Hobbes on Civil Association [M]. Oxford: Blakwell, 1975.

[4] Ivor Brown. English Political Theory [M]. London: Methuen & Co Ltd, 1920.

[5] G P Gooch. Politcial Thought In England: From Bacon to Halifax [M]. Oxford: Oxford University Press, 1915.

[6] John Dewey. The Motivation of Hobbes' Political Philosophy, In Thomas Hobbes In His Time [M]. Minneapolis: University of Minnesota Press, 1974.

[7] John Locke. Political Essays [M]. Cambridge: Cambridge University Press, 1997.

[8] A Chapman, S Russell. Core Obligations: Building a Framework for Economic, Social and Cultural Rights [M]. Antwerp: Intersentia, 2002.

[9] Donald P Kommers. The Constitutional Jurisprudence of The Federal Republic of Germany [M]. London: Duke University Press, 1997.

[10] Anthony Giddens. Modernity and Self-identity: Self and Society in the Late Modern Age [M]. Cambridge: Polity Press, 1991.

[11] Wolfgang Zuckermann. The Eend of the road [M]. Cambrige: Lutterworth, 1911.

[12] George Gilder. Naked Nomads: Unmarried Men in America [M]. New York: Quadraangle, 1974.

[13] Charles Murray. The Emerging British Underclass [M] London: Intitute of Economic Affairs, 1990.

[14] Richard Morris Titmuss. Commitment to Welfare [M]. London: Routledge, 1976.

[15] H Girvetz. Welfare State [J]. International Encyclopedia of the social Sciences, 1968 (16).

[16] Isensee Josef, Kirchhof Paul. Handbuch des Staatsrechts der Bundesrepublik Deutschland [M]. Heidelberg: C F Müller, 1987.

[17] Richard Titmuss. Social Policy [M]. New York: Pantheoh, 1974.

[18] Anthony Crosland. The Future of Socialism [M]. London: Jonathan Cape, 1956.

[19] Johannes Schwarze, Maeco Harpfer. Are People Inequanty Averse, and Do They Prefer Redistribution by theState? [J]. DIW Berlin Discussion Paper, 2002.

[20] H J Patton. The Moral Law [M]. London: Hutchinson, 1948.

[21] Thurgood Marahall. A Tribute to Justice William J Brennan [J]. 104 Harvard Law Review, 1990.

[22] D J Galligan. Law, Rightsand the Welfare State [M]. London: Croom Helm, 1986.

[23] Edward Castronova. To Aid, Insure, Transfer, or Control: What Drive the Welfare State? [J]. DIW Berlin Discussion Paper, 2002.

[24] Per-Martin Meyerson. The welfare state in crisis the case of Sweden [M]. Sweden: Federation of Swedish Industries, 1982.

[25] Martin Powell, Martin Hewitt. Welfare State and Welfare Change [M]. Buckingham: Open

University Press, 2002.
[26] Claus Offe. Contradictions of the Welfare State [M]. London: Hutchinson & Co Ltd, 1984.
[27] T H Marshall, Tom Bottomore. Citizenship and Social [M]. London: Pluto Press, 1992.
[28] Amartya Sen. Commodities and capabilities [M]. Amsterdam: Noah-Holland, 1985.
[29] Pigou A C. The Econmics of Welfare [M]. London: Macmillan, 1952.
[30] UNDP. Human Development Report [M]. Oxford: Oxford University Press, 1990.
[31] V George, R Page. Modern Thinkers on Welfare [M]. London: Prentice-Hall, 1995.

五、硕博论文

[1] 许丽萍. 吉登斯生活政治范式研究 [D]. 杭州：浙江大学，2005.
[2] 万其刚. 论人的尊严作为人权正当性根据 [D]. 北京：中国政法大学，2007.
[3] 刘丽伟. 政治哲学视域下的福利国家研究——以英国为例 [D]. 哈尔滨：黑龙江大学，2010.
[4] 陈治. 福利供给变迁中的经济法功能 [D]. 重庆：西南政法大学，2007.
[5] 王川. 德国社会保障制度的经济学分析 [D]. 长春：吉林大学，2008.
[6] 李艳霞. 福利国家的政治学分析——以公民资格为视角 [D]. 长春：吉林大学，2004.